语言学视角下语言文字类电视文化节目研究

王岩　邹珉　李慧　著

WUHAN UNIVERSITY PRESS
武汉大学出版社

图书在版编目(CIP)数据

语言学视角下语言文字类电视文化节目研究/王岩等著.—武汉：武汉大学出版社,2018.12
ISBN 978-7-307-11788-4

Ⅰ.语…　Ⅱ.王…　Ⅲ.电视节目—研究—中国　Ⅳ.G222.3

中国版本图书馆 CIP 数据核字(2018)第 269812 号

责任编辑:任仕元　　责任校对:汪欣怡　　版式设计:马　佳

出版发行：**武汉大学出版社**　(430072　武昌　珞珈山)
(电子邮件：cbs22@whu.edu.cn　网址：www.wdp.com.cn)
印刷:北京虎彩文化传播有限公司
开本:720×1000　1/16　印张:14　字数:200 千字　插页:1
版次:2018 年 12 月第 1 版　2018 年 12 月第 1 次印刷
ISBN 978-7-307-11788-4　定价:45.00 元

序

欣闻南阳理工学院教授王岩博士的《语言学视角下语言文字类电视文化节目研究》一书即将付梓，值得一贺。目前国内关于语言文字类电视文化节目研究的著作不多，应该说该书的出版为这一研究领域添了一抹新绿。该书是王岩教授主持的一项国家语委科研项目的研究成果。该研究从语言学的视角对当前语言文字类电视文化节目的类型、形式、功能、特点、意义以及此类节目之所以迅速崛起并广受欢迎的文化动因做了比较详尽的探讨，尤其是对语言文字类电视文化节目存在的问题及对策提出了很有价值的见解。

该课题研究最突出的特点是把语言文字类电视文化节目放在语言学、文化学、心理学、教育学、社会学、传播学交叉点上做了多角度、立体式研究，提出了语言文字类电视文化节目是在信息化新媒体时代背景下一种新的颇具特色的文艺形式，指出了语言文字类电视文化节目对于优秀传统文化的传承、发展和创新，对于增强国人尤其是青年人的民族认同感、归属感和民族自豪感发挥的重要作用。

该著作在对当前语言文字类电视文化节目肯定的同时，也对这类节目存在的问题给出了中肯的评价，这也是该研究的创新之处：一是把语言文字类电视文化节目放在多学科交叉点上进行全方位研究；二是研究内容的深度和广度是以往研究所不能及的，尤其是对这类电视文化节目存在的问题，对如何提高这类电视节目的质量、品位及其可持续发展给予了科学的、具有针对性的、可操作性强的意见和建议；三是该研究对语言政策、语言规划、语言教育等方面具有较强的参考价值。

该研究角度新颖、内容丰富、资料翔实、论证严密，体现了研究者的理论功底和智慧。研究成果具有较高的理论价值和实用价值，对今后语言文字类电视文化节目的提高、发展、规范、创新，都有着重要的指导意义。

由于该项目研究人员都比较年轻，在科研领域正处于“小荷才露尖尖角”的阶段，他们的研究能力还有限，有些地方还需进一步探讨和补充。比如，中外语言文字类电视文化节目的比较，语言文字类电视文化节目对受众心理上深层次的影响，以及资料收集的广泛性、风格撰写的一致性、语言表达的规范性等问题，还需要进一步研究、探讨和修改。希望这些“小荷”们尽快成长为“别样红的映日荷花”。

寥寥数语，但愿不会遮掩了这部新作的光彩，是为序。

姚锡远

2018 年 9 月 6 日

前言

传统文化是民族的血脉命根，是人民的精神家园。近年来，我国提出建设“文化强国”的长远战略，要求大力发展文化产业，增强国家文化软实力。国家对文化教育、语言文字的重视程度也不断提高。在这种大环境下，我国各大卫视积极探索，求新求变，推出了一批以中国传统文化汉字为基本元素、弘扬我国博大精深的汉字文化魅力的语言文字类电视文化节目，如《中国汉字听写大会》、《中国成语大会》、《汉字英雄》、《成语英雄》、《中华好诗词》、《中国谜语大会》、《汉语桥》，等等。节目一经推出就受到了观众的普遍欢迎，引发了社会各层次的普遍关注和广泛热议，产生了强大的文化影响力。

本书是国家语委“十二五”科研规划项目“语言学视角下的语言文字电视文化节目研究”（项目编号：YB125-141）的研究成果。本人带领研究团队从语言学视角下对语言文字类电视文化节目进行了较全面的研究与探索。本研究以语言文字类电视文化节目为研究蓝本，将汉字本身的文化内涵、汉字对华夏文明的传承和影响置于语言学、传播学、社会学、教育学、文化学、心理学等学术角度中，通过观摩相关电视节目、文献综述、问卷调查、比较研究等方法，分析了语言文字类电视文化节目的现状及其在实现文化传播过程中的节目特点、节目功能、理念内容、传播效应等，指出了语言文字类电视文化节目的正能量，剖析了语言文字类电视文化节目迅速热播的文化动因，探讨了语言文字类电视文化节目存在的问题，并从理念创新、内容创新、模式创新、机制创新等方面探讨了语言文字类电视文化节目的传承与创新。最后，从国家通用语言文字推广、语言规范化管理和应用、语言政策、语言教育、对外汉语教学与推广等方面进行了有益的思考并给出了建议。

当前，语言文字类电视文化节目的热播已引起学术界、全社会、政府、教育部门的关注，学术界的学者们也从不同方面、不同角度对语言文字类电视文化节目的现状、意义进行了分析研究。本书的研究不纯粹是对现状的调查和意义的分析，而是把语言文字类电视文化节目放在普通语言学、文化学、传播学、社会学、教育学、心理学等方面进行立体式交叉研究，研究具有一定的深度和广度，更有针对性。

语言文字类电视文化节目对建设中华优秀传统文化传承体系、弘扬中华优秀传统文化、推进国家语言文字事业发展都有积极的影响。本书对语言文字类电视文化节目进行调查研究、梳理分析，提出有价值的意见和建议，以期对国家语言文字事业贡献一份力量，以此促进中华民族语言文化的历史传承，使中国更好地选择更有针对性更符合时代要求的文化传播方式，建立长效机制促进电视节目的创新和中华文化传播的可持续发展。本书的出版如能对此有所裨益，那将是对我们莫大的安慰和鼓励。

王岩

2018 年 8 月

目　　录

第一章　问题的提出

一、课题提出的背景

作为世界上最古老最神圣的语种之一，汉语体现出东方文化与现代文明的完美融合，承载着中华五千年的文化旅程和民族足迹，传播着中华民族代代相传的文化。传统文化是民族的血脉命根，是人民的精神家园。近年来我国提出“建设文化强国”的战略目标，要求大力发展文化产业，增强国家文化软实力，展示中华文化独特魅力。中华民族的文明发展进程达五千多年之久，在这久远的岁月长河中中国人民创造出了博大精深的灿烂文化。在媒体高度发达和运转的当下，如何继承和推广中华民族传统文化，并且使传统文化基因同当代文化相适应和协调，是很多学者共同讨论的话题。如何以及用何种方式展示中华文化的魅力，如何综合运用人际传播、群体传播、大众传播等多种传播方式弘扬和推广传统文化，如何把跨越时空的、超越国度的、极具魅力和现代价值的优秀的当代中国文化以人们喜闻乐见的、具有广泛参与性的方式传播出去，也是很多学者共同研究的话题。

如今的世界是一个全媒体、多元媒介融合的时代。从传统的报纸、广播、电视到新兴的手机、电脑、微信、QQ、微博、陌陌、人人网等众多网络社交平台更是深入到了我们日常生活中的每个细节。电视媒介作为传统的主流媒体，其集视听功能于一体的特点决定了其在服务公共文化、传播国家文化、传递精神文化财富、传播社会主流价值观等社会需求中占有重要地位。但近几年，在“消费至上”、“娱乐至死”的不良观念下，我国电视节目经历了泛娱乐化、同质化的坎坷之路。某些电视综艺节目为追求收视率，背离了中华五千年的传统文化，传递低俗的文化信息，传播不正确的是非观和道德观，在社会上造成了一些负面的影响。广大观众也因节目内容的虚假雷同等产生不满与厌烦情绪。随着计算机信息技术和网络技术的迅速发展，我国民众的生活和学习方式也在发生着改变，网络的迅捷和信息的碎片化的特点也导致了公众学习生活方式的快餐化和碎片化，这种学习生活方式缺乏系统性和深度性，影响了人们的阅读心理和阅读习惯，长此以往会使人们无法专注于长篇阅读和深度思考，正在成为中国文化传承的断点。

为了纠正这股风气，2011 年和 2014 年国家广播电视总局分别出台了《关于进一步加强电视上星综合频道节目管理的意见》及《关于做好 2014 年电视上星综合频道节目编排和备案工作的通知》，要求各地方卫视从 2011 年 7 月起，在 17:00 至 22:00 黄金时段，娱乐节目每周播出不得超过三次，被大众称为“限娱令”。“限娱令”引发了广泛关注，不仅为我国电视节目的泛娱乐化敲响了警钟，也使许多低品质的娱乐节目难以为继，促使全国各大卫视求新求变。与此同时，国家对文化教育、语言文字的重视程度不断提高。2012 年教育部、国家语言文字委员会共同发布了关于语言文字事业发展的纲领性文件《国家中长期语言文字事业改革和发展规划纲要（2012—2020 年）》。这些社会舆论引导和文化政策为我国进一步开展文化体制改革提供了强劲的动力。在这种背景下，由中央电视台、国家语委共同举办的语言文字类电视文化节目《中国汉字听写大会》应运而生。

《中国汉字听写大会》由中央电视台综合频道（CCTV-1）和教科频道（CCTV-10）于晚间黄金档联合播出。节目邀请了央视著名播音员郎永淳、欧阳夏丹、李梓萌等担任读词考官，邀请了国内语言专家谭景春、张伯江、程荣等担任裁判和解说员，从来自全国的 32 支参赛代表队中层层选拔，决出一名年度汉字听写冠军。节目播出不久就创下了全国收视第二的佳绩。总决赛拿下 2.6%的收视率，排名第一，当晚收视观众达到 1.2 亿之多。《中国汉字听写大会》以中国传统文化汉字为基本元素，展现了我国博大精深的汉字文化魅力，在一定程度上遏止了电视节目低俗化的趋势，所以一经推出就受到观众的普遍欢迎。节目的热播引发了全国上下广泛而热烈的关注、讨论和思考。《中国汉字听写大会》节目激发了国人对文字基本功掌握和对汉字文化学习的热情，同时，电视节目利用声画传播方式对中华民族的优秀传统文化进行了推广传播，引导人民树立和坚持正确的历史观、价值观、民族观、文化观，提升我国的文化影响力，树立我们的文化自信，增强做中国人的骨气和底气。中央电视台科教频道总监金越说："这不是一个秀场，呈现出来的状态可能非常单纯、简朴，但却可以吸引观众在电视机前同步参与，在游戏中学习知识、领略汉字之美。"电视节目形态设计研发者关正文说："为孩子们举办汉字听写竞赛活动的想法产生于在美国有英语的全国拼字比赛，从 1925 年延续至今，一代代孩子参加，成为全民关注的带有民族性质、国家精神的活动。我们的汉字那么美，传承又那么重要，我们也应该有这样的活动。"

在《中国汉字听写大会》之后，陆续出现了一批以河南卫视《成语英雄》、《汉字英雄》为代表的语言文字类电视文化节目。节目的制片人马东表示："希望提高当下电视节目的内容深度，对汉字知识与文化传统的认知，旨在体现汉字之美，而这一切都基于中国人对汉字的感情。" 2013 年，国家广播电视新闻出版总局发布通知，表扬以语言文字类电视节目为主体的新型文化节目，并表示这些将中华文化元素与电视节目形态有机结合的原创文化节目值得推广。

随之，许多语言文字类节目相继播出，比如《中华好诗词》、《中国谜语大会》、《中国成语大会》等。节目播出以来，引发了社会各界人士的普遍关注和广泛热议，出人意料的高收视率为流行文化产品竞争带来了种种启示，也引发了学术界对汉语言文字现状的担忧及对未来语言文字发展走势的思考，节目产生了强大的文化影响力。有很多人对节目报以热情的赞誉、充分的肯定和美好的期盼，认为其唤回了大众的书写热情，回归了中国传统文化；也有人提出了不同的意见，认为其偏离了汉字推广和交流应用的本意，过于关注生僻字，过于关注选手的名次和表现而没有关注汉字本身。

由国家语委和中央电视台联合主办的《中国成语大会》虽然同样传承民族文化经典，与《中国汉字听写大会》相比，却没有像中国汉字听写大会那样具有轰动效应。后续的几届《中国汉字听写大会》也不如首届的收视率高，这说明，将博大精深的传统文化搬上电视荧屏，绝不是一件轻松的事。如果一味地模仿而缺乏创新，观众极易腻味，确实需要反思。由此，我们认为以两档节目为代表的语言文字文化推广活动，对我们研究语言文化的传承和对规范汉字的推广既提供了很好的模式，同时也给了我们加以改进和创新的思考空间。

二、课题研究的意义

汉字是中华文化的标志与载体，是实现文化传播的前提与基础。本书将汉字本身的文化内涵、汉字对华夏文明的传承和影响置于语言学、传播学、社会学、教育学等学术角度中，以《中国汉字听写大会》、《中国诗词大会》、《汉字英雄》、《中国成语大会》、《成语英雄》、《中华好诗词》、《诗歌之王》等语言文字类电视节目为研究蓝本，系统论述了电视节目文化传播功能的发挥。学术界也有很多人去研究探讨这些问题，但目前国内研究学者大多数从传媒的角度，开展这类语言文字电视节目的类型化、模式化研究，或此类电视节目教化性、娱乐性研究，或传播和营销范例等方面的研究，也发表了不少论文。但从语言学的视角下来研究语言文字类电视文化节目的研究还不多见，所见也只是语言学家所谈的一些认识和看法，没有形成比较系统的研究成果。

汉字具有鲜明、生动、多变的艺术魅力，正是基于其自身的艺术魅力而得以源远流长。诗词则巧妙运用汉字的排比对仗、平仄声韵来表达发音、解释词义、升华情感。成语用高度浓缩四字表达现象，内蕴哲理，是中国人独特的智慧结晶。谜语则具有扑朔迷离、欲擒故纵的特征，其所带来的推理乐趣体现了古人的集体智慧。熟语来源于中国古代民间，来源于对生活深刻的理解。汉字、诗词、成语、谜语、熟语等都是汉语言文化的重要组成部分，具有很高的文化价值和深远的意义，应该被每一个中国人铭记。《中国汉字听写大会》、《汉字英雄》、《中国成语大会》、《中国诗词大会》、《中华好诗词》、《成语英雄》、《中国谜语大会》等节目的出现，正是唤醒国人母语认知、回应时代呼唤的重要方式和途径。对于此类节目形态的研究，是一种历史职责，更是一种文化担当。

我们进行这个课题研究，就是要从汉字本身的文化内涵、汉字对华夏文明的传承来分析语言文字类电视文化节目在其实现文化传播过程中的节目特点、节目功能、理念内容、传播效应，探讨多媒体背景下语言类电视文化节目实现“文化传播”功能的重要使命，让观众在领略汉字魅力的同时，追求文化传承、文明传递，实现热爱汉字、热爱中国文化的价值观。同时，对我们汉民族语言文化的传承和规范汉字的推广、提高国民语言文字应用能力，对我国的语言政策、语言教育以及语言规范化等都将进行有益的探索、研究和思考。因此，这是一项很有价值和意义的研究。

新模式、新媒介、新方式，其传播和推广速度、观众范围及对民众的吸引力和影响力都是传统的方式所不能比拟的，因此，我们认为语言文字类电视文化节目对建设优秀传统文化传承体系、弘扬中华优秀传统文化、推进国家语言文字事业发展都有积极的影响。我们将认真调查研究，梳理分析，提出有价值的意见和建议，以期对国家语言文字事业贡献一份力量，以此促进中华民族文化的历史传承，使中国更好地选择更有针对性更符合时代要求的文化传播方式，建立长效机制，促进电视节目的创新和中华文化传播的可持续发展。

三、课题现状及研究综述

国内语言文字类电视文化节目《中国汉字听写大会》、《汉字英雄》、《中国成语大会》、《中国诗词大会》等引起了广大观众的强烈反响，在全国范围掀起了一股“汉字热”。其实，在国外也有不少类似的文字类电视节目和比赛，人们在体验文字乐趣的同时，也会将文字本身的内涵更好地传承和发扬。

1925年，美国首次举办全国拼写大赛，至2017年5月，共举办了90届。该拼写大赛旨在帮助青少年提高拼写能力、增加词汇量，培养他们受用一生的使用语言的正确方式，是美国历史上持续时间最长、规模最大的文化教育类赛事。8岁至14岁的在校青少年均可报名参加美国全国拼写大赛。参赛门槛虽低，但选拔的道路却很艰辛。选手要经过多轮笔试和口试的“车轮战”，才能决出最后的年度全国总冠军。最初参赛选手均来自美国，最近几年，也有来自巴哈马、加拿大、中国、加纳、日本、牙买加、墨西哥和新西兰的参与者。每年的拼写大赛都受到大量观众的热捧，收视率一直保持高水平。

在法国，从刚识字的孩童到白发苍苍的老人，对法语都有一种特殊的情感。对于组成这门语言的文字，他们更是情有独钟。因此，围绕文字展开的填字游戏也就顺理成章地成为法国人生活中不可或缺的一部分，在法国人人都爱填字游戏。为了迎合大众对填字游戏的喜爱，让人们更加注重法语拼写的准确性，普及法国社会、文化知识，法国的很多电视频道推出了填字游戏节目，例如《字母与数字》、《闭嘴拼字》等。近年比较热门的主要有法国电视3台推出的知识趣味填字游戏竞技节目《大满贯》和法国电视2台的《密码》。《大满贯》每期选取3位参赛者，要求他们首先以抢答的方式回答主持人提出的问题，答案是一个字母。答对的选手根据该字母完成一个字谜，获胜的参赛者可以获得一定数额的奖金。该节目自2009年播出以来，就受到了很大关注。2012年，《大满贯》在法国电视3台网站上推出了网络版，观众可以在网上模拟参赛，享受填字竞技游戏的乐趣。2013年，该节目改版升级，观众关注度进一步提高。2013年12月26日，《大满贯》吸引了约196万观众，占法国同类节目市场份额的15.6%，创下推出以来的最好成绩。《密码》与《大满贯》同年推出，游戏规则是每轮比赛选取两位参赛者，与其选择的队友协同合作，进行四个回合的比赛，每个回合为30秒，每轮必须猜对5个单词。该节目近年来不仅不断完善游戏的合理性，还邀请名人助阵，加上高额奖金，使得节目人气节节攀升。

俄罗斯最知名的老牌语言文字类电视节目当属已有24年历史的《神奇之地》。该节目从1990年起，每周五晚在俄罗斯影响力最大的第一频道播出，至今已播出超过1180期，在俄罗斯可谓家喻户晓。2010年，该节目举办了开播20周年庆。每期《神奇之地》时长近一小时，主持人通过设计不同场景，让大家猜字猜词，其间还穿插歌舞或才艺表演，主持人与观众互动气氛热烈。这档节目的奖品十分丰厚，其中“送礼品进演播室”成为最激动人心的一句话。每次只要主持人或嘉宾说出这句话，就会有意想不到的礼物出现。礼物包括家电、汽车、摩托车、住房、高额奖金，等等。

在日本，汉字类节目可谓种类繁多。其中，一档名为《感受汉字》的节目广受欢迎。该节目通过真人表演，将学习汉字变成了体操。节目中，两位黑衣人伴随音乐节奏，用身体按笔画书写汉字，同时讲解该字的意义、渊源，让观众很快地记住汉字。以汉字猜谜为主要内容的电视节目《阿Q猜谜王》、《六角猜谜》保持着很高的收视率。在这些节目中，嘉宾们往往错误百出，令观众笑作一团。不过，节目并不是故意让嘉宾给出荒唐的错误答案引观众发笑，而是真正考验嘉宾所具备的汉字实力。这类节目在嘉宾中掀起了一股学习汉字的热潮，很多嘉宾参加节目后参加了汉字考试并顺利通过。这些节目播出后，学习汉字的热潮不断向日本民众扩散，参加汉字考试的人数大幅增加。节目中的试题还被日本高中试卷所引用，老师们也特别鼓励学生观看这类有营养、有品位的节目。有媒体称，日本青少年在电视节目的影响下更加努力学习汉字，对老人来说，也可以有效地防止遗忘汉字。

中国的语言文字类电视文化节目《中国汉字听写大会》、《汉字英雄》、《中国成语大会》、《汉语桥》等一经播出也引起了国人和学术界的广泛关注，并开展了对节目的研究，评论、论文也日渐增多，时见报端。中央电视台科教频道和发展研究中心联合主办的“从《中国汉字听写大会》看国家电视台的文化传播”研讨会，时任中央电视台副总编辑李挺、教育部语言文字应用管理司司长姚喜双、中国社会科学院语言研究所所长刘丹青、国家新闻出版广电总局宣传管理司副司长王丹彦等分别从文化、传播、品位、导向、新闻、影响力等几个方面，对《中国汉字听写大会》的播出进行梳理，以寻找规律，推广创新。学术界也有很多人去进行这些问题，或此类电视节目教化性研究问题，或传播和营销范例等方面的研究，而且发表了不少论文。胡芃原的《汉字听写节目对电视发展的启迪》；毕素雅的《〈汉字英雄〉：文化综艺节目的成功与思考》；南竺君的《〈汉字英雄〉、〈中国汉字听写大会〉节目思考》；文卫华的《电视节目的价值引领与形态创新——〈中国汉字听写大会〉热播的启示》；李杜若的《文化综艺类电视节目的创新与涅槃——以〈汉字英雄〉节目为例》；周秀杰和李辉的《〈中国汉字听写大会〉对电视节目研发的启迪》等论文是从这类语言文字类电视文化节目的类型化、模式化、娱乐性等方面进行研究的。王一星的《〈汉字英雄〉的传播学解读》；赵岩的《〈汉字英雄〉全媒体制胜要素分析》；尹媛的《〈中国汉字听写大会〉传播学思考》；肖航、洪丽娟的《"软传播"思维下的〈中国汉字听写大会〉创新路径》等论文是从电视文化节目的传播学角度进行研究的。吴汉平、王丽的《传统文化传承方式创新谈——以〈中国汉字听写大会〉为例》；王婷婷的《传承汉字文化 弘扬民族精神》；纪忠慧的《〈中国汉字听写大会〉的文化传承与形态创新》；岳伟的《从汉字类节目异军突起看传统文化如何走出时代困境》等论文是从文化传承的角度去研究的。金青玲的《〈汉字听写大会〉对现代教育的启示意义》；周树花的《从〈中国汉字听写大会〉看中学生汉字读写能力现状》；王淑霞的《从〈中国汉字听写大会〉再看语文教育方向》；杨晨霞的《由〈中国汉字听写大会〉引发的教学思考》等论文是从教育教学的角度去探讨的。可见，从语言学的视角下来研究语言文字类电视文化节目的文章较少。如何从语言文字这一学术角度去考量这一文化现象，如何让它几十年后还有今天这样的影响力，如何在此基础上去构建更有效、更有针对性、更符合时代特色的语言文字类电视文化节目，如何进行内容创新、形式创新、风格创新，发挥规范汉字传播汉民族优秀传统文化的功能，等等，是非常值得我们思考的问题。

四、课题研究的对象

本课题的研究是以国内各大卫视制作播出的语言文字类电视文化节目为对象。

我们认为，语言文字类电视文化节目是指依靠语言、文字这样的媒介来传递节目思想和文化内涵，或依靠语言的使用及播讲技巧、或依靠语言的教育普及功能、或利用语言文字本身所形成的独特电视文化节目。主要有：由中央电视台制作播出的《中国汉字听写大会》、《中国诗词大会》、《中国成语大会》、《中国谜语大会》、《朗读者》、《中国灯谜大会》、《百家讲坛》等；由河南卫视制作播出的《汉字英雄》、《成语英雄》；由河北卫视制作播出的《中华好诗词》；由陕西卫视制作播出的《唐诗风云会》；由四川卫视制作播出的《诗歌之王》；由湖南卫视制作播出的《汉语桥》；由黑龙江卫视制作播出的《见字如面》；由上海教育电视台制作播出的《我爱汉字美》等诸如此类的语言文字类电视文化节目。

五、课题研究的内容

本课题的研究主要分七章。

第一章主要介绍课题提出的背景、课题研究的意义、课题研究的现状、课题研究的对象、课题研究的内容、课题研究的思路和方法以及课题研究的创新之处。并梳理与语言文字类电视文化节目相关的理论研究，在前人的基础上运用相关理论进行研究。

第二章重点分析了语言文字同电视的完美结合与呈现。主要从语言文字类电视文化节目的发展、节目的特点、节目的功能三个方面进行分析。对语言文字类电视文化节目概念进行了界定，介绍了语言文字类电视文化节目的现状及节目的发展趋势；从语言文字类电视文化节目的内容、展示方式及节目的效果方面分析了语言文字类电视文化节目不同于其他电视节目的特点和不同于传统语言文字教育方式的特点；从社会功能、传播功能、文化传承功能、教育功能和娱乐功能等几个方面对语言文字类电视文化节目的功能进行分析。

第三章从语言与文化的角度提出了语言文字类电视文化节目蕴含的正能量。分别从语言文字类电视文化节目诠释中国文字梦、语言文字类电视文化节目的文化担当、激起人们书写汉字和学习汉语的热情、推动汉语言文字规范化的管理及应用、推动了汉语言文字汉民族文化的传播及对汉语教育的借鉴价值等六个方面阐述了语言文字类电视文化节目蕴含的正能量。

第四章从精神领域和文化维系亏欠、一笔一画勾画出国家精神两个方面分析了语言文字类电视文化节目迅速热播的文化动因。

第五章指出了语言文字类电视文化节目的美中不足。分别从节目内容的局限性、节目形式的单一性、节目设计及模式的单薄性、新媒体应用的不充分性几个方面指出了语言文字类电视文化节目的不足之处。

第六章提出了语言文字类电视文化节目的传承与创新。从理念创新、内容创新、模式创新及机制创新四个方面对语言文字类电视文化节目发展趋势进行了展望。

第七章是语言文字类电视文化节目研究所引发的思考。分别从国家语言文字推广、规范化管理及应用、国家语言政策、国家语言教育、对外汉语教学等几个方面进行思考。

六、课题研究的思路和方法

本书将运用语言学、文化学、教育学、社会学、传播学、西方文艺学等相关理论知识，通过观摩相关电视节目、文献研究、理论研究、调查统计、归纳分析、座谈研讨、专家咨询等方法分析语言文字类电视文化节目的创新发展。

第一，观摩电视节目。有目的地观看语言文字类电视文化节目，如《中国汉字听写大会》、《汉字英雄》、《中国成语大会》、《成语英雄》、《中华好诗词》、《中国谜语大会》等，从节目中探究其创新性发展，思考和发现问题。

第二，文献研究。查阅有关资料、语料库。通过收集相关的论著和论文以及相关语料库资料、报纸、网络媒介等，了解相关问题的历史和现状，对资料进行归纳和分析，为研究寻找和提供立论依据。

第三，理论研究。在语言学的视野下运用语言学、心理学、文化学、传播学、教育学等学科的基本理论、知识和研究方法对语言文字类电视文化节目进行分析，并以此为基础，结合社会语言生活找出提高国民语言能力的有效途径。

第四，调查统计。一是问卷调查：设计调查项目样本，选择各层次比如大学生、中学生、小学生、普通市民、大学教师、中学教师、小学教师，公务员等有代表性的对象进行问卷调查，可以现场发放问卷，也可以利用网络、手机短信、微信、QQ 等进行问卷调查。二是实地调查：主要征询对《汉字听写大会》、《成语大会》等语言文字类电视文化节目评价、意见建议，考察对语言文字规范和中华优秀传统文化传承方面的认识。三是网络调查：借助网络开展网上调查和网上交流座谈，做到点面结合，使调查更全面，也更有针对性。通过调查统计来了解情况、分析情况，认真研究，得出结论，寻找解决办法或进一步研究的方案，为研究寻找依据。

第五，归纳分析。通过收集相关报刊的论文、著作、评论，结合问卷调查、网络调查等相关材料，然后对材料归纳分析，结合目前语言文化传承和规范汉字推广现状进行对比分析，为研究的提出寻找理论依据。

第六，座谈研讨。召集包括语言学、媒体、市场营销、计算机、网络等方面的专业人士进行跨学科研究，在调研基础上，进行讨论，提出意见和建议，探讨推广模式的创新。

第七，专家咨询。对提出来的意见和建议征询专家意见，请求语言学专家的指导。

七、课题研究的创新之处

第一，课题角度的创新。

当前，语言文字类电视文化节目的热播已引起学术界、政府部门、教育部门和广大公众的关注，学术界的学者们也从不同方面、不同角度对语言文字类电视文化节目的现状、意义进行了分析研究。但这些研究主要内容多集中在对语言文字类电视文化节目的价值分析和重要意义的论说，研究还不够全面。从语言学、文化学、教育学、心理学、社会学、传播学等多个层面全方位开展专门针对语言文字类电视文化节目的研究目前在国内并不多见，我们认为本课题选题具有一定的创新之处，研究也更有针对性，更有意义和价值。

第二，课题内容的创新。

一是研究对象的广泛性。本课题的研究是面向全国不同的卫视播出的语言类电视文化节目，研究的对象具有一定的广度。二是研究内容的多样性和科学性。三是研究具有深度和广度。本课题的研究不仅运用语言学的基本理论指导研究，研究从现象上升到理论，由理论落实到实践应用，而且涉及语言文字的推广和应用、语言政策、语言教育等，还从社会学、文化学、传播学和心理学等方面进立体式交叉研究，具有一定的深度和广度。

第二章　语言文字同电视的完美结合与呈现

一、语言文字类电视文化节目的发展

（一）概念的界定

由于理论研究的滞后，我们对电视文化节目往往有着“经验性认识”。但是，这种认识并不十分清晰，所以我们尝试给电视文化节目下定义，并在此定义的基础上去诠释语言文字类电视文化节目的内涵。

“文化不全是知识，但知识则全是文化。”所以，电视文化节目的概念有广义和狭义之分。从广义上看，所有的电视节目都应该属于文化节目，因为电视本身就在文化范畴中。而从狭义上看，电视文化节目则是指那些与娱乐节目相对的，充分利用电视传播手段，以文学、艺术、生态环境等文化形态以及各种文化现象为背景的电视节目。这样的节目内容涉猎广泛，话题弹性比较大，既可以关注社会文明进步，探讨宇宙人文理念，又可以倾向人间百态，传播先进思想，继承历史文明，挖掘优秀传统，提高人们的素养意识，内容丰富、形态多样且艺术品位高雅。这些多内容多情感的有利条件保证了文化类节目的收视效果。

厘清了“电视文化节目”概念的内涵和外延后，我们再来界定加了特殊定语“语言文字类”电视文化节目的概念。有了“语言文字类”独特的指向后电视文化节目的范畴就很明确，我们根据对电视文化节目和对语言文字类的理解来为其下定义：语言文字类电视文化节目是指依靠语言、文字这样的媒介来传递节目思想和文化内涵，或依靠语言的使用及播讲技巧、或依靠语言的教育普及功能、或利用语言文字本身所形成的独特电视文化节目。在定义中我们清楚地发现语言、文字在节目中的重要位置和特殊分量。根据目前语言文字类电视文化节目的现状，我们把语言文字类电视文化节目分为以下几类：语言文字竞技类、语言教育讲坛类、语言文字应用类。这样的分类也许还有学术争议，也许有的节目并不在罗列的范围中，也许节目的创新速度远远超过我们对其理论上的分门别类，但我们紧紧围绕语言和文字在节目中的作用，就目前电视上常见的节目形式进行分类，并希望这样尝试的探索性分类有助于文化类节目的长足发展。

1. 语言文字竞技类

核心词汇“竞技”限定该类节目是以语言表达为着力点和阐释点，是以“说话”为节目的主要形态，侧重于口语表现，并且在节目进行中有晋级有淘汰。“以技来竞”的规则会使节目产生戏剧性冲突，会使参赛者产生竞争意识。而在竞争角逐中参赛者的人格、价值观和处事方式都会得到体现。分析此类节目时侧重于语言的使用技巧，尽量要求参赛者用完整优美、富有感染力的语言叙述周围平凡的故事、书写真实情感、传递生活态度、传播人生哲理。也正是这样的“语言”与“竞技”的搭配，才诠释出节目的文化密码。语言的表达能力被赋予在参赛者的人格魅力中，通过他们独特个性的语言表现力感知他们的人文和情感魅力。在当下以唱歌跳舞为选秀素材的背景下，这类文化节目获得了受众的喜欢和认可，有了良好的群众基础，甚至还出现了异常火爆的场景。如安徽卫视的《超级演说家》、北京卫视的《我是演说家》等节目是这一类型节目的典型代表。该类节目主要有三个特点。一是以语言表达、语言使用技巧为节目核心。《超级演说家》总制片人曹志熊说：“做这个节目我们不是叫人巧舌如簧，而是要让大家知道，生活中有很多人与人之间的隔阂可以用话语解决。打开心扉，完整、真实、有力量地表达自己，就能赢得对方的信任。”换言之，节目就是要让大家敢于开口说话，用语言来表达喜怒哀乐和百味人生，在真实的语言氛围中传递情感和力量。二是以竞技比赛的手段推进节目进程。新媒体环境给人们提供了大量便捷、全面、丰富的信息，人们甚至足不出户就可以清楚地了解到世界上正在发生和正在经历的一切事件，久而久之人们逐渐形成了一种被动的无意识地接受的习惯。这样的媒体环境虽然能便捷地带来海量信息，但长期被动接受信息的行为也会使人们逐渐丧失话语权，从而面临“失语”的危机。《超级演说家》、《我是演说家》这类语言竞技类文化节目正是看到了“被动”和“失语”的现状，所以在节目中特别强调语言对于传达情感和内容的重要性，希望通过对语言淋漓尽致的表述，让人们看到语言的重要性，从而使人们主动地表达想法和情感。节目定位精准，有层次有看点有内容有情感，阵容里有自信的选手、风格化的主持人和个性强大的导师团队，导师会根据选手表现挑选选手，整个节目过程充满未知和悬念。三是节目以原创的个性化故事传递力量和情感。选手大多来自普通百姓，携带积极、乐观、温暖的正能量登上舞台，年龄、职业、三观都不同，但都有着丰富的人生阅历或坎坷遭遇：他们有的能够被时光温柔相待，有的只能在人生的谷底摸爬滚打而后振作……这些演讲者同大家分享感人故事，或令人振奋给人鼓舞，或充满积极乐观的正能量，或幽默风趣带来另一种人生体味。节目内容励志奋进、感人肺腑，充满正能量。这类语言文字类节目所体现的人生价值在于奋斗和励志，所体现的审美价值在于跟自己命运抗争的不屈不挠，所体现的传播价值在于用自己的故事感染和激励更多同类人，所以节目无论从哪个角度考量都极具正能量。2016 年 10 月 14 日《我是演说家》第三季上董仲蠡这样说道：“我们作为教育者要始终谨记教育读书的终极目的：为天地立心，为生民请命，为往圣继绝学，为万世开太平。”掷地有声的《教育的意义》传达出的情感魅力远远超过其他的节目形式。节目的演讲内容大多如一针强心剂，对当下社会上的浮躁不安、崇洋拜金、消极悲观情绪起到了扭转作用，也在很大程度上美化和拔高了节目的社会效果和传播效果，堪称文化类节目中的典范。

2. 语言教育讲坛类

语言教育讲坛类电视文化节目是指以主讲人具有独特个性的语言讲解和讲说为主要形式，以各领域的科技文化尤其是文史哲等传统文化为主要讲说内容，以教育为主要宗旨的电视节目。① 相对于其他的电视文化节目，则该类节目更侧重于语言的普及教育。这类节目虽然借助了 LED 等现代电子设备，但仍然是凭借主讲人独特风格的语言来讲解和宣传自己的观点。

“文化讲坛”类电视节目的雏形其实要追溯到 1999 年 7 月 11 日，当时的文化节目极少，而湖南经济电视台凭借湖南富饶的人文和地理优势，在当时娱乐的时尚潮流中逆势有力地推出了别具特色的余秋雨《走向 21 世纪的中国文化》的电视演讲，这一档节目开启了“文化讲坛”类电视节目的征程。随后，一大批“文化讲坛”类电视节目应运而生，如北京科教频道的《名师讲坛》、河北卫视的《文化大讲坛》、东方电视台的《东方大讲堂》、北京卫视的《中华文明大讲堂》、上海教育电视台的《世纪讲坛》，等等。众多类似节目中尤以凤凰卫视的《世纪大讲堂》和中央电视台科教频道的《百家讲坛》最突出最具影响力。同时，《百家讲坛》更是以其高收视率和高关注度引起轰动效应，一时间引起大家对传统文化和文化名人的追捧。在新闻和娱乐节目独霸荧屏的当下，一档由学者普及学术和文化的栏目能够取得如此收视效果和社会反响，不得不说是一个奇迹。《百家讲坛》一个典型的范例就是易中天教授的《品三国》，易中天以一种幽默风趣的口吻，带我们重温了历史中那段铁马金戈的年代，易中天独到的分析，风趣的话语，受到很多观众的喜爱，节目也迅速引起轰动。于丹、王立群、钱文忠、蒙曼、纪连海等都成了红极一时的文化明星，也引发了受众持续关注和追捧，但其中一些文化名人的讲解也受到了质疑，存在一定的争议。之前在电视节目上说古道今的余秋雨、刘心武、王鲁湘，还有

---

① 罗艳．“文化讲坛类”电视节目研究［D］．长沙：湖南师范大学，2009.

在凤凰卫视上开讲的李敖等，也都不同程度地遭到种种褒贬。

这类节目有两个特点：一是以中国传统文化或某一领域的社会生活为内容载体。现在的文化讲坛类电视节目其内容一部分锁定在受众容易接受的人类文化和历史知识上，典型代表有北京电视台的《名师讲坛》、河北电视台的《燕赵大讲堂》、湖北电视台的《荆楚讲堂》等；还有一部分内容偏重于某一专业领域或社会生活的某个方面，内容针对性更明晰，比如央视的《经济大讲堂》和《法律讲堂》在内容上有明确的主题。这些节目以优秀传统文化为资源，主题的选择都与中国传统文化或社会生活各个方面息息相关。二是主讲人的独特语言风格是此类节目风格的重要体现。主讲人对节目内容的特殊感悟外化成特色语言讲述给大众，并试图通过自己的理解与讲解影响周围更多爱好中国传统文化的受众。《百家讲坛》于2005年被评为央视十大优秀栏目之一，仅次于《新闻联播》，排名第二，于2007年获得年度电视节目奖。这些荣誉的获得得益于节目主讲人独特的语言魅力。与此同时，阎崇年、刘心武、易中天、纪连海、于丹、王立群等一大批学者也蹿红网络，甚至易中天还被称为“学术超男”，于丹被叫做“学术超女”。同时因为他们的讲解，一时间使关于传统文化的书籍也受到大家追捧，甚至还有许多人学易中天、纪连海的说话方式说话口吻等。可见这些主讲人的语言风格对受众的影响极大。

3. 语言文字应用类

近几年，国家提出“文化强国”战略。其实从文化发展的角度来说，电视文化对人们的影响已经远远超过了其他的文化形态。电视作为改造社会的一种全新的文化力量，已成为一种不可忽视的文化现象。在媒体环境高度发达自由的今天，媒体技术日新月异，传统媒体和新媒体在弘扬中国传统文化和传播中国特色方面都发挥了积极而重要的作用。其中电视节目利用声画传播效果对中华民族的优秀文化和光荣历史进行了大力宣传和报道，这在很大程度上引导了人民树立和坚持正确的历史观、民族观、国家观、文化观，增强了做中国人的骨气和底气。中国汉字和中国诗词是中华文化的标志与载体，是实现文化传播的前提与基础，所以把汉字、诗词、传统文化和电视文化节目相结合就成为趋势，这种趋势就演变成了当今热播的语言文字应用类电视文化节目，这类节目不仅具备观赏的娱乐性，还具有文化普及的教育性，以中国汉字或中国诗词等中国传统文化为核心内容，通过创新节目思路和表现形式，在轻松愉悦的竞赛氛围中向观众传递和普及文化知识，希望唤起人们对中国传统文化尤其是主流文化的兴趣。这类节目主要有《汉字英雄》、《中国汉字听写大会》、《成语英雄》、《中国诗词大会》等。

当下，电视选秀、相亲或亲子节目横行，而有传播内容和传播意义的电视文化节目却不多。而且我们在节目形式和内容的创新上常常落后于其他国家，国产文化节目缺乏原创能力。一档电视节目要想得到大众喜爱，就必须有独特的形式和内容，我们除了模仿和借鉴国外节目之外，更应该立足于泱泱数千年的中华传统及丰富汉语文化来创新发展节目。文化节目的繁荣与发展，仅靠借鉴和引进是远远不够的，它必须根植于自身文化土壤中去创新和创造。电视节目不仅取悦视听，更是为了让我们受到思想熏陶和知识提升。所以说，电视承载的不仅仅是娱乐功能，更有信息内容传递和文化延绵的功能。《汉字英雄》、《中国汉字听写大会》、《中国成语大会》、《中国诗词大会》等节目的热播，虽也有借鉴国外节目的成分，但都致力于在中华传统文化的沃土中开掘资源，坚持走本土路线，虽然过程艰辛，但终究收获了掌声，赢得了高收视率，得到了广大受众的极大认可。《中国成语大会》的成功之处，就在于较好地平衡了娱乐、文化传播与语言教育的关系。从2016年开始，《中国诗词大会》持续热播，探究其热播的根本原因，就在于节目内容上立足于中国传统文化，节目形式上把主流文化元素和电视元素完美地融合在一起，通过观众喜闻乐见的形式对传统文化精髓进行传播，极大地彰显了中华儿女的人文情怀和文化追求。在节目中，我们不仅看到了高中学生武亦姝、北大博士陈更等学霸式人物，看到民族大学的蒙曼、北师大的康震等学问渊博的专家学者，同时还可以看到满屏的诗词酒茶的唯美意境。正如《中国诗词大会》主持人董卿说的：“重温那些历久弥新的经典，这样的温故知新可以拂去我们记忆上的灰尘，而古代文人的情怀和智慧，也同样能点亮我们今天的生活。”我们的生活需要诗情画意，这档节目犹如平凡生活中的神来之笔让我们对生活充满无限温情和感恩。这类语言文字应用类电视文化节目以具有知识传播价值与文化普及功效的中国文化为对象，借助深厚的文化底蕴和精湛的内容品质提升了节目的传播力和影响力，这类节目所取得的成绩值得我们称赞。

随着《中国汉字听写大会》、《中国成语大会》、《中国诗词大会》等的热播，其他电视台也纷纷模仿，很快相类似的节目如雨后春笋般出现在全国的电视屏幕上。这种热传递的效应对于传播和弘扬传统文化无疑是有积极作用的。但中国的恢弘历史和博大精深的传统文化浓缩于一方荧屏一档节目又是何其艰难，它需要融合现代载体和更新的媒体形式，才能得到观众认可。一味地模仿，缺乏创新，观众必然会产生厌烦；切入文化的选题太偏太深，又会曲高和寡而脱离群众。如何解决创意创新难、选题切入难、推广宣传难等问题，是所有节目制作人应该深思的课题。电视制作者们仅仅凭一腔热情和急功近利的思想肯定是不行的，要想制作出既叫好又叫座的电视文化节目，必须沉下心来，认真深入思考。文化类节目想占领荧屏高地，创造辉煌收视率，节目内容上就要做到，节目设计上推陈出新，节目制作编排上勇于创新，让节目在娱乐和欢笑中承载其应有的“文化言值”担当。

本书要详细认真梳理和分析的语言文字类电视文化节目，主要就是指这一类具有语言文化担当的节目。

（二）节目的现状

在浩如烟海的中华文明中，历史典籍、文化名著等文化瑰宝以其夺目的光彩、独特的魅力得以历久弥新。如今，随着我国经济的迅速发展，人民生活水平的不断提高，越来越多的人在物质生活日益得到满足的同时，开始追求更丰富的精神文化生活，于是阅读经典、重温历史、品评人物、书写汉字等便成为一种新需求。在这样的时代背景下，电视文化节目也随之兴起，不仅为我们掀开了一幅风起云涌、波澜壮阔的历史画卷，同时也展现了一个星辰闪烁、栩栩如生的人物画廊。2004 年中央电视台科教频道的《百家讲坛》首创收视狂潮，并激发了国人对学术、对文化的关注。2013 年中央电视台的《中国汉字听写大会》和河南卫视的《汉字英雄》播出后，收视率直线上升，成为收视黑马，让观众在收看比赛的同时培养认识和学习汉字的兴趣，让人们在欢声笑语中找回遗失在键盘里的中国汉字。2017 年春节期间播出的《中国诗词大会》更是将诗、酒、花、茶融入了大家的生活中。近年来，语言文字类电视文化节目更是如雨后春笋般层出不穷，遍地开花。这些现象让语言文字类节目作为新的电视节目类型取得了迅猛的发展。

《中国汉字听写大会》以“书写的文明传递、民族的未雨绸缪”为传播宗旨，分设两个现场给大家更好的信息解读。第一现场，节目邀请国内语言文化专家担任裁判和解说，同时邀请央视著名播音员章伟秋、郭志坚、李梓萌、郎永淳等轮番担任读词主考官。第二现场，央视科教频道主持人冀玉华与文化学者钱文忠、蒙曼、郦波、毛佩奇则对节目进行现场点评解说，对选手表现、汉字演变与历史典故等内容进行更深入的分析讨论，同时会穿插一些选手的采访以及辅导老师和家长在等候区的种种丰富表现。《汉字英雄》则是以更新颖独特的形式闯进人们的视线，以“横平竖直写字，方方正正做人”为节目的宣传语。该节目的参赛选手是来自全国各地的青少年学生，年龄大多为 7~17 岁。比赛分为初赛、复赛、决赛，采用晋级赛制，最后获胜的选手也将以我国古代科举考试名次的说法来称呼，比如状元、榜眼、探花。节目现场更是邀请了重量级的专家于丹、张颐武、高晓松，他们用自己独特的人生感悟和深厚的文化底蕴给电视受众传播有趣的汉字文化知识。而且，《汉字英雄》首创汉字十三宫，节目中还有电话求助、询问导师等环节，选手每通过一格都可以获得 500 元的教育基金。

语言文字类电视文化节目在一路质疑和艰辛中走过来，取得了良好的传播效果，但也存在诸多问题。尽管节目在内容、形式、质量和影响力上都有了明显的进步，但同时也应该清醒地意识到，中国的电视事业仍处在探索发展中，语言文字类电视文化节目制作水平还有很大的提升空间。比如，中央电视台 2018 年 2 月推出了

《经典咏流传》大型诗词文化音乐节目，作为新的先锋文化，撒贝宁担任主持人，专家、学者、音乐人共同组成鉴赏团，为观众解读经典背后的文化内涵，近百位经典传唱人传唱经典，被称为开创了文化节目的 2.0 时代。

1. 节目受到越来越多的关注与重视

语言文字类电视文化节目担负的文化传承与发展功能，是电视节目作为一种文化属性存在的本质性要求。节目的制作须符合电视的基本功能，所以，以文化资源作为基本内容的电视文化节目，在某种程度上是对电视这一文化性存在的最好注解。其实，人类生存发展的需要，也决定了这种较为纯粹的、以某种文化载体为节目内核的电视文化节目不会消亡。根据马斯洛需求层次理论，人的需要有生理需要、安全需要、社交需要、尊重需要和自我实现需要。从这五类需要也可以看出人的存在已经不仅仅是一种物质性的需要，而是一种精神性的需求，特别是作为群居动物，人类的社会属性也决定了其文化是体现人的社会存在的基本载体。换句话说，没有文化也就难称其为人。正如有句台词“有人的地方就是江湖”，同样，有人的地方就必须有文化。人的发展除了满足自身的物质性需求外，也应该满足其文化性需求。从长远看，人的发展需要电视文化节目所传导的人文精神与价值观的滋养，以文化传承为内容、以创新为己任的电视文化节目最能满足人的文化需求。因此，坚守对文化的继承发展与创新，是节目制作人的历史使命和责任担当，更是一个民族强劲发展的内在动力。可圈可点的是，当下我们已经看到这种态势的回归趋势，电视文化节目的发展在国家文化政策的大背景下，正在受到越来越多的关注和重视。

2. 节目体现出日益强烈的“文化认同”、“文化自觉”与“文化自信”

《中国汉字听写大会》、《汉字英雄》、《成语英雄》和《中华好诗词》等语言文字类电视文化节目，其内容和传播意义都在于弘扬中国传统文化，以关注、重温、传播中华传统文化的精髓，凝聚中国人的自我认同、文化认同和国家认同为根本。中国本土节目模仿丛生，缺乏创新创意，缺乏文化自主性。因此，就迫切需要具有创新性、能充分展现中华民族自身文化独特魅力和引领力量的电视文化节目。于是中央电视台提出要打造“有引领作用的文化节目”，在这样的呼声下，《中国汉字听写大会》、《中国成语大会》、《中国谜语大会》、《中国诗词大会》等节目应运而生。这一系列节目在传播主流价值观的同时，也试图挖掘中华传统文化的独特魅力，通过对人文精神和价值理念的深度挖掘，使源远流长的中华文明得以与时俱进、发扬光大。比如，《中国汉字听写大会》宣传标语“书写的文明传递，民族的未雨绸缪”中“文明传递”是意味着中国传统文化应该薪火相传，“未雨绸缪”意味着国人对中国传统文化传承的危机感以及文化与民族未来的密切关联。河南卫视《汉字英雄》的口号是“寻找失落的汉字文化”；河北卫视《中华好诗词》秉承“弘扬中国传统诗词文化”等，这些都体现了自觉传承民族文化、弘扬民族精神的担当意识，体现出了强烈的文化自觉和文化自信意识。

《中国诗词大会》是央视首档全民参与的诗词节目，节目以“赏中华诗词、寻文化基因、品生活之美”为基本宗旨，力求通过对诗词知识的比拼及赏析，带动全民重温经典古诗词，分享诗词之美，感受诗词之趣，从古人的智慧和情怀中吸取营养，涵养心灵。节目一经播出，便迅速走红。人民网以《〈中国诗词大会〉走红，形式创新助力文化传承》大篇幅的报道来探究分析语言文字类电视文化节目蹿红原因和节目热播给大众带来的启示。其实节目走红的背后，对应着深刻的社会现实和大众心理。当今，国人对传播文化回归的呼声越来越高，越来越多的人希望从优秀传统文化的深厚土壤中，追寻文化归属感，提升文化自信。语言文字类电视文化节目正好迎合了大众的需求，赢得了受众的追捧。

3. “互联网+”时代节目创新发展的思路日渐明朗

在互联网进入中国二十几年后，中国经过自我探索已经全速开启了“互联网+”时代的大门。新的时代已经完全改变了人们的生活，也成为驱动经济发展的新引擎。在新的发展形势下，我们的电视节目也须乘着互联网的东风寻找自己最新最前沿的出路，努力探寻“互联网+”时代下的电视文化节目创作。自2013年以来，一大批口碑好、社会形象佳的电视文化节目如雨后春笋般出现并热播，随之国家新闻出版广电总局下发了《关于积极开办原创文化节目，弘扬和传承优秀传统文化的通知》，《通知》要求各广播电视机构，特别是电视卫星综合频道积极开办以弘扬和传承优秀传统文化为主旨的原创文化节目，节目要坚持走自主与原创的发展道路。这些要求无疑为中国电视文化节目在“互联网+”时代的创新发展做出了正确的引导。

首先，电视制作者从传播学的受众理论来分析这些热播的电视文化节目，对受众的接受与消费心理进行认真揣摩，从受众的角度来考虑电视文化节目的自主创新，强调创新要符合受众的思维方式、接受心理、审美情趣等，也就是说要制作出能让观众看得懂并喜欢的电视节目，学术层面讲就是能够低门槛被观众所消费认可。创新在某种程度上关乎着节目的生存与否，是电视文化节目在进行自主研发过程中必须首当其冲要考虑的问题。一般电视节目在走平民化路线时，更多的是在内容的选取上关注百姓民生，形式的设置上走亲民路线，制作理念上走平民化的路线。从中国电视文化节目起伏跌宕的发展历程来看，能否有效地满足受众的文化消费需要，是一档节目能否长久生存与发展的重要衡量。当下热播的自主原创性电视文化节目之所以得到发展，正是因为遵循了这一基本要求。当铺天盖地的低俗娱乐节目模糊了广大受众的视野造成审美疲劳时，以传统的汉字文化、诗词文化、古典文化为代表的传统文化节目就有了出现的契机，新的关注恰如其分地适时弥补和填充了观众对文化的心理需求。有了观众深情的关注，还需要巧妙创意与精巧设计的编排，再加上别具特色的创意与设计、精良制作、唯美画面以及简单而有效的传播方式，这样打造的电视文化节目必然能引起广大观众的情感共鸣，其传播的良好效果不言而喻。从传播学受众理论出发，在进行节目的创意与设计时受众的需求是节目制作的前提，也就是以电视文化节目的精准产品设计来具体回应广大观众的文化消费需求。只有内容定位明确、功能意义凸显、受众相对稳定、表现方式和表现效果良好的节目才是观众真正喜欢的节目。

其次，应该深入研究电视节目的传播规律，再把分析的成功经验应用于节目，从而保证电视文化节目具有较高收视率。一档电视节目要想得到有效传播，必须与受众有情感上的共鸣，贴近受众的生活现实，在制作方式上迎合受众的审美习惯。电视节目只有接地气才能有人气，这是节目符合传播规律获得较好收视率的重要因素。比如河南卫视的原创节目《梨园春》和《武林风》，这两档节目几乎是河南电视台的名片，节目之所以成功就是因为节目内容贴近中原特色文化形态——戏曲和武术，让所有的河南观众甚至全国观众产生情感上的共鸣。两档节目因此影响力巨大，传播效果良好。在此基础上，制作团队推陈出新，进行大胆创新，比如推出《全国戏迷擂台赛》等节目，最大限度地扩大节目的影响力，真正把一档带有浓郁地方色彩，受地域限制的地方节目变成了全国性的品牌节目。在媒体界提到《梨园春》、《武林风》人尽皆知。同样，语言文字类电视文化节目在内容选择和节目制作上也应该遵循这样的规律，贴近观众的文化生活、适合观众的情感诉求。其实电视文化节目本质上就是一种文化产品，如果文化失去了服务于观众的目的，也就失去了自身的价值。新的“互联网”时代的到来给节目制作者提供了新的契机，必须构思设计节目与互联网的双赢局面。报纸和图书等传统媒体在新媒体、融媒体的异军突起下遭遇巨大冲击，挑战与机遇并存，这些危机形势也为传统媒体的转型发展带来了巨大契机。加强与新媒体的互动合作，实现节目传播的全网覆盖，实现电视与互联网移动终端的多屏互动，努力打造电视文化节目的互联网形态产品，这是助力电视文化节目获得腾飞的重要手段。① 如现在通过微信摇一摇等功能实现观众与选手、与节目的双向互动，通过同名软件 App 的开发，实现节目后产品的开发、收益，这些方式都扩展了节目的影响力。所以说，充分利用好“互

① 刘晓欣，冯铎．简析中国电视文化节目的发展现状［J］．农村经济与科技，2017，28（6）：213-214.

联网+”时代的媒体资源，是原创电视文化节目获得长足发展的重要依托。

最后，还必须对电视文化节目的生产与制作规律进行有效把控，才能最终实现节目完美的呈现。早期的电视文化节目常常只关注节目内容的选择，对节目形式和节目制作方面不太关注，甚至也不重视现代技术手段的运用，于是导致节目缺乏亲和性，节目虽呈现出值得称赞的高格调，但从收视上看，却是一些高冷的节目。而现代电视节目不再是人、财、物的简单相加，而是集体智慧的综合比拼。节目形式越来越多元化竞争，制作理念开放、包容，制作规律更加清楚，技术手段使用更为娴熟，节目的视听效果越发精细化，舞台灯光背景越发现代化，节目氛围异常轻松化，节目产品更加多元化等。在节目中不仅有精良的内容，还有文化审美和形式创意，市场资源和节目资源的最有效的整合，凸显了节目自主创新的理念，也成为赢得中国电视文化节目创新发展的重要标志。

4. 节目多元化的格局渐趋形成

泛娱乐化背景下中国电视文化节目必须独辟蹊径，探索出一条多元化多方向发展的道路——创作主体的多元化、节目类型的多元化、节目题材内容的多元化、创作手法的多元化等。

首先是创造主体的多元化。随着电视台从硬件到软件条件的提高，特别是发展资金投入的提高，作为电视文化节目创作主力军的创作主体，其群体日益壮大，使得创作视角以及内容题材等都孕育着多元化的发展空间。其次是节目类型的多元化。经过多年的有益探索，电视文化节目类型也由过去单一的讲座式节目形式，变为以纪实、访谈、竞技、益智甚至是综合性为主的节目形式。节目形式多元化就使得受众的可选择性增强。再次，多元化的节目类型要求题材与内容也相应地呈现出多元化，要么以名人典故为内容，要么以特色风土人情为对象，要么以传统的饮食文化、戏曲文化、武术文化、汉字文化、诗词文化、谜语文化等非物质文化为主题，多元化题材内容使得今天的语言文字类电视文化节目呈现出一种满园春的态势，对于各类节目相互借鉴与学习以及发展创新都大有裨益。

最后，电视文化节目的创作手段也是花样繁多、创新不断。有的以强烈真实感来强化节目的特色，直观地展现历史与现实，给人身临其境的感受；有的以娓娓道来的故事性叙述，使节目饱含着强烈的人文主义关怀；有的以艺术化的视角和方式对节目内容进行独特的解读，使观众在受到文化熏陶的同时得到一种艺术审美与享受，增强节目的感染力和影响力；有的以轻松愉悦的参与性互动活动，使节目自始至终都贯穿着与观众共振共鸣的效果，从而提高节目的大众性和影响力，提升节目的传播效果等。这些创作手法的多样化，其实正是节目走自主原创发展道路的重要保证。只有独辟蹊径的创新，才能驱动节目的进程；只有出类拔萃的原创意识，才能创造出属于我们民族自己的特色文化节目，才能真正看到文化节目的百花齐放与百家争鸣，才能引领社会主义文化发展繁荣的潮流。

（三）节目的发展趋势

自2013年《中国汉字听写大会》播出以来，语言文字类电视文化节目从类别到内容形式不断丰富。2017年是语言文字类电视文化节目的丰收年，有《见字如面》和《中国诗词大会》第二季的持续升温，有《朗读者》的温情面世。这些节目备受关注，收视率高度发酵，节目的一些选手、主持人、嘉宾也受到了极大的关注，影响力甚至超越了诸多“网红”。比如《中国诗词大会》的主持人董卿、点评嘉宾蒙曼和第二季冠军高中生武亦姝，她们在网络上收获了无数粉丝。我们为这些节目取得的收获和持续关注感到欣慰，同时也发现语言文字类电视文化节目与热播的网络节目和综艺节目之间仍然有差距。主要的差距在于语言文字类电视文化节目虽然发展势头强劲，但其传播内容和传播方式相对单一，内容的学术性与形式的娱乐性难以两全。

语言文字类电视文化节目虽然主题不同，但目前多集中在诗词、文字和历史等人文领域，形式比较单一，基本以竞赛、背诵为主，在文化内涵与外延方面的发掘不够深、不够广，与现实生活联系得也不够紧密。再加上日新月异的新媒体形式，所以语言文字类电视文化节目要想在众多节目和纷繁复杂的媒体形式下脱颖而出，必须在语言内容和语言文字表现方式上进一步拓展、创新，努力与新媒体时代受众的需求与认知相契合。根据对近年来国内外一些相类似节目的分析，我们认为，语言文字类电视文化节目有以下发展趋势。

1. 节目样态会进一步突破创新

相同的传播内容通过不同的传播渠道达到的效果会截然不同，同样的节目内容经由不同的节目样态也会有不一样的收视效果。一方面应致力于内容的推陈出新，另一方面应努力尝试节目样态的创新创造。继《汉字英雄》、《汉字听写大会》热播后推出的《中国诗词大会》就尝试打破娱乐竞技在节目中的分量，在节目中加入竞赛比拼的节目样态，在赛事规则上做出应有创新，放弃以往电视文化节目常常沿用的套路和程序，将一对一 PK 的方式演变为一对多的竞技形态，规模壮观的百人团更有画面感和视觉冲击力，“以一敌百”的赛制形式把原来单线程的竞赛升级为多维度竞赛，形式上更有吸引力和冲击感，一百多人的同台互动也大大增加了节目的观赏性和趣味性。同时，这样的竞赛机制可以让观众随时切入收看，符合现代观众“瞬间收视、短暂停留”的收看习惯。

2. 传统文化元素契合现代的呈现方式

继承与创新是做好节目首先要处理好的一对关系。文化类节目没有继承，就失去了依托的本源；没有创新，就会失去发展的空间。新的观念为我们重新认识传统文化提供了更加广阔的思维空间，而新技术使得对传统文化的提炼、升华有了更为多样的可能性①。“火熊熊薪传百代，光灿灿彪炳千秋”，五千年厚重中华文化沉淀出色彩纷呈的传统元素，有唐诗宋词元曲，有古文书法篆刻，有中医针灸音律，有楚汉唐韵等。同时，还有各种各样厚重的传统节日以及礼仪文化，而五十六个民族也有自己独特的文化和风俗。比如京剧脸谱、皮影、国画、印章、剪纸、刺绣等文化元素，

① 韦迎红. 文化类电视节目的创新趋势［J］. 视听，2017（7）：7-8.

故宫、长城、园林、庙宇等建筑元素，春节、清明、端午、中秋、七夕等节日元素……这些丰富的存在都可以为我们提供创意灵感和内容来源。在《中国诗词大会》节目中选手武亦姝的那段“七月在野，八月在宇，九月在户，十月蟋蟀入我床下”令人记忆深刻。这是节目中飞花令的比拼，是《中国诗词大会》中非常受观众欢迎的环节。熟悉中国传统文化的人都清楚该节目是将古代行酒令的飞花令进行了创新改版，在原有基础上添加了趣味性和益智力。所以说，与时俱进的创作观念下改版后的节目更能完美地呈现出对传统文化的特色解读，也能更好地迎合受众的接受习惯和欣赏方式。该节目的舞台效果也非常具有现代味道，舞台恢弘大气，LED 环形使用，恰到好处的灯光效果都让古代诗词的传统元素呈现出现代美感，百人团的“万箭齐发”气势使观众在学习诗词的同时欣赏到极致的舞美效果。这种“技术+艺术”、“传统+现代”的手法真正实现了传统元素和现代手段的完美融合。选手在回答问题的时候大屏也会根据相应内容做出唯美的画面感，让现场观众和电视机前的观众都得到审美愉悦。后续的语言文字类电视文化节目将会更加重视现代技术与传统文化的结合，创作出充满亲和力的、受广大观众喜爱的节目。

3. 体验式传播的长足使用

随着经济和社会的发展、社会形态的变迁以及科技手段的更新，人们的需求和欲望以及受众接受信息的方式等都发生了变化，比如“体验式传播”。新媒体时代的技术进步也为这种传播形式的存在提供了技术支持，并且这种传播方式扩展了受众的原本需求，它强调在节目制作过程中为参与者设计不同的体验内容，打造与之对应的体验氛围，从而使参与者希望体验某种特定情境的需求得到满足，电视观众也通过观看节目得到一定的体验感受。虽然这种传播方式得到了认同，但体验式传播也有自己的研究盲区，比如大家长期沉溺于虚假的网络世界中，使得人与人直接接触交往的机会减少，产生沟通交流的负面因素，因此如何更有效地进行体验式传播也应该成为文化类节目研究的方向。

4. 融媒体时代下的传播探索

融媒体就是指对广播、电视、报纸等传播形式进行资源的优势整合，从而形成资源通融、利益共融的新型媒体。这个时代的到来，必然给电视这样的传统媒体带来挑战和变化，必然迫使传播渠道和传播方式发生改变。作为新型媒体的手机后续动力十足，所以整合手机屏幕和电脑屏幕进行互动传播便成为融媒体背景下的新手段，尽可能多地在各个平台上进行传递和裂变，以期不断扩大节目的自身价值和社会影响力，获得更多的受众支持。黑龙江卫视的《见字如面》便是融媒体时代的产物，根据各个平台上观众的收视习惯，节目分为单体版与合体版。单体版每周在腾讯视频独家首播；合体版每周六晚在黑龙江卫视播出，是一个根据不同媒体选择不同播出方式的新尝试，是一个优质内容整合传播的成功案例。同样，《中国诗词大会》的全媒体策略也很值得借鉴，节目同样注重电视屏幕、电脑屏幕和手机屏幕三屏互动传播，用移动端为观众开辟参与通道，进行互动，通过扫描节目的二维码就可以与现场的选手同步答题，这样的新尝试也让观众更深切地融入节目互动。

二、语言文字类电视文化节目的特点

（一）不同于其他电视节目的特点

语言文字类电视文化节目与中华优秀传统文化一脉相承，深深影响着人民的思维方式和语言方式。普通大众在日常生活中对文化的理解也大多是通过观看此类节目，这类节目对民众有着不容忽视的影响力。语言文字是一个民族血液里的文化基因，古老的中国文字从象形文字开始就有着深深的民族烙印和情感。在网络文化和快餐文化盛行的当下，在“同学”被称为“童鞋”、“这样子”被称为“酱紫”的当下，“提笔忘字”的现象早已屡见不鲜，更不用说颇具文化内涵的成语典故与诗词文化了。一方面是许多蕴藏在古籍中的经典文化正在沉睡，抑或是畏缩在中国厚重的历史史书中，而另一方面却是词语成语被大范围误用错用恶搞滥用。随着互联网时代来临，中英文夹杂、网络语言甚至火星文频出等现象更为严重。各种现实下传统的阅读、书写和记忆变得越来越难以为继。在这样复杂的文化和媒体背景下，为中国传统文化正声、张扬母语精髓文化，必须得选择受众广泛的媒体，必须选择最能反映中国传统文化的内容，只有这样才能一改当下乱象丛生的文化现状。汉语言文字是中国传统文化的镜像，它既是中华文化传承载体，本身也是中国传统文化，因此内容首选语言文字类节目。而在媒体选择上，作为千家万户的终端平台——电视就是最佳选择对象，这种传播形式也得到了中国民众的极大认可，这就使语言文字类电视文化节目呈现出不同的特点。

1. 节目的内容

（1）知识性

语言文字类电视文化节目以文化信息的传播为内核，而文化信息在节目中具体表现为将人类物质文明与精神文明成果以一种知识普及的方式传达给观众。电视文化节目能够超越时间与空间的限制，充分运用视听语言将丰富多样的文化信息以一种较为直观的方式呈现给观众，提升观众对人类文明的认知，并完善大众的知识结构，从而实现电视文化节目的教育功能与认识功能。广义而言，几乎所有的电视节目都承载着一定的文化信息，但与其他类型的电视节目不同，语言文字类电视文化节目是以语言文字的知识性传播为基础，这是其作为一个节目类型的核心特质。比如《中国汉字听写大会》、《中华好诗词》等真人益智类节目以问答的方式传播中华汉字与文学艺术方面的知识。

（2）思想性

思想，一般也称“观念”，是人们思维活动的结果。语言文字类电视文化节目的思想性体现在其不只是对语言、文字知识进行普及性的传播，同时还致力于引导观众对传统汉文化、人生以及各种事件观念的看法，并在此基础上去思考社会生活的本质与事物发展的规律，以期形成更完整更健全的世界观、人生观、价值观。比如，于丹在《百家讲坛》中讲《论语》，讲老庄思想，最终解决的是当代人面对纷繁复杂的世界如何保持内心的平静以及如何自处的现实问题；《中国汉字听写大会》专家场外点评、《中国诗词大会》专家的解读等，帮助观众深化了对语言诗词文化现象的认识，也更好地理解了从传统到现代文化发展的潮流与趋势。语言文字类电视文化节目将电视节目与中国传统文化以一种较为直接的方式进行嫁接，无疑是最能展现电视文化提升观众认识水平与思维水平的教化功能的。

（3）审美性

电视以家庭为主要传播对象实现远距离传送，在满足一家一户的观看求知需要的同时也满足了大众需求。各色内容各种文化在电视这样的媒体形式中碰撞出更多智慧和收获，这样的属性也让电视迅速成为比较受欢迎的大众媒体。技术手段的日新月异促使电视节目迅速发展起来，电视节目的内容丰富和满足了大众各种需求，同时观众的审美需求反过来又影响电视节目的创新发展，观众对于常见的节目容易出现审美疲劳，于是就迫切需要不断创新节目内容和形式，使节目呈现时代美感。语言文字类电视文化节目就呈现了以下四个审美特点：

一是语言文字类电视文化节目必须要有公共精神。一方面是电视作为大众传媒除了提供社会各阶层全方位的信息服务外，还应具有社会遗产传承功能，即通过电视传播，促成社会成员形成统一的价值观、社会规范，从而增强社会凝聚力。另一方面，电视的传播是以家庭为纽带的，家庭的收看氛围也要求电视节目必须具备公共精神，要有社会基本价值观念和公共规范①。事实表明，《中国汉字听写大会》等语言文字类电视节目做到了能够洞悉大众传承汉语文化的心理，节目深入人心，必然受到观众的青睐。

二是通俗化。由于受众在质和量方面都有着多方面不同，比如国籍、习俗、职业、年龄、文化、性别等，因此，需要根据受众理论对电视文化节目进行认真的梳理，尽量满足千差万别受众的趣味

① 韦迎红．文化类电视节目的创新趋势［J］．视听，2017（7）：7-8.

和要求，这也就要求电视节目要具有合乎大众审美需求的内容与形式——内容要为大众所熟知和关注，形式为大众所喜爱，而内容和形式的这种所指其实就是节目要做到通俗化。比如，一贯坚持“让专家学者为百姓服务”的《百家讲坛》以及《中国汉字听写大会》、《中国成语大会》、《汉字英雄》等节目，其受众群体从小学生到大学生，从教授到商人，受众层次广泛且人数众多，节目从内容构思到形式创意都足够通俗简单，节目中还不乏一些妙语连珠特色幽默的讲者，真正达到了桥梁作用。

三是多样化。一档好的节目必须有受众基础。语言文字类电视文化节目正是立足于这样的要求，努力把只有专家学者等少数人熟知的内容变为大众普遍关注和感兴趣的知识。它面对的是各种层次各种要求各种审美的群体，群体的庞杂和复杂性也使得电视文化节目内容呈现出多样化特征。竞技类、讲坛类、教育类、曲艺类等语言文字类电视文化节目类型就从不同角度不同侧面满足了不同目标受众的审美情趣。

四是时代性。电视节目是伴有时代和历史印记的，无论什么样的电视节目都应该符合时代潮流，无论节目形式如何，都要符合当前的主流价值和公众审美。《百家讲坛》是为了满足人民群众日益增长的文化需求。《中国诗词大会》带动全民重温那些经典古诗词，分享诗词之美，感受诗词之趣，从古人的智慧和情怀中吸取营养，涵养心灵。

（4）理性色彩

语言文字类电视文化节目在外在形态上虽然是多元丰富的，可以呈现为访谈、纪录、真人秀、益智等多种形式，但其内在仍具有严格的规定性以与文艺节目和综艺节目等相区别。与后两者主要着眼于观众的感性认识不同，语言文字类电视文化节目具有明显的理性色彩，更多地依赖于观众的理性认识与理性思维。节目在对文化信息进行传播的过程中主要是以知识性与理论性的信息为主，需要观众运用理性思维去观察、分析、比较、综合、抽象与概括，然后形成自己的理性认识与观点。《百家讲坛》是用一种讲述的方式分享专家学者自己学术研究的成果，需要观众调动自己的逻辑思维能力去思考和分析；具有较强娱乐性的真人益智类节目，如《中国汉字听写大会》、《汉字英雄》、《最爱是中华》等，考验的是参赛选手与观众对汉字书写、文化常识等知识性信息的记忆能力与理解能力；《中国诗词大会》作为电视媒体和传统文化完美融合的产物，通过对诗词知识的比拼及赏析，实现了对诗词文化的有效传播。

文化是民族的血脉，是人民的精神家园。在现今这个喧嚣浮躁的时代，如何让传统文化更有生命力、更有活力和更有影响力地得到宣传传承，是文化类节目制作者应该重点思考的问题。《中国诗词大会》创新性地利用现代科技手段将传统诗词娱乐化，用健康创新的娱乐方式将根植于中国传统的诗词与时代发展的潮流相交融，同时也在节目中最大化地实现民众的文化诉求，“唐诗宋词全是食粮”。该节目不追求眼前效应，努力坚持原创风格，极大展现了对高品质节目的追求与文化价值的坚守，从而赢得了观众的喝彩与好评。有网友盛赞节目“像一股清流，有筋骨、有诗意、有温度”，“高冷”的文化节目也有如此人气和市场，真可谓电视节目中的“一场春夜喜雨”。

2. 节目的展示方式

20 世纪 50 年代末，中国开始有了自己的电视节目，到 90 年代中期电视节目逐渐走向成熟，经过几十年的专心经营，电视节目无论是选题还是设计上都有了创新发展。随着电视事业和科技手段的进步，传统的节目内容和节目形式已经不能满足受众的需求，收视效果一直不错的说教类节目缺乏后续张力。一方面，因为市场需求不得不“为了五斗米折腰”；另一方面，为了努力满足受众日益增长的审美需求，电视文化节目不得不改版创新，将娱乐、竞技、讲坛、影视等形式杂糅进节目进行故事化情节化处理，这种内容与形式的创新最终赢得了越来越多的市场份额，让节目也重新焕发生机。我们认为节目的展示方式有以下几类：

（1）巧用叙事的方式，增强节目趣味性

将电影的叙事结构方式用于电视文化节目，是形式创新的一个常用手段。但同样是通过讲故事传递信息和文化，如何叙述会让大家觉得更难忘更有趣，这在很大程度上取决于讲述人的叙述方式。不同的叙述方式会有不同的作用和效果，节目中大家对叙述方式的运用已经不仅仅是倒叙、插叙、补叙、平叙等方法。“如何讲述过去的故事，决定着你的未来”可见叙事方式的重要。比如《我是演说家》有一期节目中东北小伙陈秋实演讲的题目是《大东北》，他就改变了以往的叙述方式，从韩国申请火炕为非物质文化遗产引出了东北的话题，并且语言幽默引经据典，引来一阵热议。关于东北的演讲并不少，为什么陈秋实的演讲会这么火？其实除了他独特的语言表达形式外，主要是因为他选取了合适的叙事方式，产生了事半功倍的节目效果。

（2）设置悬念

“悬念是指作家或导演在处理情节、设置冲突、展示人物命运时，利用观众对未来剧情（影片故事和人物命运）的关切和期待心情，在剧作中所做的悬而未决的处理方式。”① 在电视节目中，观众会积极参与到节目进程与演变中去，会随着剧情推测故事发展与结局，在这样的体验过程中寻求精神上的愉悦和心理上的共鸣。所以，要在节目中设置悬念来增加节目的神秘感与趣味性，给观众更多参与节目的可能性。不少语言文字类电视文化节目就是通过设置问题情境等方式制造悬念，保持观众的兴奋，使观众的期待心理得到满足。比如，在《汉字英雄》和《中国诗词大会》节目中，嘉宾会根据提出的问题进行引导和讲解，在讲解的时候也不是平铺直叙，而是会利用大家的好奇心和求知欲制造悬念。

（3）刻画细节，展现艺术魅力

影视界有句俗语：“故事好编细节难”，这充分表明了细节的艺术价值。再好的故事情节都需要值得推敲的细节来填充。细节可以是内容的精雕细琢，也可以是形式的细枝末节。细节总是容易被人们忽视，所以节目中不经意间的细节最能反映一档节目中一个人

① 高凯，蔡之国．论社教类电视节目的叙事方式［J］．电影评介，2012（8）：89-91.

的真实状态，因而也最能表现一档节目的品位或一个人的修养。在语言文字类电视文化节目中，一些微表情总是被镜头捕捉然后放大呈现给观众，从这些没有修饰与雕琢的细微处观众往往能收获感动，受到震撼，得到共鸣。比如，在 2017 年《开学第一课》节目中请到的嘉宾是北京大学 96 岁的教授许渊冲，为了表示对老先生的尊重，同时也为了让老先生能够听得清楚，三分钟的采访中，主持人董卿跪了三次，被网友们热议，这三跪被称为“跪出了最美的中华骄傲”，这本不是该期节目的重点内容，但是这样的细节却让观众感受到了中华民族谦卑的品格。一档优秀的电视节目，给人印象最深刻、最持久的就是那些过目不忘的细节，生动的细节刻画能够给观众呈现一个鲜活饱满的形象，能够调动观众的收视情感，提高收视兴趣。

（4）真人秀，强调真实性

真人秀，多指“由普通人（非演员）在规定的情景中，按照预定的游戏规则，为了一个明确的目的，做出自己的行动，同时被记录下来而做成电视节目”，也泛指“由制作者制定规则，由普通人参与并录制播出的电视竞技游戏节目”。还有人把它定义为“特定虚拟空间中的真实故事，以全方位、真实的近距离拍摄和以人物为核心的戏剧化的后期剪辑而做成的节目”。真人秀强调实时现场直播，没有剧本，不是角色扮演，而是一种声称百分百反映真实的电视节目。① 真人秀节目迎合了普通人的求知欲和猎奇心。例如，《中国诗词大会》选手在台上的表现是真实、不可预测的，比如李宜幸、陈更在比赛时，因答题失利遗憾离场时，隐忍在眼角的泪水在镜头拉近时格外真实感人。在后期剪辑时也注意叙事的效果，对选手进行艺术化包装，把赛前介绍、赛中心得和赛后采访夹杂在节目紧张的进行中，努力给观众构建完整独立的选手形象。《中国汉字听写大会》也有如此设置。

（5）融入游戏竞技的娱乐元素

---

① 朱青. 中国内地明星类真人秀节目特征及发展研究［D］. 哈尔滨：哈尔滨师范大学，2015.

游戏、竞技、真人秀等娱乐元素都可以用于语言文字类电视文化节目创作中。节目大多以要传达的文化为中心，所有的娱乐环节也都围绕该中心，并且为了增加可视性，在节目中还会选择用戏曲、歌曲和影视资料等来注解传统文化。虽有竞技娱乐成分，但节目最核心的本质仍然是传递中国文化，游戏竞技只是手段。例如，《汉字英雄》采用九宫格的游戏形式，《中华好诗词》选择根据影视内容连接诗句，《中国诗词大会》为增加节目的趣味性由康震老师现场作画，等等，这些娱乐游戏的竞技方式大大增加了节目的观赏性，让观众一方面领略到中国文化的博大精深，另一方面又观看了艺术色彩浓郁的展演节目。

与其他类型节目相比，语言文字类电视文化节目作为传播文化的载体更适合游戏类和益智类节目的形式。如《成语英雄》、《汉字英雄》、《中国汉字听写大会》、《中国诗词大会》等在形式上看更接近于游戏和益智类，以得到物质或精神奖励为目的。节目中的主持人和嘉宾、现场选手以及观众互动，插科打诨、通俗易懂地解读汉字和诗词中蕴含的中国传统文化。“问答”和“猜词”也是这类节目常用的选拔选手的形式，游戏、竞技元素在文化节目中肩负起了“娱乐”的责任，将趣味性和互动性注入节目中。

3. 语言文字类电视文化节目的效果

(1) 维系传统文化

中国传统文化是中华民族从古代社会发展到现在形成的比较稳定的文化形态，是中华民族的历史文化遗产在现实生活中最好的展示，是中华民族智慧的结晶①。中国的传统文化是一种理性文化，越是科学发达、社会进步、人们文化素质高的时刻，越是适于传播和发展中国传统文化。如今社会飞速发展、科技高度发达、物质异常丰富，人们的思想和观念异常碰撞，心态浮躁，这就更需要耐住寂寞聆听智慧的声音，心灵和精神都需要接受知识的熏陶。在这样的需求下，电视文化节目无疑是观众最好的选择。电视媒体对大众

① 刘爱静. 情感类电视节目研究［D］. 保定：河北大学，2011.

的人文关怀，也与中国传统文化的基本精神保持一致，是对中国传统文化和观念的传承与维系。中央电视台首当其冲，在传统文化题材上首先发力，先后推出了《中国汉字听写大会》、《中国诗词大会》、《中国成语大会》、《中国谜语大会》等一系列节目。随后，各地方电视台也相继推出了语言文字类电视文化节目，弘扬了我国优秀的传统文化。

（2）坚持以人为本的理念

以人为本是科学发展观的核心，也是中国传统文化的基本精神。以人为本就是要把人作为解决一切问题的根本和社会生活的中心，不断满足人的全面需求、促进人的全面发展。这样的理念就要求节目在节目主体、节目内容、节目效果上都体现以人为本，透过节目折射出大众传播媒介的人文关怀。比如中央电视台 2017 年播出的节目《朗读者》，节目以个人成长、情感体验与传世佳作相结合的方式，选用精美的文字，通过朗读嘉宾用平实的情感朗诵出文字背后的价值，让我们接触并了解了一个个感人的真实存在。立足于人的故事与情感的节目必然是受到观众一致喜欢的，《朗读者》每一期都以真挚的情感征服了观众，给大家留下了深刻印象，也给观众带来了无限的思考。这档节目坚持以人为本，展现有血有肉的真实人物情感，让观众看到了语言文字类电视文化节目的未来。

（3）传播大众文化

为了引导大众和吸引大众，大众文化以大众消费者的消费理念和消费习惯来策划和主导文化的发展走向。它是大众大规模地共同参与的当代社会文化公共空间或公共领域，是有史以来人类广泛参与的、历史上规模最大的文化事件。在现代工业高度发展的社会条件下，大众文化其实是一种快餐文化，其基本特征是商业性、流行性、娱乐性、通俗性、时尚性和大众媒介性。比如《百家讲坛》节目，请大众视野中的“学术明星”，采用系列化、故事化的形式来传播大众文化。阎崇年的“清十二帝疑案”、易中天的“品三国”、于丹的“论语心得”等都已经形成了一个个系列节目，这就吸引观众一集一集地看下去，直到“话题”结束。节目的讲说侧重点不在于学术交流，而是以讲故事的形式把传统历史文化通俗地呈现出来。在专家学者的解说里，有故事、有情节、有笑有泪、有血有肉、有矛盾冲突，有悲欢离合。这样一个由一段段故事连起来的节目，其实更像是电视版的故事会和评书场，自然能够轻松传播大众文化。

（二）不同于传统语言文字教育方式的特点

传统的文字教育都是采用文本、书画等形式，但是在语言文字类电视文化节目中却采用了电视、广播、网络等媒体形式，同时观众还可以通过微博、微信等新媒体形式深度参与节目，进行互动，这样的视觉效果更直观、更亲切，更容易进行文化的深度教育。而且节目将竞技、娱乐等融为一体，有了更大的传播冲击力。电视作为重要的传播工具，同时拥有社会化功能，因此在传播过程中要充分发挥教育功能，努力在节目中传递出符合公众社会道德标准、更具社会价值的文化内容。同时，也需要在收视率和社会效益之间努力寻找一个平衡点，节目既要丰富多彩、灵活多样，又要彰显大众媒介的社会化功能，传承人类文明。语言文字类电视文化节目做到了这一点，比传统语言文字教育方式更活泼有趣，更容易被大众在潜移默化中接受、学习和熏陶。与那些高端、严肃的学术研讨式的方式相比，能让更多的普通大众学以致用并得到满足。

1. 节目充分利用了新媒体

与电视媒体相比，新媒体所具有的最大特色就是交互性强。新媒体平台所具有的灵活、敏捷、自由、快速、及时的互动优势，使得新媒体快速地争取到了庞大的用户人数。短信、微信、微博等新媒体形式，已经变成大众日常生活中交流互动的重要方式。当前的语言文字类电视文化节目敏锐地捕捉到了新媒体这个快速便捷的传播渠道，让观众即时参与到节目中，开放更大的空间给普通大众，从而使节目更鲜活、更接地气。

很多语言文字类电视文化节目如《中国汉字听写大会》、《中国诗词大会》等都开通了短信俱乐部与观众加强互动交流，让观众为节目献言献策或者是参与抽奖。在新媒体技术的支持下，很多语言类电视文化节目开设了专门的，集留言、投票、讨论等一系列功能于一体的节目讨论区。这种形式不仅使得观众针对某些特定栏目的互动需求有的放矢，而且依靠网络与数字技术提供的高效的互动平台达到多方互动，这样的互动模式也是电视最直接地掌握节目社会反响的有效方式。利用这种方式，能够动态地了解观众的喜好与变化，并适时地调整节目的创作思路达到满足观众需求、提升收视率的作用。比如《中国诗词大会》、《中华好诗词》、《成语英雄》、《中国汉字听写大会》、《中国谜语大会》等节目都有新媒体形式的融入，也让更多的观众直接参与，充分扩展了语言文字类电视文化节目的功能和表现力。

微博、微信参与节目更是语言文字类电视文化节目常用的形式。通过微信、微博实现观众与节目的全方位多层次互动，如开展不同的线上线下活动，能够激发观众共同参与，比起传统的电视节目要更全面、更立体、更大程度地发挥出新媒体的社会功效，可谓是多屏联动“媒体总动员”。这样的参与形式，也在更大程度上为观众构筑了一个自由、便捷的平台，使观众拥有更多节目进程的主动权。例如，第一季的《中华好诗词》分别在微博和微信发起“诗词接龙”活动，其中活动微博的阅读量达 138 万次，转发超过 7 万条，河北卫视官方微信在 70 分钟内新增粉丝 500 多人。又如，第二届《中国汉字听写大会》的“全民焐热冰封文字行动”，节目每周通过电视、报纸和网络等媒体传播一个在节目中出现的“冰封词汇”，以达到“焐热”目的。① 这一互动行为给观众低门槛甚至零门槛的参加机会。相关数据显示，首期焐热词汇“葳蕤”上线 24 个小时后，参与者达到 119 万。第二期词汇“搴芳”，仅半天时间参与者就突破百万。

同步上线的节目同名 App 是当下语言文字类电视文化节目除微博、微信之外最常使用的互动工具。如总下载量超 140 万次的《汉字英雄》App，观众在 App 中可以化身“选手”，一步步体验节目选手答题晋级的经历，在节目播出的时候，还可以联网进行直

① 黄嘉伟. 我国文化真人秀节目研究［D］. 广州：暨南大学，2015.

播互动，有效地调动了普通观众的参与热情。

2. 节目表现形式新颖、独特

其实大多数观众都会有知识盲区，对某些文化和知识比较陌生，所以语言文字类电视文化节目在设计时对某些偏僻字或不为人们熟知的语言知识点，在讲解基础上会以字幕的形式进行补充说明，这些细节的设计也满足了各层次受众的求知欲望。例如《汉字英雄》和《中国汉字听写大会》节目中会出现一些冷门生僻的汉字，如“biangbiang 面的 biang”，因为观众文化程度不一，所以主持人即便讲出词语意义和出处，观众也不一定能全部理解。面对这些高难度、低关注度的汉字和词语，节目组便会将对考核字词的原句加上出处用字幕来提示选手，也方便观众了解和掌握。同样，在《中华好诗词》栏目中舞台的布景转换成与诗词内容相呼应的布置，也是为了方便观众对诗词的记忆和理解，在电视屏幕的下方还会有字幕的介绍，边看边听边感受，这种“图文并茂”的形式有助于加强观众对节目内容的掌握。

《中国诗词大会》大胆创新使用“技术手段+艺术表达”的表现形式，力求做到真实、唯美。一方面，演播室布置得美轮美奂，有舞蹈、动画，还有音乐等，让中国经典诗词流淌在时空中，穿越到了现代。另一方面，精心设计嘉宾解读环节，让“冷”知识在“热”背景中复活。节目还邀请南京师范大学教授郦波、中央民族大学副教授蒙曼、河南大学教授王立群和北京师范大学教授康震等观众喜爱的文化专家担任嘉宾，他们深入浅出地讲解诗词的由来背景与创作典故，并且将内容与现代人生活相关联，既充满知识趣味性，又有独特意象。参赛选手来自各行各业各个年龄段，每一个选手都对中国诗词充满深情，每一个选手都是博览群书，每一个选手都对诗词情有独钟。在节目形式上还采用“以一敌百”和“击败体”的内循环竞赛机制，每场比赛以 5 名挑战者分别对抗百人选手团的模式进行，五名中分数最高的继续挑战，并且百人团中答题分数最高者也有机会与选手对决。这种创新的赛制和评判标准，赋予选手们更多的表现机会和竞争意识，极大地提升了节目的吸引力和观众的期待度。这些表现形式的新颖、独特大大提升了《中国诗词大会》的品位和魅力。

3. 节目采用娱乐竞技的表现形式，教育效果更好

现在某些节目为了赢得收视率而努力走娱乐化路线，但作为语言文字类电视文化节目，我们应该冷静思考播出目的究竟是传播文化还是愉悦大众。在这样的反思中迎来了《中国汉字听写大会》的播出热潮。这档节目由中央电视台和国家语委联合主办，播出以来备受关注，收获很高收视率，同时也得到业界极大好评。《新华日报》发文《中国汉字听写大会：听写的是汉字追捧的是文化》，没有大牌明星，只有来自全国各地的中学生；不需要声嘶力竭地歌唱，只要安安静静地书写……汉字热一时间受到各大国内外媒体的热捧，成为争相评论的关键词。事实上，在央视《中国汉字听写大会》热播之前，河南卫视已经推出了《汉字英雄》，该节目的收视率也在开播后逐渐上升，频频跻身全国收视前十。这些语言文字电视文化类节目转浮躁狂欢为文化热潮，造就了不一样的梦想。节目以汉字听写为载体，无论是节目的形式创新还是节目中内容蕴含的意义，在文化类节目中都是可圈可点的，教育效果也是传统语言教育节目所无法比拟的。

这类节目采用娱乐竞技的形式来进行文化知识上的“化整为零”。在形式上摆脱了专家学者一言堂的模式，打开了言论的平台，语言文化和知识进行了新的解构，实现了文化知识的“化整为零”。游戏、竞技等手段的融入使得节目变得更加灵活有趣、更加容易被观众所接受。中央电视台科教频道总监金越对《中国汉字听写大会》所承载的意义总结道：“这不是一个秀场，呈现出来的状态可能非常单纯、简朴，但却可以吸引观众在电视机前同步参与，在游戏中学习知识、领略汉字之美。”

同时，还有 2016 年春节央视推出的《中国诗词大会》，在《中国汉字听写大会》、《中国成语大会》、《中国谜语大会》等“中国”系列节目后成为“中华民族基因”的强大存在。很多参赛的普通人比如武亦姝、彭敏、陈更等，用他们丰厚的人生阅历和诗

书才华征服了众多观众。十场对决，从百人团到选手，从嘉宾到主持人，所有人都深刻地展现出了什么叫真正的“腹有诗书气自华”，展现出了中国诗词的强大魅力。许多网友感叹：“看了《中国诗词大会》，才知道原来诗词那么有趣，中国诗词歌赋真是让所有语言都黯然失色”。王维“大漠孤烟直，长河落日圆”的塞外黄昏雄奇壮观的美景，陆游“王师北定中原日，家祭无忘告乃翁”的忧国忧民的爱国情怀，苏轼的“竹杖芒鞋轻胜马，谁怕？一蓑烟雨任平生”的旷达超脱的胸襟，毛主席的“踏遍青山人未老，风景这边独好”的豪迈的乐观主义精神，杜秋娘的“劝君莫惜金缕衣，劝君惜取少年时”的催人奋进，柳永“多情自古伤离别，更那堪冷落清秋节”的缠绵悱恻和凄婉动人……动人的句子、美好的情怀被参赛者、点评者以及美轮美奂的屏幕展示得生动感人。

这样的教育传播方式远远比其他生硬冷漠的传统语言文字教育要生动传神。

三、语言文字类电视文化节目的功能

电视是一种信息传播媒介，它打破了时间和空间的限制，观众可以不受文化程度和发行渠道的限制，坐在家里就能了解到全国各地乃至全世界的信息。电视作为大众传媒的一种文化样态，自诞生之日起便承担了多项功能。语言文字类电视文化节目更是义不容辞地承担了多项功能。

（一）文化传承功能

1. 在节目创意上以汉字、成语等中国元素为载体传播中国文化

当今社会正以迅猛的形势不断向前发展，全球化进程加速和科学技术高度发展，特别是信息技术的不断进步，使得社会大众的人生观、世界观和价值观都遭受到前所未有的冲击和影响，进而引起生产及生活方式的新变化。新事物、新现象、新观念不断呈现，不同程度地在人们的心理层面产生诸多困扰。而一段时期以来电视台

为了迎合观众的心态，播出了一些低俗和媚俗的电视节目，这些节目的内容背离了中华五千年文明传统的是非观和道德观，在社会上造成了负面的影响，致使许多观众产生不满、反对的情绪。

随着互联网技术的发展，社会的信息化和信息的大量涌现，信息在爆炸性地增长，人们的生活节奏加速，生活工作压力使人们越来越依赖技术发展带来的便利，常常忽略了横平竖直的汉字书写。社会对英语也过分重视，致使我们的母语受到了强烈的冲击。

基于这样的社会大环境，央视和部分省级卫视推出了如《中国汉字听写大会》、《汉字英雄》、《中国成语大会》等语言文字类电视文化节目，这些节目是一项“意义深远的文化传承活动”。这些听写汉字的行为被挪到了大型的舞台上被更多人关注和热议，电视台和网络平台的持续播出让更多受众参与其中，带给观众更浓厚的学习乐趣，同时激发了观众探究汉字文化底蕴的好奇心。比如《中国汉字听写大会》以“书写的文明传递，民族的未雨绸缪”为节目定位，让观众在领略汉字书写魅力的同时，能通过汉字书写进行文化传承、文明传递，激发国人热爱汉字、热爱中国文化的热情和意识。《中国诗词大会》及时准确地捕捉到了社会公众吸取文化知识的意愿，通过电视节目的形式再一次对诗词文化开展有效的传播工作，极大地满足了人们对传统文化“诗情画意”、“家国情怀”的渴望。可以说，《中国诗词大会》以文化为张力，展现了社会责任和文化担当。

2. 在节目的传播效应上促进国人对中国传统文化的觉醒

《中国汉字听写大会》节目在 2013 年的夏天引发了全体国民对关于汉字书写和文化传承的热议。据统计，节目播出的第一期收视率为 0.31%，第五期收视率达到 2.16%，涨幅高达 6 倍左右，并且收视率明显超过同期的《中国好声音》、《快乐男声》等娱乐节目。① 在“娱乐至死”的当下，语言文字类电视文化节目仅仅

① 苏小亨.《中国汉字听写大会》的文化传播功能研究［D］. 重庆：西南大学，2014.

依靠简单的比赛流程、单一的比赛规则、单调的视觉呈现就“逆袭”同期的炙手可热的音乐选秀节目，让观众眼前一亮，得到了文化的洗礼。

《中国汉字听写大会》、《汉字英雄》等语言文字类电视文化节目播出后，在国人甚至是海外华人、在华外国人之间都产生了极大的传播效应，刺激国人更加重视汉字文化的传承。《人民日报》、《光明日报》、《中国青年报》、《英国泰晤士报》等多家媒体都刊登转载相关的媒体报道。在节目现场，镜头借助多机位总能捕捉到参赛选手不经意间流露的复杂表情或各种窘态，电视机前的观众在对照电视节目同步检验自己的汉字水平，惊呼原来自己不认识不会写的中国汉字竟这么多，由此引发了大量的关于汉字书写的讨论。很多人甚至开始很虚心地把节目中的疑难字词记录下来，有事没事就拿出来看看。

这类节目引发了广大观众的深刻反思。中国传统文化的传承正在受到全球化信息化的强烈冲击，据国家语委的调查，大学生中学习英语的时间远远超出学习汉语的时间，甚至从小学生开始他们对于中国历史和中国文化的学习就相对淡漠，大多数人提笔忘字，说话时词不达意。甚至大学校园里的外教老师都对中国大学生贫瘠的汉语知识储备感到不解。大学教育中也发现，大学生中能写出文通字顺、逻辑清晰、富含哲理的论文的越来越少，我们不得不承认我们离汉字越来越远，我们在汉字文化的传播和传承上确实出现了一些问题。《中国汉字听写大会》、《汉字英雄》等语言文字类电视文化节目的热播，直接外化了国人的汉语水平，刺激国人重新认识自己，提醒国人重视传统文化发展的危机，唤起了他们传承民族文化的意识。

横平竖直的中国汉字背后承载的文化是中国文化洋洋洒洒五千年的缩影，通过电视节目的讲解、通过对汉字组成的规则学习、通过专家学者举例评说的名言警句，满足了观众对汉字及其承载的传统文化的追求，也让观众获得了文化游历般的惊喜。同时电视镜头的特写回放、多场景窗口播放也将现场选手的一颦一笑完整呈现在观众面前，选手的真实体验也增加了选手、观众对语言文化的情感共鸣。针对《中国汉字听写大会》，杨绛先生曾讲道：“我们是文化人，最爱祖国的文化，最爱祖国的文字，最爱祖国的语言。我们设置节目的初衷也绝不仅仅是让孩子们多认识一些汉字，而是希望通过比赛学习，让孩子们了解中国的传统文化，培养孩子们的爱国情怀，振奋自强不息的中国精神，让骄傲的中国情愫在孩子们身上得到延展。”

《中国诗词大会》以中国传统文化为出发点，对中华文明以及其中的文化精神进行深耕，最终在“诗词”这一方“土地”上获得节目的创新点，借助选手、主持人、点评专家和观众的力量再一次传承与弘扬了中国优秀传统文化，传播了主流文化价值。正是由于节目深刻地挖掘了传统文化中的人文内涵，自然而然地提升了电视节目的文化品格与文化品位，体现了积极、健康的文化格调，使优秀传统文化体系内的人文精神与美学情趣相得益彰。①

（二）教育功能

电视事业发展到今天，教育功能是一项重要功能，并在未来越来越重要。所以，我们应当以一种开放的、先进的视角，将电视的教育功能发挥出来，让电视在物质和精神领域都起到最优化的作用。美国传播学家威尔伯·施拉姆评价说：“电视都是教育的电视，唯一的差别是它在教什么。我们越是看电视就越是倾向于它所教的，无论是有意或无意，也无论是在教室之内还是教室之外，人们甚至是在没有觉察到的情况下向它学习。”因此，电视教育对人们的影响是偶然的、无意的、经常的，电视文化对人的社会化做出了巨大贡献。

另外，我们处于信息时代，新的技术不断产生，每一秒钟都有海量信息资讯，信息的更新速度很快，知识的淘汰率也越来越高。因此，社会对于知识的更新速度以及终身教育的需求也越来越强。相对于传统的知识传授方法，电视教育在知识传授和社会教育方面

---

① 陈硕.《中国诗词大会》的主流文化传播模式与价值实现［J］. 出版广角，2017（12）：69-71.

呈现出更加开放的特征，同时在信息量和渗透性方面更具优势。

语言文字类电视文化节目在信息传播的同时搭建知识传播与教育的平台，其教育功能远远高于其他电视节目。且呈现出以下特点：

1. 有教无类，寓教于乐

“有教无类”出自《论语·卫灵公》，指不用为贫富、贵贱、智愚、善恶等原因把一些人排除在教育对象之外，不论什么人都应该接受到教育。那么作为电视节目的教育是运用到电视对于知识文化的传播，指没有学科专业的限制，不受年龄限制，对所有观众都能传递信息、引导思想、传递知识、普及科技、提升文化水平、提高审美趣味。电视文化教育的内容较为简单，在知识的深度上弱于书籍和报刊，雅俗共赏。这种无差别的传递知识的方式，使观众更易接受，同时，它不局限于学校教育的专业性和时间的固定性，更多地利用闲暇时间进行知识的普及，是对“大教育”理念的解读。

电视作为传播知识的平台有海量资讯传递，传播的内容以及媒体的观点会对观众的认知和观念产生重要影响，且其潜移默化的影响不可小觑。电视节目能直接把摄像机对准生活中或美或丑的事物，以深沉的思考、透彻的说理，或赞美或针砭，直抵事物的本质，直达人物的心灵，震撼并引导观众的视听。

《中国汉字听写大会》、《中国诗词大会》等语言文字类电视文化节目这个特点非常突出，除了台上的选手之外，台下任何层次、任何年龄的人都可以观看和参与，随着台上的选手而高兴、紧张、加油、学习、思考，寓教于乐。传统的教育功能被“点化”功能取代，即传统的耳提面命式的“训导”被一种平等的对话、热情的参与、深层的思考等积极地介入态度所替代。

2. 多样化手法传播海量信息，雅俗共赏

电视在知识传播过程中，充分发挥声、画结合的优势，传播手段丰富，与传统教育的单一手段相比，更容易调动观众的观看热情。通过各种方式的知识传递也让观众印象更加深刻。例如，《百家讲坛》等语言文字类电视文化节目运用故事化讲述、影像化呈现的手法，注重视听结合，图片、字幕、影像资料形象直观，传递传统文化以及生物、医学、经济、历史等多个领域的知识，讲述观众最感兴趣、最前沿、最吸引人的话题，不仅具有学术价值，而且具有启迪思想、追求个性的特点。《成语英雄》、《汉字英雄》、《中华好诗词》等节目更是运用多种手法、多种形式传播语言文字、诗词歌赋，雅俗共赏。

3. 教育的渗透性和闲暇教育

根据修辞学者勒尔关于电视社会用途的调查显示：电视的社会学用途中有帮助人们作决定、规范行为、解决问题、传播价值、传播消息，替代学校教育的功能。电视作为一个家庭中的“背景噪音”，总会使人们有意无意地从中接收信息，进行一种“电视交谈”，即对电视带来的信息的讨论。没有固定时间的约束，没有具体内容的规定，对于受众而言，观看电视节目时获得的知识是偶然的、无意的、经常性的。电视已经是大众生活中不可或缺的。较高的观看频率是对电视影响力的一个很好说明。这种潜移默化的力量影响人们理解社会的思维方式，同时电视传播的伦理道德、价值观念等呈现出一种很强的渗透性。所以在某种程度上说电视教育是对学校教育的延伸和补充，电视教育充分利用闲暇时间，使观众在轻松的条件下接受知识的传递，再对接收到的信息进行无意识记忆。按心理活动是否带有意志性和目的性分类，可以将记忆分为无意识记忆和有意识记忆两种。而无意识记忆的记忆效果有时比有意识记忆更显著。在无意识记忆中，受众不仅获得了乐趣，也收获了知识。当前的语言文字类电视文化节目正是利用电视节目的闲暇教育和渗透性，将汉语教育和传统文化的传承推广到更广更普及的层面，弥补了书本和学校教育的局限。

（三）社会功能

文化是人类社会实践活动和认知活动所创造的物质财富和精神财富的总和。电视文化作为一种新兴的文化，是以电视为载体，以

"人—机"信息互动为沟通半径，以个性化的选择偏好为基础的，即以电视为载体和媒介，以文化信息为核心，在开放的空间里自由地实现多样文化信息的获取、传播、交流、创造并影响和改变现实社会中人的行为方式、思维方式的文化形式的总和。电视文化的特殊性存在，使其对社会与公众产生了巨大的影响力。语言文字类电视文化节目迅速发展成为一个受人瞩目的电视节目，并且在诠释当前社会、文化和生活等方面发挥着越来越重要的作用，呈现出独特的社会功能。

1. 信息传播功能

政府的政策政令大多数通过电视这样的大众媒体平台进行传播，在传播的过程中通过观众真实的反馈进一步影响政策政令的方向。这种双向的传播渠道就更好地起到了服务观众、影响观众的目的。所以说，信息传播是电视作为大众传媒最基本的功能，它必然也是文化类节目的基本功能。语言文字类电视文化节目凭借电视媒体和互联网等新媒体这一技术上的优势，将信息传播的交互性和个性化发挥到了前所未有的程度。比如中央电视台播出的《朗读者》，节目的热播也引起了人们对经典文章的关注，并在节目中传递出了感人至深的情感。相信斯琴高娃朗读的《写给母亲》感动了无数人，让大家静下心来怀念自己的母亲，在语言的默默流淌中传播了中国的孝道精神。

2. 舆论导向功能

舆论导向功能就是节目通过对中国汉字、中国传统文化等各种文化信息的选择、解释或评论，把观众的注意力集中到当前社会环境中最为重要的事件上去，并提出相应的解决方案和策略。① 国家的重大决策是通过电视媒介进行传播宣传的，电视媒体具有引导社会舆论走向的作用，电视节目要坚持正确的舆论导向。《人民日

① 王赣湘，叶幸男. 论网络文化的社会功能［J］. 长沙铁道学院学报，2008，9（2）：92-94.

报》曾发文称“舆论导向是新闻工作者的旗帜和灵魂，坚持正确的舆论导向是媒体工作的根本”，让主流意识形态在电视舆论中占据主导地位，切实加强自身的舆论影响力。随着传播方式的改变，电视节目的舆论导向功能主要呈现出四大特征：对“把关人”的社会角色重新定位、培养并发挥语言文字文化“意见领袖”的作用、联合传统文化整合舆论导向和充分发挥“议题设置”的功能。语言文字类电视文化节目就充分发挥了其舆论导向作用，将中国优秀的传统文化通过节目灌输给广大民众，提升我国民众的思想文化，促进传统文化的发展。

3. 公众教化功能

电视文化节目的大众教化功能表现在两个方面：一是帮助公众提升个人的精神境界，使人的精神面貌向国家倡导的正向价值观转变，引导个体不断地超越自己的特殊性而走向普遍性的人格特征，从而实现自己完满的人性。二是可以发挥其得天独厚的优越条件，倡导平等、民主、正义等基本价值，向社会传达最先进的文化与理念，积极参与社会精神文明建设的各项运动，为建设具有中国特色的社会主义贡献自己的力量与智慧。语言文字类电视文化节目的大众教化功能具有更加突出的教化主客体的平等性、教化目标的导向性、教化内容的综合性和教化方式的互动性等特征。

4. 社会守望功能

观众在观看电视节目的过程中，通过反馈表达出大众对国家和社会的意见，然后国家、社会和主流媒体会根据反馈信息进行调整修正，也就是说电视节目守望社会，通过观众的集体意见对现实中的国家和社会事务产生影响。电视媒体拥有强大的文化后援，拥有先进的科技手段，观众面很广，所以电视媒体拥有得天独厚的、无孔不入的延展力和渗透力。因此，电视媒体与文化完美结合，他们将关注角度立足于人类社会生活的方方面面，文化俨然变成了社会公器，为最广大人民的根本利益服务，为全社会的成员忠诚地守望。文化节目守望社会其实也是一种软监督，它虽然没有强制力，但却具有较强的渗透力，无形中影响着大众的理想和认知。语言文字与电视媒体的完美结合与呈现，最大程度地体现了这种社会守望功能。比如，《我是演说家》的节目中，社会的热点话题和热点人物被演讲者绘声绘色地公开演讲后，引起人们的热烈讨论，衍射出各种舆论影响力，影响和引领大众走向正能量的价值取向。

（四）娱乐功能

娱乐是以心理舒服和愉悦为过程和目的，展示人的能力的活动方式。它与游戏和艺术有关。现如今基本的物质需求已不能满足人们的欲望，在这种情况下人们越来越追求精神的享受与共鸣，精神生活需要慢慢凸显出来。当下，人们的生活方式和交往方式都有着明显的娱乐痕迹。玩就必须要有玩具，于是媒介就成为人们最好的玩具，成为娱乐的载体。其实，电视和娱乐天生就有着一种无法割舍的“亲缘关系”，美国学者尼尔·波兹曼在他的《娱乐至死》一书中指出：“电视本是无足轻重的，娱乐是电视上所有话语的超意识形态，不管什么内容，也不管什么视角，电视上的一切都是为了给我们提供娱乐……电视上只有一种声音，娱乐的声音。”在这样的背景基础上，糅合了游戏、竞技、比赛等形式的电视文化节目便应运而生。

以 2013 年的《中国汉字听写大会》为代表的语言文字类电视文化节目，无论是收视率、口碑，还是题材创新、技术创新，都给人耳目一新的感觉。也许是见惯了毫无新意的唱歌跳舞吹拉弹唱，所以当以央视《中国汉字听写大会》为代表的益智竞赛类节目悄然突围时，其内容和形式的新颖瞬间赢得了观众的青睐，成为 2013 年电视节目的最大亮点。《中国汉字听写大会》播出 6 小时后就成为新浪“微话题”电视节目排行榜第一名，播出 24 小时后百度搜索“中国汉字听写大会”主题词竟然高达 42 万条，惊人的数据足以说明此类节目的成功。从专家学者到普通观众都对这一电视节目展开了空前的热议，无论是口碑与收视率的双赢，还是题材与技术的创新都实现了前所未有的突破。仅靠简单的赛程设置、朴素的舞美设计、普通的悬念参与，没有大牌明星、没有大手笔投入，就成功“逆袭”不少同期老牌综艺节目。同时，通过简单的手写汉字向大众传递了汉字的魅力及传承中国传统文化的重要意义。

通过对成功的语言文字类电视文化节目的追踪分析，我们发现，之所以语言文字类电视文化节目能在泛娱乐化的媒体背景中强势而上，正是因为节目无论是内容上、创意上还是形式上都新颖独特，在对传统文化的解读中有着富有特色的契合点，将枯燥乏味的背诵变成了可以借鉴欣赏的艺术，使中国主流文化得到重新认识和发扬。《中国诗词大会》采用真人秀形式将中国浩荡的诗词储存量视作比赛的核心，不仅有妇孺皆知的经典之作，也有少数人了解的传统作品，通过游戏竞技的节目形式，将文化的软实力比拼幻化成一场游戏般的娱乐角逐。这样的新奇结合，一方面传承了诗词文化，另一方面也让观众放松身心，得到了精神上的愉悦享受。这样以娱乐和竞赛释放文化价值的节目形式，“润物细无声”地将中国优秀传统文化渗入给观众，同时，也更大限度地展现出中国传统文化的魅力和审美情趣。

1. 电视文化娱乐休闲功能形成的原因

娱乐是人类追求轻松与愉悦的一种本能欲望，人的内心深处都是渴望娱乐的。在人类最原始的传播时代，许多传播形式，如神话、寓言、史诗等，其中很多内容是用来消遣娱乐的。正如英国哲学家赫伯特·斯宾所说：“人类在完成维持和延续生命的主要使命之后，尚有剩余的精力存在，这种剩余精力的释放，主要是娱乐。”随着社会分工的不断细化，人们从事的工作也越来越专业，人们必须在工作中投入更多的精力。但在工作之余，人们需要以休闲娱乐的方式来放松身心，以达到自身精神状态的平衡。然而，繁重的工作压力、紧张的生活节奏、激烈的人际竞争，使人们在产生强烈的娱乐需求的同时，又要求这种放松的方式必须是快餐式的、简单的。于是，电视就成为人们在这一方面的最佳选择。可以说，电视是人们发明出来的众多娱乐休闲方式中最为普及的一种。人们在接受电视传播的信息时最为方便快捷。人们可以在工作以外，以最舒适的姿势坐在沙发上或躺在床上，喝着啤酒吃着零食，足不出户地欣赏电视节目，使疲惫的身体得到调整和休息。另外，电视可以利用视听语言真实地塑造出各种各样的生活，人们想要体验什么样的生活，电视就可以表现出什么样的生活。同时，电视对于人们的心灵有一种宣泄和净化的作用，它能够使人们的肉体与精神达到一种平衡。因此，人们产生了通过电视这一大众传媒进行娱乐休闲的普遍需求，而电视文化节目的娱乐休闲功能正是在这种普遍需求下形成的。

2. 节目娱乐休闲功能的凸显和强化

20 世纪 90 年代以后，在经济转型的背景中，我国的电视文化由宣传文化转向娱乐文化，一直受到压抑和忽视的电视娱乐休闲功能迅速兴起。大众文化的世俗化、娱乐化倾向以其开放性、宽容性及丰富多彩的文化产品，在给文化生产与消费注入新的活力的同时，也出现感性欲望的泛化、精神价值的消解、审美思维的平面化，使人们在摆脱旧有人性桎梏的同时又面临着新的问题，在享受丰富多彩的大众文化的同时又渴盼更加营养丰盛的精神食粮。

与此同时，在市场经济刺激下电视文化呈现出巨大的发展空间，需要增强节目的吸引力和关注度，提高节目的收视率，从而赢得更多的观众和广告收入。但无论在什么样的经济条件和利益诱惑下，坚持电视节目的文化品位和优雅格调仍然是必须恪守的一项准则。于是，在坚持节目正能量和价值观的引领下，从社会的轻松娱乐氛围下，从追求高收视率的营销理念下，电视节目需要不断地开发新的娱乐资源，比如从惯用的制造惊险刺激的场景到高额度的钱物奖励，再到时下即时真实生活的记录，电视在探索着最大化的娱乐效果，以期吸引更多的观众。干巴巴填鸭式说教的科普文化知识的文化类节目已不能满足大众的需求，而集竞技、游戏、娱乐、闯关于一体的节目形式才更能吸引大众。比如《汉字英雄》、《中国诗词大会》等节目在传播优秀传统文化正能量的同时，娱乐休闲功能就不断地被强化和凸显。

（五）传播功能

信息传播是人的一种本能，也是自然界和社会中的一种普遍现象。人们利用自己的眼睛、嘴巴、耳朵、肢体来看、说、听和表达，凭借这些基础能力完成基本的信息传播过程。

从语言的产生到大众传播媒介的发明，都是人类自身传播能力发展的体现。特别是电视的出现，使人类的传播能力大大拓展，人们可以借助电视这一媒介打破时间和空间的限制传播不同的信息。电视也可以通过影像更加逼真地复制现实世界，使观众更加直观地感知信息。可以说，传播功能是电视媒体最基本的功能之一。

1. 节目传播的内容

自 20 世纪 60 年代加拿大学者麦克卢汉提出“媒介即讯息”这一著名观点以后，人们逐渐认识到文化已不再是抽象的，人们在讨论文化的同时，越来越关注具体的媒介，认为文化总是伴随着一定的符号物质形态进行传播的。语言文字类电视文化节目以汉字、诗词、成语、谜语等作为创作要素，以竞赛、朗读、演讲、讲坛为形式或载体，是当前最主流、数量最多的文化节目。比如代表性节目《中国汉字听写大会》、《中国诗词大会》、《成语英雄》等，主要传播中国优秀的汉字文化、诗词文化、熟语文化，以及由此承载的中华灿烂的优秀传统文化、道德观念和精神文明。

2. 节目传播的作用

电视文化节目在传播的过程中有着强大的影响力和塑造力。

（1）深刻改变人们的生活方式和价值取向

英国人类学教授 E. B. 泰勒对于文化曾给出一个著名的概念，即“文化或文明，从它人种学的广义上来看，是一个复杂的整体，它包括知识、信仰、艺术、道德、法律、风俗，以及人类作为社会一分子所具有的任何其他能力和习惯”。按照 E. B. 泰勒的定义，“文化”是人类所具有的任何能力和习惯。那么，就不难理解电视文化了。“文化”一旦形成和成熟，就会产生一种独特的文化逻辑，这种文化逻辑反过来对人们产生了某种意义上的“霸权”，这种“霸权”可以解释为对人们精神世界和社会行为的左右。电视的发明拓展了人类的信息传播能力，在其信息传播的过程中，电视逐渐成为人们生活方式的一部分。电视文化在信息传播的过程中给人们的生活方式带来的改变，必定会影响人们的精神世界和社会行为，最终带来相应价值观的变化。可以说，电视文化的信息传播在润物无声中影响着人们的生活方式和价值取向，这种影响是无形的又是深远的。

（2）加快人们的社会化进程

“社会化”是个体通过与社会的交互作用，适应并吸收社会文化，成为一个合格的社会成员的过程。电视文化传播着语言文字、教育、娱乐等多方面的信息。电视的观看环境又多是在人们家中，其随意性、自由性和个性化使得人们找到了一条极其便利、快捷的教育途径。电视在传播知识、价值以及行为规范等方面有着重要作用，人们在观看电视接受这些信息的同时，自身的社会化进程也加速发展。

（3）加快人类文化的交流与传播速度

电视凭借先进的技术，通过画面、声音等传播信息，使各个国家、各个民族之间的文化交流与传播跨越了时间与空间的阻碍。电视几乎可以记录任何瞬间，捕捉任何对象，它以集视听于一体的媒介特性逼真、生动、迅速、便捷地传播着各种信息，使观众产生强烈的现场感和目击感。因此，电视文化的传播加快了人类文化的交流与传播的速度。语言文字类电视文化节目因其传播内容的先进性、文化性、优秀性和正能量价值性，使得语言文字类电视文化节目传播的作用更为强大更为突出。

第三章　语言文字类电视文化节目的正能量

一、诠释了中国文字梦

文化是一个民族的灵魂，是一个民族最优秀的传统，是一个民族屹立于世界民族之林最根本的标志。① 十七届六中全会首次提出“增强国家文化软实力，弘扬中华文化，努力建设社会主义文化强国”的战略任务。十八大进一步明确提出中国要成为“文化强国”的发展方向。在5000多年的文明发展进程中，中华民族创造出了博大精深的灿烂文化。

要使中华民族最基本的文化基因与当代文化相适应、与现代社会相协调，以人们喜闻乐见、具有广泛参与性的方式推广开来，把跨时空、超国度、富有恒久魅力、极具现代价值的文化精神弘扬开来，把既继承传统优秀文化又弘扬时代精神、既立足本国又面向世界的当代中国文化创新成就传播出去，就要综合运用大众传播、群体传播、人际传播等多种方式展示中华文化魅力。习近平总书记参观“复兴之路”展览时深情阐述了中国梦，在十二届全国人大一次会议上系统论述了实现中国梦的中国道路、中国精神、中国力量，彰显了中国梦的丰富内涵。中国梦是实现国家富强、民族振兴、人民幸福的伟大梦想，中国梦引领中华民族的新航程，饱含了中华民族的民族魂。中国梦鼓舞人心，催人奋进，为语言文字事业

---

① 李道湘. 全球化背景下中华民族精神的构建［J］. 山西社会主义学院学报，2009（3）：7.

发展提供了重要机遇。语言文字在维系中华民族、促进民族认同、传承民族精神、提高国民素质中发挥了独特而重要的纽带和载体作用。在中国梦的语境中，对应着语言文字梦，而这个梦想的实现标准就是增强国民的语言能力，构建和谐的语言生活，增强国家的语言实力。

语言文字类电视文化节目的热播诠释了中国文字梦。《中国汉字听写大会》一经播出就吸引了广大民众参与。《中国汉字听写大会》节目体现了全民参与性。著名主持人担任主考官现场阅读原文，以语境解释字词含义；文化名人担任场外点评嘉宾，为观众解读超越字词的文化内涵。全国知名媒体新华网、光明网、中新网、央视网、《长江日报》等与民间汉字达人组成现场成人体验团，与现场中学生进行同场竞技。在节目演播的同时，线上线下进行热烈互动，引发了大量关于语言文字的民众大讨论。据央视发展研究中心公布的数据，第二届《中国汉字听写大会》在中央电视台综合频道播出期间，共有4.3亿不重复的观众收看，首播平均收视率达1.099%，远高于其他知识文化类节目，居于榜首。《中国汉字听写大会》在互联网发起的“全民焐热冰封汉字”公益活动，触发了千万网友的澎湃热情。网友纷纷通过转发、输入、书写和造句参与焐热活动，每期都有3000万以上人次参加，共吸引了6亿人次的网民参加，活动的微博话题阅读量达到了1320.5万。《中国汉字听写大会》所引发的全民参与凸显了语言文字梦在民众中的表达。各方媒体也对《中国汉字听写大会》诠释中国文字梦做了评论。比如，赵妍在《时代周报》上发文《汉字听写节目走红——深藏中国梦》，认为《中国汉字听写大会》触动了中国人的神经，汉字听写大会的持续传播，就是在中国语言文字梦中凸显社会主义核心价值观。①

① 赵妍．汉字听写节目走红——深藏中国梦［N］．时代周报，2013-11-14.

二、节目的文化担当

电视属于传统媒体，也是传播国家文化和信息的主流媒体。我国电视节目的重要社会功能有传播社会主流价值观、传递延续中华文化、服务公共文化等。随着社会的不断发展，我国电视节目的制作受到产业化、市场化的影响，电视制作理念逐步娱乐化，所呈现的娱乐功能日渐深入，更多节目加入了娱乐的色彩，越来越多的电视节目为了达到收视目的而逐渐走向低俗。电视真人秀节目自《超级女声》（2004 年湖南卫视）之后红火一时，为了创收视率，全国各大卫视纷纷效仿，大量制作迎合受众收视需求的选秀节目。节目为了吸引眼球，故意制造噱头、煽情、做作，结果导致各种电视选秀节目模式千篇一律、内容大同小异，出现了过度“娱乐化”倾向，造成了很大的资源浪费，观众也产生了审美疲劳。中国电视在发展中逐渐迷失了方向，迷失了文化身份，面对这样的现状，中国电视迫切需要创新升级。如何制作出符合社会主流、观众喜爱的电视节目，是所有中国媒体人需要思考的问题。

广电总局两个“限娱令”的出台，对电视台节目的选题制作和整体设计起到了宏观调控的作用。部分电视台将娱乐节目的播出时间调整到晚上十点之后，将节目制作视角由娱乐转向文化领域，推陈出新制作原创电视文化类节目。在这种背景下，语言文字类电视文化节目如《中国汉字听写大会》、《汉字英雄》、《中国成语大会》等，以中国传统文化为基础、以汉字听写为载体，勇敢担下了传承中华主流文化、传播中华繁荣文明的历史重担，通过节目传播中国优秀历史文化，传递主流价值观，转浮躁狂欢为文化热潮。

1. 节目传承和弘扬中华民族汉字文化

汉字文化历史久远，饱含了中华民族五千年的传统美德。汉字是世界上最古老的四大自然文字之一，也是唯一流传至今的文字。汉字是传承中华文化数千年绵延不绝的重要载体，也是中华文明的显著标志。汉字不仅对本民族具有文化教化作用，对相关周边各民族也具有文化传播的作用，汉字对推进世界文明的进步起到了积极的作用。语言文字类电视文化节目借助电视平台传播汉字文化，增强了电视媒介文化传播的精神使命，为大众提供了学习汉字、了解中国文化根源的平台。

《中国汉字听写大会》节目组以书写为切入点，希望通过汉字书写达到追求文化传承、文明传递的目的，达到传承热爱汉字、热爱中国传统文化的价值观。总导演关正文说："我们选定的词汇一定是要具备文化内涵的，并且能够通过汉字的书写，让大家感知我们文字的博大精深，从而唤起大家对书写的兴趣和对传统文化的记忆，这才是节目的真正目的和意义。"《中国汉字听写大会》的收视率赶超了同期不少热播的音乐选秀类娱乐节目，充分展示了电视媒介自身的公众资源特性，拓展了其社会文化传播功能，在让广大观众领略汉字书写魅力的同时，也实现了节目组传承文化的目的。

河南卫视与爱奇艺联合主办的语言文字类节目《汉字英雄》在2013年暑期播出。该节目的制片人兼主持人马东说，"希望提高当下电视节目的内容深度。这档节目关注青少年对汉字知识与文化传统的认知，旨在体现汉字之美，而这一切都基于中国人对汉字的感情。"① 节目旨在给广大青少年打造一个深刻地了解和学习汉字知识和理解传承中国传统文化的平台，同时提高当下电视节目的内容深度，挖掘节目的社会和媒体价值。中国汉字讲究横平竖直、方方正正。写字和做人道理相通，横平竖直写字、方方正正做人，节目倡导青少年在学习汉字知识的同时树立良好的人生观、价值观。

成语是汉语言文字中经过长期使用、锤炼而形成的固定短语，来自于古代经典、著作、历史故事或人们的口头故事，形式以四字居多，也有一些三字和多字的，简单的几个字蕴含着深刻的思想内涵和深厚的人生哲理，简短精辟，易记易用。成语是汉文化的典型代表，也是中国汉字的最高集成，所承载的人文内涵非常丰富和厚重，被称为是中国语言的"活化石"。2014 年在中央电视台科教频

① 刘雅鸣，双瑞.《汉字英雄》　寻找失落于键盘中的汉字［N］. 新华每日电讯，2013-07-25.

道播出的《中国成语大会》是由中央电视台和国家语委联合制作推出的又一档语言文字类电视文化节目，节目以“中国智慧，自成语境”为口号。2013 年河南卫视推出了季播类节目《成语英雄》，节目以成语为元素，采用成语竞猜的方式，考察选手对成语内涵的理解。其中竞猜环节用画画猜成语的方式，既增强了节目的娱乐氛围，又加深了人们对成语内涵的理解，传播了中国的汉字文化。

各大卫视随后陆续推出了一些以中国语言文化为元素的节目，比如《中华好诗词》（河北卫视制作播出）、《唐诗风云会》（陕西卫视制作播出）、《诗歌之王》（四川卫视制作播出），还有中央电视台 2016 年全新推出的《中国诗词大会》。《中华好诗词》运用闯关、益智、综艺等多种手法，通过寓教于乐的轻松形式，弘扬了中国传统诗词文化。《唐诗风云会》以唐诗为文化载体，将现代生活、现代趣味与悠久的唐诗文学传统相结合，以知识竞答为主体，辅以紧张刺激的规则设置，考察了参赛选手对中华文化的认知。观众在吟诗作对中重温了那些耳熟能详的经典诗词，读懂了中华五千年文化的精髓。中国人民大学新闻学院喻国明教授说：“爱诗的人，内心是年轻的；爱诗的社会，文化是灵动和富有想象力的。陕西卫视在娱乐风潮之下，创新性地主打‘文化牌’，选取了‘唐诗’这一中华文化的巅峰题材为载体，使观众参与到一场场妙趣横生的古今对话之中，相信它会成为继《中国汉字听写大会》后新一轮文化类节目的‘新典型力作’”。① 《诗歌之王》回归诗歌本源，将“诗”与“歌”相结合，诗人与歌手组成“诗歌战队”，运用音乐的多种风格演绎不同主题的现代诗歌，让观众在歌唱中了解更多的诗词韵律，打造出了丰盛的视听盛宴和诗歌文化交流至深的传播平台。《中国诗词大会》则是以诗词为载体，通过不同的形式吟诗作对，传承中华诗词文化。节目以“赏中华诗词，寻文化基因，品生活之美”为宗旨，通过诗词知识竞赛比拼及赏析的方式，重温经典古诗词，分享诗词之美，感受诗词之趣，从古人的智

① http：//ent. 163. com/15/0303/11/AJPG2NJH00031GVS. html

慧和情怀中汲取营养，涵养心灵。《中国灯谜大会》节目以“猜灯谜、迎新春、中大奖”为核心，集趣味性、娱乐性、观赏性于一体，传播中国传统灯谜文化，让观众在猜灯谜的乐趣中寻找中国传统节日的根源，让猜灯谜这项传统的节日习俗重新回归大众视野。

2. 节目使国人在对中华文化认同的基础上提升文化自信

当今，世界各国经济社会发展离不开文化。中国作为四大文明古国之一，有着悠久的历史、灿烂的文化。世界文化的融合加剧，让越来越多的有识之士认识到我国传统文化的价值，我们就要不断地挖掘和弘扬我们优秀的民族文化遗产，社会各界也应重视与扶持中国传统文化，在国际视野中树立新时代中国的文化大国形象。

近年来，我国为凝聚中国传统文化明确提出，要培养高度的文化自信和文化自觉。党的十八大以来，习近平总书记曾在多个场合提到文化自信，传递出他的文化理念和文化观。文化自信是一个民族、一个国家以及一个政党对自身文化价值的充分肯定和积极践行，并对其文化的生命力持有的坚定信心。

文化认同是人们在一个民族共同体中长期共同生活所形成的、对本民族最有意义的事物的肯定性体认。① 文化认同是对一个群体或文化的身份认同，或者是指个人受其所属的群体或文化影响，而对该群体或文化产生的认同感。文化认同的核心是对本民族基本价值、文化根源、道德养成、民族语言、生活习惯等的认同，是凝聚民族共同体的精神纽带。文化认同是民族认同、国家认同的重要基础，而且是最深层的基础。对本民族的自身文化的强烈认同，具有凝聚人心的作用，是本民族自立于世界民族之林的伟大精神力量，是综合国力竞争中最重要的软实力，使民族在激烈的国际竞争中立于不败之地。

但是，随着现代社会的发展，中国传统文化在一定程度上不被人们重视，一些非主流的文化形态趁势而上，甚至反客为主，与先

---

① 马运军. 在文化自觉自信中提升文化认同［J］. 学理论，2012（35）：170.

进文化、核心价值、优良传统争夺人心，抢占市场，势将导致文化发展的“空心化”，即主流文化的弱化、泛化和缺失。一直以来，人们对大众媒介的重要组成部分电视媒介所传播内容的浅薄化、空心化的讨论从未停止。改革开放以来，国人的生活发生了翻天覆地的改变，人们的物质生活水平提高，精神生活也日渐丰富。互联网的快速发展，给人们提供了海量的资讯，人们对自由民主的西方社会的崇拜和向往也从盲目逐渐趋于理性。海量资讯更让大众陷入资讯选择的恐慌，电视所传播的大众文化与对文化需求日益增加的人们之间的认同感的失衡，导致人们对电视文化“空心化”焦虑加剧，民众的内心还在寻找一种精神渴求，渴望通过大众媒介平台寻找中华民族的文化价值标杆和文化体系，寻找文化身份的认同。我国传统文化的很多方面都值得作为电视节目选择的内容深度开采。党的十八大以来，我国文化发展开始繁荣，文化进入持续稳定的发展阶段。随着人们观念的转变，各地的文化市场红火，文化消费成为经济发展的重要支撑和内在动力。

文字经历了漫长的岁月才得以形成，是原始先民在与自然对抗、融合中不断创造、积淀起来的，文字是文化的基础，具有全局性、基础性的特殊价值。迄今为止，汉字是公认的人类使用时间最长、形态最美的通用文字，也是上古时期各大文字体系中唯一传承至今的文字，是历史上最古老的文字之一。汉字的作用不仅仅是作为日常生活沟通和交流的工具，它更是博大精深的中国文化的代表。南京师范大学郦波教授说：“汉字特别依赖于它的书写情感，就是母语文化情感。不书写、提笔忘字就导致了母语情感的淡化，短时间内看不出危机来，如果时间放长点，这种变化对国民的心理、情感、价值的影响是致命的。”①

语言文字类电视文化节目也缘起于与此相近的思考。语言文字类电视文化节目对汉语的深度挖掘是利用电视平台打造具有中国传统文化的电视节目，从而展现中国深厚的文化底蕴，唤起民众对母

---

① 徐宛芝，王拓．中国汉字听写大会：听写的是汉字 追捧的是文化［N］. 新华日报，2013-10-09.

语的情感，提升中国自信。《中国汉字听写大会》总导演关正文说：“我们以最简单的规则构筑节目，它形成的紧张氛围、带有强烈悬念感的戏剧性、精彩的成功和令人扼腕的失败，同样具有超强的愉悦大众的功能。节目的收视率不是我们最高的追求，对于节目，文化影响力才是我们的终极目标。我们希望的是，中国汉字听写大会成为一个全民参与的体现主流文化凝聚力、体现国家精神的民俗活动。”① 这类节目“听写的是文字，关注的是文化。”② 节目的出发点是向民众传递中国传统文化中的精髓，采取激活传统文化的策略，增强民族自信心。《中国汉字听写大会》、《汉字英雄》和《成语英雄》等节目以不同的方式向观众展示了中国语言文化的魅力。

语言文字类电视文化节目在节目模式的选择、节目环节的设置和节目嘉宾的选择上都是从中国文化内涵的视野下进行考量，力求观众在节目中能感受到中国汉字文化的回归。近些年，受西方文化的冲击，中国传统节日文化逐渐淡化，民众热衷于各种西方节日，节日氛围甚至胜过中国传统节日。《中国谜语大会》的适时播出，不仅传播了汉字文化，也向人们宣扬了中国传统元宵佳节所蕴含的文化内涵。《中华好诗词》和《唐诗风云会》以中国传统诗词文化为定位，让广大受众体验中国文字之美，体会中国传统诗词的精神意境。诗歌是有节奏韵律并饱含着丰富的感情色彩和想象的一种语言艺术形式，也是世界上最古老、最基本的文学形式。中国古代不合乐的称为诗，合乐的称为歌，现代一般统称为诗歌。《诗歌之王》节目就是以诗歌文化为核心，将“诗”与“歌”相结合，由诗人与歌手共同完成诗歌的创作、谱曲、演唱及舞台竞演等环节。《诗歌之王》抓住了诗歌娱乐化的本质特点，用观众易于接受、乐于参与的方式让观众感受诗歌的力量与美感，让古典的诗歌文化以

---

① 马小玉．“中国汉字听写”激发国人文化回归［N］. 石家庄日报，2013-10-23（009）.

② 王益，徐宛芝，王拓. 中国汉字听写大会为何这么火［N］. 新华日报，2013-10-12.

不一样的方式回归大众视野。

语言文字类电视文化节目，尤其是《中国汉字听写大会》自播出以来，就引起了全民的关注，引发了对我国传统文化的大讨论，体现了全社会民众对中国传统文化的热爱及回归的渴望。自第二季《中国汉字听写大会》开始，节目组就把单纯的以书写能力为主的浅层竞技调整为对汉字文化内涵的深切关注，尤其更加注重汉语的语音、语用、语义，深度挖掘、展示母语中蕴藏的中华民族核心价值观。节目选取的听写内容也进行了扩大化，涉及政治、经济、自然、地理、体育、农事、医药等诸多领域，连俗语、熟语等都被囊括其中。语言文字也是信息传递的符号，历史、文化词汇是对我国文化信息的浓缩；自然、地理名词是对祖国山川图貌的展现；俗语、熟语是对生活经验的总结，节目选词内容的扩大化既丰富了节目的信息含量，也提升了节目的文化品位。

《中国汉字听写大会》的参赛者主要是青少年学生们。学生们在整个参赛过程中，通过对汉字及汉文化的学习、记忆和感悟等，思考汉字的来源意义、深刻内涵、蕴含的传统文化、传达出的核心价值观。这个过程潜移默化地浸染和培育了学生，在孩子们的心田种下了对传统文化热爱的种子，这给我国文化强国之路打下了坚实的文化根基。《中国汉字听写大会》收视率高，收视群不仅有中小学生、专家学者，还有白领等，包括各个领域各个年龄段。观看比赛成了家庭文化盛宴，上至爷爷奶奶，下至小学生，家庭参与热情空前饱满，这对形成中华传统的重礼重教的家庭凝聚观念有现场亲和体验的实践作用，同时对家庭文化教育具有非常重要的言传身教的示范作用。另外，专家的深刻解读，使每一位观众都“醍醐灌顶”，恍然大悟。《中国汉字听写大会》在全国有近两千个城市参与，参与面非常广泛，这对建设文化城市、提升城市文明形象、形成城市文化氛围有重要影响。港澳台代表队的加入使同根文化得以延续，对港澳台和大陆起到了融通文化血脉以及文化共振的作用。国际代表队的参赛也提高了汉字在国际上的影响力，同时对新的媒体宣传形式做出了可供借鉴和发扬的蓝本。现场成人听写团和媒体代表团的参与加上广大观众的热评热议，让《中国汉字听写大会》

实现了汉字书写的全民参与。节目的全民焐热汉字活动，也让藏在古籍里的汉字活了起来，让民众品读传统文化，重新认识和挖掘汉字之美。这种全民文化运动，对经济发展迅猛、文化建设相对滞后的当代中国，有着特殊的意义。

“成功的文艺作品之所以有生命力，能走进人们的心理，与受众产生共鸣，是因为其有可能使观众产生5种认同感，即文化、地域、心理、身份、意识形态认同。而电视节目所产生的认同感就是指受众个体通过收看节目引发自身与节目内容的一种共鸣，从而使其价值观与节目的价值体系达成一致，最终产生一种价值归属感。”①

《中国汉字听写大会》、《汉字英雄》、《成语英雄》、《中华好诗词》、《唐诗风云会》、《诗歌之王》、《中国谜语大会》等节目都是以中国传统文化中的经典元素为基础，受众在观看的节目过程中，在学习汉字、成语、诗词、诗歌、谜语等相关文化知识的同时，又可以反思自我，进行文化自省。在这种共同文化的基础上观看节目，可以使受众娱乐身心、满足精神需求、释放压力。节目由此才可以获得持久的关注与支持。

各卫视在当今娱乐至上的电视节目环境中打造出以传统文化为核心，以领略汉字之美为基础的语言文字类电视文化节目，这样的文化担当，值得称道。

三、激起国人学习汉语的热情

（一）国人汉字书写和汉语能力现状及原因分析

我们认为，语言能力应该包括语言知识、语言水平和语言技能三个层面。就汉语而言，主要包括汉语口语交际能力、书面语交际以及汉字书写能力。汉语能力应该有以下基本的要求：

---

① ［法］加布里埃尔·塔尔德．传播与社会影响［M］．［美］特里·克拉克，编．何道宽，译．北京：中国人民大学出版社，2005.

低层次要求：能说流利的普通话，能精准地默写并读出所有声母和韵母；能准确地使用常用汉字；能熟练掌握普通话常用词语；能运用不同的句子形式表达思想。

高层次要求：具有较高的口头和书面表达能力；具有准确解读口语和书面语的能力；能准确理解社会发展过程中涌现的新语言，能解读文言文、典故和熟语；懂得并重视母语的人文性；了解国家的语言文字政策等。

1. 汉语能力堪忧

关于汉语能力的问题，学界做了不少相关的讨论。史灿方的《汉语修养略论》认为公民文字能力低下、错别字多、书写不工整的现象极为普遍，文字识别能力不足；文法逻辑不通，写文章不讲究语法，用词造句随心所欲、信手拈来、毫不推敲，词不达意，语句颠倒，标点符号不会使用；文笔枯燥艰涩，写出来的文章干巴巴，没有文采，没有美感；说话素养缺失，说话磕磕巴巴，语无伦次。另一个表现就是语言文明道德规范的缺失，语言诚信观念不强，语辞褒贬使用随意。崔艳红、闫晚姝在《大学生汉语能力的现状与对策研究》中表示："大学生不能准确理解成语意义；口语表达上杂腔杂调，洋话连篇，有的不善表达，几近失语；汉字书写错误多，误用成语，滥用网络数字语。"姜洪丽、黄亮在《救救母语》中表示："语言表达能力和鉴赏审美能力缺乏，母语运用能力差，错字连篇，语句凌乱，不了解国家的语言文字政策，实用文体写作和口头运用能力缺乏。"姚锡远在《大学生语言能力研究》中表示："当今的大学生语言能力低下，尤其是理工科大学生的语言能力亟待提高。"①

在实际工作中，人们在汉语言能力的掌握与运用方面也存在较大的问题，比如语言运用不规范，缺乏对文体、文种内涵的理解。日常的公务与多方的外交在书面语言以及口语的沟通和表达方面会有吃力的感觉。很多国民在听辨、阅读、说话和写作能力等方面有

① 姚锡远. 大学生语言能力研究［M］. 郑州：大象出版社，2016.

欠缺，表达思想和感情时不准确、不得体、不规范，交际能力弱化，存在行文无力、难以言传、言不达意，言不生动等种种语言尴尬。语言能力的缺失影响个人能力和素质的提高，不利于社会的发展与进步。

在“中华文化高峰论坛”上，很多学者都对汉语面临的危机表现出不同程度的忧虑。王蒙认为：“在全球一体化的语境中，汉语遭受到了前所未有的伤害，母语已面临危机。”余光中等作家也警示：“优雅的汉语正濒临失落与亟待拯救的边缘。”朱竞在《汉语的危机》中感慨：“当我们身处全球化、国际化的热浪中时，便会感到汉语已经越来越面临着危机，这已成严峻的现实，谁来拯救汉语？”① 汉语遭遇的困境主要表现在以下三个方面：

（1）语言使用混乱

随着新媒体的兴起，汉语的规范使用面临挑战，媒体语言差错百出，广告商随意玩弄文字游戏，语言文字错误连篇，网络语言粗俗怪诞……语言文字的使用陷入混乱，汉语正面临着一场深刻的危机。

（2）母语能力下降

从一些调查、测试数据中也能窥测国人汉语能力的下降。对北京 4 所高校学生语言文字应用能力进行测试后，我们发现其中不及格的人高达 30%。《光明日报》做过一项“汉字书写问卷调查”，结果显示，经常提笔忘字的人占 41%，经常写错别字的人占 14%。2012 年，《中国青年报》的一项调查显示：83. 6%的人认为现在人们的汉语应用水平下降，其中 45% 的人表示“下降很多”。显然，国人汉语能力的下降已是不容忽视的现实。

（3）汉语教育弱化

汉语教育内“冷”外“热”。一方面，国内的汉语教育不断被弱化，很多国人的母语意识比较淡薄；另一方面，国外的汉语教育却不断升温。国人高度重视英语教育，对英语的狂热追捧使汉语教

① 陈春雷. 关于“汉语危机”命题的争论与反思 [J]. 阅江学刊, 2014 (5): 123-125.

育的弱化趋势更加明显。

2. 汉字书写水平下降

随着书写方式的变化，身处键盘时代的我们都有过“提笔忘字”的尴尬。《中国汉字听写大会》第一期节目中，现场观众绝大部分不会写“貔貅”、“瓮中捉鳖”和“攥拳头”，“成人体验团”正确写出了“癞蛤蟆”一词的人只有30%，写对了“熨帖”二字的仅10%；在《汉字英雄》节目中，“脱臼”的“臼”千人知晓率仅为24%，写对了“舂米”的“舂”的不足20%。节目的播出，激起了人们对“汉字危机”现状的关注。2013年零点指标数据显示，有超过九成的受访者表示自己曾“提笔忘字”，越来越多的青年人和中年人的汉字能力都已退化。

专家指出：“书写是手指和手腕的运动，书写并非是一种纯技法活动，相反，它是人的心理和精神的活动踪迹；书写的是一种古代延伸而来的文字，文字后联结着的是历代思想，思想后面联结的是当代人的精神。它是思想和精神、历史与当下的直接呈现。”① 汉字是中华文化的重要载体，汉字成为衡量读书人学业修养的重要标准，汉字书写能力是当代国民语言能力的重要组成部分。

汉字的书写能力主要体现在两个方面：一是能写和会写，不写错字和别字；二是要写得规范美观，易于识别。针对汉字书写能力的这两个方面，我们进行了调查，在调查中我们让人们写出“美国队和匈牙利队的比赛剑拔弩张，已经到了白炽化的程度”这句话。结果“弩”字写不出或写错者占89%，“炽”字写错的占75%，“拔”字写错的占54%，“匈”字写错的占33%；有70%～80%的人书写潦草。从这些数据可以看出，人们在汉字书写和使用中存在着写错别字、书写潦草、书写能力偏低等一系列的问题。具体分析如下：

（1）掌握字词的数量不足，书写错误率偏高

① 徐艳平. 拇指时代大学生书写能力的培养［J］. 内蒙古师范大学学报（教育科学版），2011（9）：67-69.

为了了解国民对常用汉字的掌握和书写情况，我们从《现代汉语常用字表》中挑选 303 个字作为测试字，让学生、教师、企业和国家公务人员（共计 126 人）进行了听写，结果如下表。

受测试国民汉字书写情况统计表

	应写字次	书写正确		书写错误（含写不出）	
		字次	占比	字次	占比
常用字	24444	19409	79.4%	5035	20.6%
次常用字	18144	11377	62.7%	6767	37.3%
总计	42588	38786	72.29%	11802	27.71

调查显示：多数人掌握的常用汉字字量不足。126 个人中，成绩最好的 1 人错误率为 4.8%；错误率为 6%~10%的有 7 人；错误率为 11%~20%的有 17 人；错误率为 21%~30%的有 28 人；错误率为 31%~40%的有 37 人。错误率为 41%~50%的有 25 人。错误率超过 50%的有 11 人。在测试字中，有些字被试不能写出，错误率较高，如："嗜"、"融"、"虏"、"涩"、"稽"、"囊"、"蔑"、"兜"、"讹"、"匿"、"凿"、"捏"、"颓"、"赡"，以及"濒临"、"褒贬"、"累赘"等字词错误率比较高。别字现象也比较突出，例如，"松弛（驰）"、"元宵（霄）节"、"通融（溶）"、"嗤（痴）笑"等。

* 笔画笔顺意识弱化、书写态度草率

调查中，我们选取了"车、凸、轻、医、丹、舅、快、乃、心、及、九、母、爽、化、幽、里"等有代表性且常用的汉字，通过这些汉字的书写来考察人们对汉字笔顺笔画的掌握情况。调查结果表明，虽然调查中的汉字都是常用汉字，而且并不难写，但人们书写这些汉字时笔顺错误的比例高达 48.7%，大部分人认为只要汉字写对就行了，笔顺是否正确与汉字规范关系不大，不重视汉字的笔顺和笔画，这直接导致笔顺书写错误率高。

调查还发现大部分国民对长短撇等笔画的细微变化不甚了解，

横笔平直无变化，竖笔类型分类不够明确；在具体汉字里使用时容易混淆撇、捺，笔画潦草、马虎，结构不匀称，笔画、线条意识薄弱。

调查显示大部分人还是比较重视不会书写的汉字，只是重视的程度不同，调查显示只有13%的人在遇到不会写的汉字时会选择不查也不问，实在不行就胡乱写一个。大部分人在遇到不会写的汉字时会选择运用各种方式查询汉字，28%的人在遇到不会写的字时会选择查字典或者用手机（电脑）查找，有46%的人会选择问身边的人之后再写。大部分人承认自己会经常写错别字，并且大部分人会比较在意错别字，承认很多时候注意不到自己的错别字。另外，调查还显示绝大多数人不太关注笔顺和字迹，认为笔顺和字迹无关紧要，只要汉字写对即可。

态度在某种程度上决定一切，汉字书写能力与书写态度成正比。在数字多媒体时代，书面表达的方式越来越多样，人们告别了之前的手写，只要敲击键盘就能完成汉字书写，人们对汉字书写的漠视，导致书写能力下降。

＊传统手写式微，书写方式多元化

汉字数量繁多，结构复杂，再加上大量的形似字，使熟记并正确书写汉字成为一件难事。随着书写工具的进化，人们手写机会越来越少。《中国青年报》2010年曾对2072人进行过一项调查，调查发现，有四分之三的人表示“手写机会不多”，表示“手写机会很少”的人大约占23.6%，表示“几乎已经不用手写了”的人占4.4%。

据光明网近期开展的一项关于手写汉字的调查结果显示，“有94.93%的人通过电话、短信、邮件等方式与他人取得联系，仅有5.07%的人通过书信、留言条等方式进行联系；而85.29%的人认同全民汉字手写水平在下降；83%的人承认自己有提笔忘字的经历；74.2%的人表示在平时的工作和生活中手写机会不多。”“日前，武汉科技大学中南分校一年级本科生首次汉字书写测试结果公布，2100多名学生中有320多人被评为不及格，约占15%。随着手机的普及和移动互联业务的蓬勃发展，特别是智能手机的出现和微博等新型沟通手段的兴起，大学生更成为拇指族的中坚力量。而随之而来的是拼音输入法的盛行和汉字手写机会的减少，这使传统的书写面临前所未有的冲击，大学生群体汉字书写能力整体下滑的趋势日益严重。甚至提笔忘字的毛病，也正在大学生群体中蔓延。”①

计算机的普遍应用更加影响了人们的书写能力。由于长期敲击键盘，汉字对人们的影响日益淡化。很多人认为：现在是信息化时代，电脑办公，字写得好不好无所谓，甚至觉得手写浪费时间，不重视汉字书写的观念在人群中较为普遍。

随着智能手机的开发和普及，人们对手机越来越依赖。大量的文字录入工作都在手机上进行，与传统手写时代相比，实际上现在的人们接触和参与文字工作的机会并没有减少，输出的文字内容也比以前要多得多，只是在文字输出方式上从传统一笔一画的手写变成了键盘的敲击。

目前的手机输入方式有键盘输入和手写输入两种，调查显示选择手写输入的人不足调查总人数的3.7%，很多人认为与手写输入法相比，键盘输入更方便快捷。键盘输入方式可以采用拼音输入法和笔画输入法，由于拼音输入法简单易学，使用方便，选择拼音输入法的达到90.7%的比例；笔画输入法对字的笔顺笔画要求较高，选择笔画输入法的只有5.6%。

汉字在运用过程中，其表意功能和文化意蕴因为书写手段的异化而被消解。越来越多的人更倾向于在手机或网络中直接复制粘贴，这种操作割裂了人们与书写文化之间的维系，也割裂了书写过程与传统文化的对话和融合，直接造成传统手工书写能力的下降。从更深层次来看，书写能力的欠缺也制约了国民的理性思考和情感表达，使思想表达单一化和模式化，遏制了汉字使用者的想象力和创造力。

* 汉字规范意识薄弱

---

① 徐艳平．拇指时代大学生书写能力的培养［J］．内蒙古师范大学学报（教育科学版），2011（9）：67-69.

规范汉字是指经过整理简化正式公布的简化字与传承字，以《简化字总表》与《通用规范汉字表》中的字形为标准。传承字是历史沿袭下来并通行至今的汉字，如“山，水，人，月”。繁体字和异体字都不是规范汉字，应该坚决抵制使用繁体字和异体字，否则不利于汉字规范。很多人的汉字规范意识薄弱，对相关的语言文字法规知之甚少，没有意识到汉字规范对国家民族文化传承的重大意义。规范意识的淡薄使得许多人缺乏维护文字规范的自觉性、主动性和积极性，以至于在具体用字的过程中出现繁简字、自由简化字、规范字混用以及滥用网络语等现象。

一是繁体字、规范用字混用。

繁体字的存在与汉字自身的发展密切相关。汉字繁简之争从来没有停止过，2011 年中国开始实施的《中华人民共和国国家通用语言文字法》明确规定：国家推行规范汉字，在大陆各级教育机构禁止使用繁体字，只能够在一些特殊的场合使用，比如古籍出版、商业老字号、书法艺术作品等。使用繁体字，书写者往往会有这样两种心态：一方面是崇尚古代文化，而且能展现自己渊博的学识，认为繁体字是一种正式的字体，是文化的象征，虽然不见得承担着中国文化的根，但的确繁体字曾是我国人民长期使用的一种文字，在文化的传承和发展中也起着举足轻重的作用。另一方面是标新立异，以为写繁体字时髦、高雅，而且与众不同。据调查显示，有 39%的被调查者承认自己在平时书写繁体字是为了赶时髦。调查中也发现，有些人为了省时省事，在书写过程中会使用一些约定俗成的自由简化字。这种自由简化字虽说满足了人们求简的心理，但是不利于汉字规范，也不利于汉字传承文化。

二是手写体中楷书、草书混用。

调查也发现一些字如“事”、“本”、“的”写成草书交织在其他楷体字当中，这种写法是不规范的用字现象。原因是：一方面通篇只是个别字使用草书，并且是杂乱混于其中，有损书面整体美观；另一方面使用者的出发点是为了求简，而并非出于展现汉字的艺术性，有些书写者对草书写法不精通，只是一味地求简，也降低了草书本身的艺术性特征，让人们对草书的内涵产生误解。这种不规范的用字现象应该引起广泛的关注，否则将对汉字艺术的传承造成冲击。

综上所述，当前国民的汉字书写确实存在着很大的问题：掌握字词数量不足，笔顺笔画意识薄弱，传统手写式微，汉字规范意识薄弱，书写能力明显下滑，这些现象是当前在信息化进程中汉字书写普遍面临的问题。我们应当认清，在信息化数字化的时代，汉字书写的责任依旧重大，我们绝对不能忽视汉字书写能力下降的问题，要根据时代的变化去探索相应的解决措施。

3. 汉字书写水平和汉语能力下降的原因

（1）忽视汉语学习，汉语学习的动机不明确

目前，“重英轻汉”的趋向体现在各级考试制度中，很多学生花在英语上的精力远远超过了花在汉语的精力，甚至也超过了花在专业学习上的精力。过分重视英语，必将造成忽视汉语和中国文化教育的结果。

“学习动机指的是学生个体内部促使其从事学习活动的驱动过程。学习动机对学生的学习活动具有引发、维持与导向作用。因此，动机在学习过程中起着最直接的作用。大多数人母语学习只是一种机械性的被动接受，缺乏积极自主的主动性。”① 我们对正在进行汉语学习的学生和从事汉语教学的老师进行了访谈，摘录如下：

访谈一：

问：你学习汉语的目的是什么？

生答：最基本的目的就是交流啊。

访谈二：

问：您认为学生的学习态度如何？

师答：学习的积极性不够高，学习的目的不明确。很多学生从小到大上汉语课，汉语学习已经成为一种惯性学习，学习目的不明

① 刘颖. 维吾尔族学生汉语学习现状调查分析［D］. 北京：中央民族大学，2012.

确，多数情况下就是为了应付考试。

很多老师认为学生汉语学习的盲目性导致了其汉语能力不高。学生在谈到自己学习汉语的目的时，基本持有两种观点：第一，汉语是国语，必须学；第二，考试要考语文，必须学。可见，学生学习汉语的目的不明确，属于被动学习，学生实际应用汉语的能力不足。学生汉语学习带有一定的功利性和投机性，学习目的不明确导致汉语学习兴趣淡薄，汉语能力下降。

（2）缺乏汉语母语文化认同

汉语作为世界上最古老最神圣的语种之一，体现出东方文化与现代文明的完美融合，承载着中华五千年的文化旅程和民族足迹，流淌着中华民族的血液和灵魂，传播着中华民族代代相传的文化。汉字是迄今为止连续使用时间最长的文字，作为交流符号的文字，承载了深厚的底蕴和文化内涵。汉字是典型的象形文字，早期的汉字图画意味很浓，每一个汉字都蕴藏着丰富的文化信息。汉字的形体演变经历了甲骨文、金文、篆书、隶书、楷书等阶段，由象形发展为不象形。但是，汉字承载的文化信息仍然一脉相承，经过仔细辨别，可以获知汉字的意义。例如，在早期文献中“娶”字写作“取”，有“抢夺”之意，反映了古代的抢婚制度；后来加“女”为“娶”，即“娶亲”。据文献记载，春秋前因征伐而娶妻的事情很常见，“娶”字就是中国古代婚姻形式的客观反映。汉字是中华民族在五千年历史发展中智慧、创造力和生命力的集中体现。

汉语承载了丰富的民族文化，是中华民族优秀传统的结晶。一个合格的汉语母语者，应该掌握汉语规范，认同母语文化，具备较强的汉语应用能力，把汉语内化为一种人文素养。但是，现实的情况是中国人的母语语言能力现状令人担忧：母语能力下降，书面语言能力退化。中国社会科学院语言研究所学部委员沈家煊说：“母语语言能力低下，于个人而言，会阻碍理解与表达，拉低个人竞争力；于国家而言，则可能丧失赖以生存的文化根基和民族认同。”①

① 丁雅诵. 深观察：国人母语能力堪忧，真的吗？［OL］. 人民网，2016-08-11.

从某种程度上看，丧失汉语语言能力，就会斩断中华文明之根。当下网络语境的随意性导致汉语能力的下降，传统文化的缺失和汉语精华的遗失也会造成心灵缺失、美感缺失、文化缺失，在某种程度上说是整个民族精神危机的反映。

（3）网络语境的随意化，书写手段的异化

现代社会生活节奏加快，信息量大，人们不再有“敬惜字纸”式的文字神圣感。同时，大量新的语言现象不断出现，加上图像传播的发展，使得许多人开始强调语言的工具性和变化性，热衷于“创造”而忽视规范。

随着网络的普及，数字化程度的加深，汉字书写方式发生了很大变化：手写方式式微，键盘输入已成为大势所趋，不可逆转，我们需要正确对待这种改变，从变化中寻找解决措施。汉字在输入时由于汉字与键盘缺乏直接对应关系，因此必须根据一定的编码规则对汉字文本编码才能输入，规则不同，编码就不同，于是我们才会看到不同的输入法。我们对大学生常用输入法进行了调查，从使用人数上看，使用搜狗拼音、智能 ABC、谷歌拼音等音码的人数最多，占总人数的 97%；使用五笔形码的占 2%；手写的仅占 1%。从理论上说，汉字本是表意文字，这也是汉字能够承载文化的原因，传统的汉字书写方式，注重汉字形、义之间的联系，而音码输入关注的却是音与义之间的关系，长期使用拼音输入将割裂汉字形音义之间的内在联系，改变汉字的记忆模式，使汉字记忆变得更加困难。

调查显示，由于同音而产生的错别字现象较多，汉字中大量出现的同音替代，正是汉字音码输入反映出的弊端。汉字本是表意文字，但是汉字音码输入却让汉字慢慢失去了它原有的表意功能。如人们不再去关注汉字的表意功能，汉字的记忆仅靠音来记忆的话，便很容易出现同音替代的现象。

调查中也发现，形声字声旁的错误率远低于形旁的错误率，这也与汉字音码输入有很大的关系，由于形声字形旁表意功能不断弱化，声旁的表音功能增强，人们越来越关注因声求义的现实意义。

（4）汉字书写缺乏制度保护

当前社会不够重视汉字书写，不重视传统文化的继承和发扬，大部分中国人对汉字书写艺术缺少应有的敬意和敬仰。当前的社会，“精通外语”已然成为评价一个人学问或能力的标准，汉字写得好，却不在评价范围之内。从制度层面来看，中国人的汉字学习从课程设置到各类考试都缺乏对汉字书写的要求。

社会文化缺少对美的追求，大部分人只是把汉字当作一种书写交流的工具，却很少有人去关注汉字中所体现的社会文化对真善美的情感追求。要想树立语言规范意识，仅仅依靠个人的努力与素养是很难做到的，必须要施加一定的外部约束。虽然中华人民共和国成立以来，党和政府已经颁布了一系列汉字规范的方案，就方案本身来讲，也在不断地完善，但是成效却不尽如人意，主要是因为对于汉字书写缺乏法律法规的约束。

（5）英语东渐的影响

全球化发展势不可挡，世界上各个国家都在向前发展，但因为各国发展水平不同，所以在全球化的文化传播之中就有强弱之分。综合国力强盛经济发达的英美等国显然属于文化传播的强国，它们使已经成为世界上通用语的英语以更加迅猛的态势进驻地球上有人口的每一个角落。中国作为一个超级人口大国，作为一个正在发展中的国家，学习英语也非常重要。从国家的语言学习战略上出发，我们从小学甚至幼儿园就接触和学习英语，一直持续到大学以上的每个深造阶段。在义务教育阶段，我国应试教育在英语的学习方面起了推波助澜的作用，一定程度上国人在学习英语方面付出的时间和精力远远超过学习母语的时间。国人对英语学习的狂热催生了市面上大大小小各式各样的英语培训机构，比如从小学到高中的各级英语辅导班，大学英语四六级辅导班，针对本科学生毕业后想继续深造的考研英语辅导班，针对出国留学需求的雅思、托福、GRE等辅导班。长期的英语学习和对英语的盲目宠爱使得如今的学生在随意的言谈之间不自觉地加入英语单词，这种行为已经从过去的炫耀行为变成为现如今的无意识的行为。与之对应地，他们在自己本民族语言的学习方面减少了应有的学习时间和直接去掉了他们本该有的思想重视。因此，他们有能力写一篇堪称漂亮的英语作文，却没有能力写上一篇堪称漂亮的汉语作文，因为他们没有掌握大量的优美的汉语词汇和汉语在布局谋篇的一些技巧；他们可以说一口地道的美式或英式英语，可他们却不能在用汉语流畅优雅地表达自我的同时还能展现汉语言的独特魅力，因为他们没有扎实的汉语功底，更是没有掌握汉语发音上押韵、连贯的特性；他们可以毫不犹豫、毫不费力地写英文单词，可是他们在写汉字时却常常提笔忘字。英语东渐给汉语的学习带来了一定的冲击和负面影响。英语学习在一定程度上加速了我国国民文化素质的集体衰退。反过来，英语东渐带来了西方文化的强势入侵和渗透，这种入侵和渗透使得我们的国民也极力贬低和忽视自我文化，渐渐失去了自己的文化根基和文化自信。

综上所述，传统文化的缺失、当下网络语境的随意性和汉语精华的遗失导致了国人母语能力下降和书面语能力的退化，这种美感和文化的缺失，反映出整个民族的精神危机。要想培养国民的母语素养，提高汉字书写能力，必须采用一切办法，遏制当前人们母语能力、汉字书写能力不断下降的趋势，以继续更好地发挥汉字传承文化的功能。

（二）节目掀起了国人汉字书写和学习汉语的热潮

针对全民汉字书写水平下降和“键盘手”、“失写症”现象，中央电视台推出了《中国汉字听写大会》节目。第一季汉字听写大会以“拯救汉字危机，领略汉字之美”为使命，以“书写的文明传递，民族的未雨绸缪”为宗旨。据统计，该节目在央视科教频道和综合频道播出期间观众达到 6.7 亿，关注过这个节目的观众有半数之多。第二季汉字听写大会拥有 4.3 亿观众，位列文化类节目之首。①

《汉字英雄》自 2013 年开播以来，在全国 71 座城市的收视率逐渐上升。“在八场初赛中，首场收视率为 0.24%，之后一路上扬，到第八场时收视率达到 0.51%，总决赛时长增至 100 分钟，收

① http://tingxie.cntv.cn/

视率为0.71%，在同期晚间综艺类节目收视排名中挤进前五。”

《中国成语大会》是以成语文化为主要表现内容的电视文化节目。2014年，中央电视台倾力打造的重点文化原创类节目《中国成语大会》在央视综合频道播出时，共有3.48亿人次收看，在央视科教频道播出时收看人数达2.11亿，两者相加共拥有5.59亿人次的观众收看。首届《中国成语大会》共播出13期，其中第5~13期在央视-索福瑞统计的34城平均收视率为1.26%，单期最高收视率达1.47%，在同时段节目中排名全国第一。值得关注的是，“该节目受到了具有较高教育背景观众群的欢迎。其中，大学以上教育背景的观众与其他同期在播节目观众相比高出152%”。①《中国成语大会》播出期间，百度搜索“成语大会”主题词达5200多万条。其中，平面媒体聚焦报道量超过200篇，网络媒体跟踪报道逾40多万篇。② 该节目将电视媒体与传统文化有机结合，一经播出即在全国掀起了一股学习和传播中国传统文化的热潮。

《汉字英雄》和《中国汉字听写大会》开播前后观众收视对比见下表。

《汉字英雄》和《中国汉字听写大会》开播前后观众收视对比

目标观众	中国汉字听写大会			汉字英雄		
	收视率	上年同时段	增幅	收视率	上年同时段	增幅
四岁以上所有人	0.54	0.24	125%	0.46	0.24	92%
男	0.56	0.28	100%	0.43	0.27	59%
女	0.51	0.20	155%	0.49	0.21	133%
4~14岁	0.54	0.19	184%	0.37	0.13	185%
15~24岁	0.23	0.15	53%	0.35	0.13	169%

① 燕帅．《中国成语大会》研讨会举行，传承中国智慧彰显媒体责任［OL］．人民网，2014-07-10.

② 数据来源：中国经济网.

续表

目标观众	中国汉字听写大会			汉字英雄		
	收视率	上年同时段	增幅	收视率	上年同时段	增幅
25~34 岁	0.31	0.16	94%	0.39	0.15	160%
35~44 岁	0.63	0.32	97%	0.42	0.24	75%
45~54 岁	0.60	0.34	76%	0.60	0.37	62%
55~64 岁	0.77	0.31	148%	0.73	0.44	66%
65 岁以上	1.00	0.22	355%	0.41	0.28	46%
干部/管理人员	0.58	0.32	81%	0.48	0.18	167%
私营企业人员	0.41	0.27	52%	0.40	0.28	43%
初级公务员/雇员	0.50	0.26	92%	0.50	0.20	150%
工人	0.48	0.23	109%	0.38	0.23	65%
学生	0.50	0.20	150%	0.38	0.14	171%

从上表可以看出，从年龄上看，收看《汉字英雄》的观众中，青少年群体收视增长明显，4~14 岁、15~24 岁和 25~34 岁观众的收视涨幅最大；从职业上看，学生群体和干部、管理人员的收视上升幅度也很大。在收看《中国汉字大会》的观众中，4~14 岁青少年和学生群体、65 岁以上年龄段观众的收视明显提升。由此可见，语言文字类电视文化节目引起了不同年龄受众的广泛关注。

语言文字类电视文化节目引起了人们强烈的反响和共鸣，对节目积极的参与也极大地激起了人们学习汉字、汉文化的热情。人们对语言文字类电视文化节目的热衷和追捧应该有以下因素：

1. 节目以传统文化为素材之源

汉字、成语、谜语、诗词等都是传统中华文化的根基和精华，并且与人们的日常生活息息相关。从本质上看，语言文字类电视文化节目是以语言文字为载体的中国文化传播。

《中国汉字听写大会》节目组表示，该节目定位于“书写的文明传递，民族的未雨绸缪”，向全社会倡导书写汉字、保护汉字的意识，倡导爱汉字、爱汉语、爱中国文化的价值观，是一项“意义深远的文化传承活动”。节目组强调通过汉字书写追求文化传承、文明传递的目标，并发挥汉字书写节目的危机预警功能，令国人意识到未雨绸缪的重要性。① 比赛比较全面地考察了选手的汉字手写能力和理解能力，尤其是对中国文化的领悟能力。

河南电视台卫星频道总监徐涛表示：“《汉字英雄》定位在‘寻找键盘里失落的汉字’，希望能通过汉字这种载体更多地阐释及弘扬中华文化。”《我爱汉字美》是一档由上海市语委、上海市教委主办，上海教育电视台、上海教育报刊总社承办的大型语言文化类季播节目。该档节目以“传承美丽汉字，提升应用能力”为主题，重点考察参加学生对汉字音形义的掌握理解程度和实际应用水平，普及汉字的文化知识，规范语言的日常使用。

教育部语言文字应用管理司原司长姚喜双在《以语言文字凝聚文化自信》中指出：“一个国家文化的魅力、一个民族的凝聚力主要通过语言表达和传递。应该清醒地看到，语言文字是文化的基础要素和鲜明标志，是文化传承、发展、繁荣的重要载体。无论是构建中华民族共有精神家园，还是提高我们的文化软实力，都需要做好语言文字工作，为更基础、更广泛、更深厚的文化自信提供有力源泉。近年来，我们通过《中国汉字听写大会》和《中国成语大会》等电视节目，让全社会更加重视语言文字的魅力。”② 语言文字类电视文化节目的宗旨是大力弘扬中国传统语言文字、诗词文化，使广大观众接受传统文化和人文精神的熏陶，激发人们爱护传统文化的意识，从而自觉地承担起传承中华文明、弘扬民族精神的

① 钟新，金纯斯，黄超．汉字听写类节目的传播价值分析——以《中国汉字听写大会》、《汉字英雄》节目为例［J］．新闻与写作，2013（10）：19-23.

② 姚喜双．以语言文字凝聚文化自信［N］．人民日报，2016-07-18.

历史重任。这些节目通过表层的汉字字形书写，探讨词汇语义和语言背后的历史文化，通过汉字延伸到古代历史和现代文明的各个方面，进一步挖掘母语的文化内涵，使观众在收看节目的同时收获不少知识。

2. 节目内容和形式上标新立异

节目要受到消费者的喜爱，起到传播文化、引领价值的作用，必须要在内容和形式上进行创新。以往许多文化类节目标榜高端精品，由于内容生涩难懂，脱离收视群众，不但达不到传播文化、引领价值的作用，而且还因收视率不佳而被淘汰。与之形成鲜明对比的是，以《中国汉字听写大会》为代表的文化综艺节目，坚守文化内核，节目形式轻松有趣，通过娱乐化的包装，提供给受众利益点，遵循了传播规律，采用大众喜闻乐见的形式传递了丰富的文化内涵。

《中国汉字听写大会》节目内容融合了理性和感性力量，内涵丰厚，调动了众多观众的参与热情。由于书写手段的变化，人们手写汉字的机会减少，但是语言文字传承文化的基本属性基本功能没有变化，语言文字的承载传播能力和表达感染能力也没有消减，人们内心深处对汉字有着强烈的认同和需求。《中国汉字听写大会》用合适的内容形式点燃了国人内心深厚的民族情感。从制作角度看，《中国汉字听写大会》节目专业化的命题、解释、读词、点评等环节设计，通过理性的规则和感性的呈现，准确规范地向观众传播汉字汉文化知识，提升了国人的汉字修养。同时，节目还通过规则设置营造激烈的竞争气氛，选手们个性化的表演和戏剧性的场面得以充分展示。节目的可观赏性还体现在主持人和点评专家的互动、成人志愿者的书写、家长和选手的情绪感染以及选手背景的介绍等方面。相关场景的切换剪辑使节目更加充实生动，大大增加了节目的可观赏性。

《汉字英雄》以打造高端节目为目标，以观众需求为出发点，创造了受众喜爱的形式和内容，弘扬了传统文化。在比赛规则的制定上，注重趣味性和娱乐性，在内容上选手的背景介绍和才艺展示、竞技性元素增添使节目的观赏性大大增加。节目采用多轮淘汰制，舞台设计处处体现高科技元素，独创“十三宫”的汉字阵，吸引观众眼球。选手进入“十三宫”后，根据答案的正误移动，直至成功走出“十三宫”或被淘汰出局。《汉字英雄》区别于其他文化节目的特点还表现为音乐选秀式的晋级方式，节目不但具备体育竞技节目式的快节奏，还有闯关类节目的紧张感，这些元素都给观众带来了非常好的收视体验。比赛的内容与青少年学生的学习内容很贴近，不但满足了他们的需求，拉近了与青少年之间的距离，而且还很好地兼顾了家长、老师及热爱汉字文化的成年观众的收视期待。节目形式寓教于乐，观众既是选手，选手也会成为观众，充分调动了台上台下的积极性。节目内容通过介绍字形、字义等汉字文化，讲解汉字背后的故事，满足了众多家长和老师的需求。节目邀请的嘉宾评委具有很高的权威性和专业性，节目深入挖掘选手的日常生活故事，凸显选手个性，节目形态呈现出独特性与多元化的特点。

3. 跨媒体的互动与合作激发观众的参与积极性

语言类电视文化节目不同于以往单一的电视播出模式，它实行网台联动，与受众深度互动，这种互动是深度定制化内容的联动。这类节目的重点移到了选手身上，对选手的报名、初选、复选全程播出，增加了选拔的透明性。《汉字英雄》就率先开创多屏时代电视、网络、移动终端全新联动模式，把电视台和视频网站的资源打通，网台联手操作了节目的策划、制作、推广及招商，手机同名App同步上线，打造了全新的互动模式。河南卫视总监徐涛说：“在《汉字英雄》中，河南卫视和爱奇艺按照1：1的比例共同投资，共享知识产权、共同制作播出，联合招商、共同受益。”对河南卫视来说，“这种合作是传统媒体平台的延伸和拓展，达到了传统媒体和新媒体高度融合、优势互补的整合传播效果”①。《汉字

① 陈冉．省级卫视突围的创意与策略——以河南卫视《汉字英雄》为例［J］．青年记者，2014（2）：62-63.

英雄》在网上微博评议度较高，热议话题也较集中，取得了很好的传播效果。

《中国汉字听写大会》与诺亚舟合作，节目播出时在中国网络电视台上设专页滚动播出“全民汉字听写网友晒图”，这种多媒体互动的形式，吸引了无数观众参与到节目中来。第二季《中国汉字听写大会》首先在网上发布“全民焐热冰封汉字”活动，每场赛后公布一个“冰封词语”。由于网络、手机等新兴媒体的传播优势，加之网友间浏览、分享、转发、造句和评论，活动迅速升温，像“葳蕤”这类“冰封词语”很快吸引了众多观众，据统计先后共有 6 亿人次参加该项活动。观众的参与热情使休眠的词汇从古籍中苏醒，内在的文化意蕴得以复活。

四、推动汉语言文字规范化的管理及应用

语言文字规范特别是社会用字的规范问题，历来是人们关注的焦点。随着社会经济的发展，大众媒介和新媒体的交融，社会语言生活出现了许多新情况、新问题，社会用字规范问题尤其值得关注。大众媒体是人们获得外部信息的重要途径，其内容公开、受众广泛，拥有巨大的社会影响力。语言文字类电视文化节目的产生凸显了媒体的公信力，电视媒体通过自身内在品质和外在形象，在公众心目中占据了一定的位置，间接推动了汉语言文字的规范化管理和应用。

语言文字类电视文化节目中的选词、命题、解释、评判，嘉宾的点评和讲解等环节，都建立在语言文字学专业的基础上，点评专家为汉字、文化界的权威人士，专业的点评在传承汉字规范方面起到了很好的理性和规范作用。《中国汉字听写大会》由中央电视台新闻主播担任主考官，在主考过程中向电视观众进行了标准读音的示范，使汉字的形、音、义准确无误地传递给受众，达到了普及普通话和促进正确书写汉字的目的。

不少同音异形字在日常书写中常常被混淆或运用不规范，如

"桑葚"、"桑椹"的两种写法都是正确的。语言文字类电视文化节目的传播内容，廓清了我们平时不太较真的一些模糊认识。10月12日《中国汉字听写大会》附加赛第一场，听写"桑葚"时，选手写作"桑椹"，不少观众都认为选手听写错误，其实这两种写法都是正确的，首选"葚"字。《中国汉字听写大会》比赛规则中还要求参赛者书写规范，如果书写不规范，使用连笔或者笔画难以认清，裁判都可要求重写。8月9日复赛第二场，选手书写"日冕"看似正确，却没有得到裁判的一致认可，原因是"冕"字上面是帽字头"冃"，选手书写不够规范。日常书写中容易模糊的"日"、"曰"和"冃"的区别在于，"日"中间的横两头均连接外框；"曰"中间的横，左边起笔的一端连接外框，右边收笔的一端与外框分离；"冃"，中间的两横均不应与"冂"相连。①

汉字的难点还在于大量的多音字和同音字，在《中国汉字听写大会》节目中，更正了许多发音错误的汉字习惯，如"咋舌"中的"咋（zé）"、"暴殄天物"中"殄（tiǎn）"等。第二届《中国汉字听写大会》启动"全民焐热冰封汉字"行动，每场比赛结束时公布一个"冰封词汇"，结合电视、报纸和网络的多元传播方式，激发观众的学习和分享。如"葳蕤"一词，形容枝叶繁盛，来自屈原《楚辞》的"上葳蕤而防露兮，下泠泠而来风"。通过字词的焐热，使汉字文化系统化，对中国文化的传承具有深远意义。

汉字的规范化使用，是汉语言文字自身发展的要求，文化的发展也必然推动语言文字的规范化水平的提升。而在此过程中，以《中国汉字听写大会》、《汉字英雄》为代表的语言文字类电视文化节目作为文字的载体，其作用是巨大的。通过节目，越来越多的人认识到汉语言文字规范化使用的必要性，节目尊重汉语言文字规范化的发展要求，承担了传播规范汉语言文字的重任，在语言文字标准化、规范化构建方面起到了重要作用。

---

① 张昳．"汉字狂欢"后的思考——写在《中国汉字听写大会》后面［J］．东南传播，2014（2）：97-99.

五、推动了汉语言文字汉民族文化的传播

（一）挽救了汉字危机

1. 节目使人们认识到汉字书写的重要性

身处键盘时代，我们应该都有过“提笔忘字”的经历，但这种尴尬从来没有呈现得如此直观。在《中国汉字听写大会》首播时，随机从现场观众中选取的“成人体验团”，在听写“貔貅”、“擦拳头”、“瓮中捉鳖”等词语时频频出错，只有30%的人正确写出了“癞蛤蟆”一词，“熨帖”二字仅有10%的书写正确率；而在河南卫视《汉字英雄》中，“脱臼”的“臼”千人知晓率仅为23.9%，写对“舂米”的“舂”的仅为20%。① 这两档节目，让“汉字危机”成为一个令人非常不安的话题。

据统计，《中国汉字听写大会》节目播出第一期收视率为0.31%，第五期收视率已达2.16%。节目还受到了《人民日报》、《中国青年报》、《光明日报》、《泰晤士报》等国内外媒体的广泛关注。在《中国汉字听写大会》节目播出首日，其微博话题飙升至电视节目排名的第一位，将近一半的微博感叹“自身不足，要认真学习汉字”。2014年《中国汉字听写大会》复赛第一场，选手的书写正确率为73%，成人组书写正确率仅为19.2%。

2014年《中国汉字听写大会》复赛前七场，选手的书写正确率为69.5%，而成人组的书写正确率仅有17.3%。详见下表。

语言文字类电视文化节目的热播反映出汉字语言文化的传播和承载出现了一些问题，让国人重新认识了自己的汉语水平，唤起国人传承民族文化、重视汉字的意识。

---

① 汤嘉琛. 我们有多久不写字［N］. 中国青年报，2013-08-21.

2014年《中国汉字听写大会》复赛前7场书写正确率

场次	选手书写正确率	成人组书写正确率
第一场	73%	19.2%
第二场	65.6%	12.2%
第三场	67.2%	14.6%
第四场	67.3%	25.1%
第五场	72%	29.1%
第六场	73%	7.2%
第七场	69%	15.7%
合计	69.5%	17.3%

2. 节目产生了良好的社会行为示范效果

节目的播出，使人们不但重新认识了汉字书写的重要性，而且直接影响了人们的行为。参与节目的观众通过节目感受到了自己汉字书写能力的欠缺，他们把自己不熟悉的词汇记下来，还查阅词典和名著来了解字词的原始意义和出处，还有很多观众在网上就汉字书写展开激烈讨论。可以说，语言文字类电视文化节目通过提示具体的行为范例和行为模式，启发了大家学习汉字、汉语、汉文化的热情。

（二）激发了民族自豪感

汉字是表意体系的文字。作为世界上正在使用的最古老的文字，其承载了丰厚的文化内涵。静态的汉字传递了汉民族文化的进程，反映了独特的汉民族文化心理。

1. 节目呈现中国元素，凸显文化魅力

中国元素贯穿比赛始终，对选手和观众来说既是美的欣赏又是文化洗礼。极具中国特色的元素大大增进了人们的民族自豪感和自信心。

首届《中国汉字听写大会》题库总量3000道，录制现场题库耗用量约为1157道，节目播出题目量860道。《中国汉字听写大会》节目中的汉字主要来源于《汉语大辞典》、《汉语大字典》等语言文字典籍和《红楼梦》等名著，内容包括地理、生物、化学、天文、地名、方言等各个方面。从节目选词构成来看，考察范围涉及历史、文化，如：神龛、虢国夫人、蔺相如、伏羲、马嵬坡等，自然一类主要包括：紫檀、雾凇、颠茄、癞蛤蟆等；成语有：秋毫无犯、味同嚼蜡、恃才傲物、惴惴不安、醍醐灌顶、怙恶不悛、越俎代庖、荦荦大端等；生物、医学、地名类有：胯裂、髋关节、三聚氰胺、荸荠、草履虫、潭柘寺、扑尔敏等；工业、生活类的词语有陀螺、打烊、荨麻疹、撅嘴、崴脚等；俗语类有：尥蹶子，其他方面的词语有攥拳头、拾掇、糍粑、饿殍、亵渎等，涵盖了中国文化生活方方面面的各种词汇。这些字词都是和人们生活中的语言实践相关、和当下人们的阅读相关的词汇。

《中国汉字听写大会》最直接的贡献是帮助人们恢复汉字记忆，节目所引发的效应，是我们的文化和汉字书写在现实境遇面前具有强大自我修复功能的体现。

2. 节目传递文化自信

《中国汉字听写大会》节目是一项“意义深远的文化传承活动”，不但让观众领略了汉字的书写魅力，而且通过汉字书写实现了追求文化传承、文明传递的目的，体现了热爱汉字、热爱中国文化的价值观，传递了文化自信。快餐化、碎片化的学习特点和生活方式造成国人书写功能的集体退化，《中国汉字听写大会》的意义不仅仅在于让人们把字写正确，更重要的在于对中国传统文化的传承，文化专家对生僻字词的解读，传递了更深刻的文化价值和内涵。汉字是中华文化的瑰宝，是解读中国历史文化的手段，通过电视直播的方式普及和宣传文化表达了我们的文化自信。

3. 外国人学习汉语，提高国家语言影响力

“语言是一国文化进入他国的通行证，是文化交流的核心所在，更是理解和认同的力量所在。因为语言伸展到哪里，它所负载的文化价值观就流动到哪里。”① 语言文字是文化的载体，方方正正的汉字正如中华民族的民族性格一样是中国传统文化中的精髓。

“汉语桥”是由中央电视台与国家汉办/孔子学院总部联合主办的在华留学生汉语比赛。和其他语言相比，汉语在语音、语调、语法方面独具特色，在语言表达和运用上也同其他语言有很多差异。选手们学汉语、说汉语，用汉语来思考，这有助于他们更好地了解汉语里深藏的文化。

“汉语桥”的举办，为国外留学生搭建了一个相互交流汉语学习经验的平台，激发了各国青年学生学习汉语的积极性，不但展示了留学生的汉语水平，而且增进了世界对中国语言与中华文化的理解。“汉语桥”还增强了中国青少年对汉语言文化的自信心，越来越多的大学生投身到国际汉语推广的志愿者队伍中来，积极建设和传播中国文化。

原全国人大常委会副委员长、著名语言学家许嘉璐对“汉语桥”工作非常支持，他认为：“牢固打造‘汉语桥’品牌，向世界推广汉语，弘扬中华文化，让汉语成为连接中国与世界的文化之桥、心灵之桥、思想之桥，增进世界各国对中国的了解和友谊，促进世界和平与发展。”刘延东同志在出席第十届“汉语桥”时指出：“语言作为文化载体和交流工具，其价值伴随着多样文明和谐共生的时代潮流而愈显宝贵。语言的学习交流，能够超越历史时空，跨越国家疆域，在更大范围内推动人类文明进步。”②

六、对汉语教育的借鉴价值

（一）对汉语教育内容的借鉴价值

1. 探索了语言文字文化传承的有效途径

我们对《中国汉字听写大会》的考词进行了梳理：从节目选

① 石芬.“汉语桥”与中国软实力构建［D］. 武汉：华中师范大学，2012.
② 石芬.“汉语桥”与中国软实力构建［D］. 武汉：华中师范大学，2012.

词构成来看，考查范围包括历史、文化、自然、生物、医学、生活等方面的各种词汇，涵盖了中国文化生活的方方面面。历史文化类词汇考查选手对源远流长和博大精深的中国历史的了解，自然地理词语则主要考察选手对国家自然地理状况的熟悉情况；对常用的生物医学词汇的考查起到了排查错别字的作用。除此以外，节目还考查了选手对成语和俗语的掌握情况。成语是历代沿袭的固定短语，从内容上看，多数成语来源于神话传说、古代寓言故事、历史事件等，也有一些来自诗文名句和佛教经典，带有明显的书面色彩，包含了丰富的历史文化知识，言简意赅、寓意深刻，体现了汉语的凝练和精密。

俗语是人民群众在实践基础上创造的一种喜闻乐见的语言形式，语言新奇别致，修辞手段丰富，描绘事物形象生动，具有幽默、谐趣、讽刺的表达效果。从这些考查的词汇来看，选手们必须知识储备丰厚、牢固掌握汉字文化和汉字构成规则。除此之外，还要非常熟悉常见汉字和生僻汉字。只有这样，才可能胜出。

汉字源远流长，是文化和历史的载体，包含了非常丰富的文化信息。对于观众来说，可以借助语言文字类电视文化节目这样的平台，挖掘和回顾语言文字背后深藏的历史故事和文化信息，在原有基础之上对传统文化进行一次深入的梳理和了解。如节目中出现的这些讲解：

①海晏河清：解释是沧海平静，黄河水清，形容天下太平。

例句：《红楼梦》第 119 回：“皇上又看到海疆靖寇班师善后事宜一本，奏的是海晏河清、万民乐业的事。”

②逸飞：解释是指漏网的鸟。

例句：张衡的《西京赋》：上无逸飞，下无遗走。

③游弋：解释是巡逻的意思，巡逻查看，无目标地游，监视某些可能会发生的事情。

例句：郭沫若在《苏联纪行・七月十一日》里面写：船在江中往来游弋。

④式微：解释是指事物由兴盛而衰落。

例句：茅盾在《一个女性》里面说：“谁曾从丰裕跌落到贫

乏，从高贵跌落到式微，那他对于世态炎凉的感觉，大概要加倍的深吧。”

从例句可以看出，这些选词有的选自经典名著，有的选自生活中常见的词汇，书写时不但要求选手了解汉字的书写规则，还要求选手了解蕴含在这些文学作品、地理知识、文化知识中的内涵和寓意。通过汉字这个点，考查了丰厚的汉字汉文化历史。整个书写过程实际上就是对全民进行自我教育的过程，这种教育润物无声，点滴在心，比任何教育都更加有效，更加能促进运用语言文字的能力，促进文化能力的不断提升，进而实现以汉字为载体传播中国汉字文化的目的。

2. 激发了国民热爱汉字、学习汉字、保护汉字的能力

《中国汉字听写大会》播出后，在国内外产生了极大的传播效应。从收视率来看，第一期收视率为 0.31%，第五期收视率达 2.16%；“节目播出后网络参与讨论的热度超过了同期的娱乐节目，排名第一，同时网友参与话题讨论和微博转发的评论达 300 多万次，节目更受到了国内外媒体的广泛关注：《人民日报》、《光明日报》、《中国青年报》、《China Daily》、《泰晤士报》等多家国内外媒体转载刊登了 2350 余篇新闻报道。从节目现场看，电视镜头借助机位总能捕捉到参赛选手在遇到不会写的词语时露出的各种窘态，电视机前观看节目的观众在对照电视节目同步检验自己汉字水平的过程中也惊呼自己得了‘失写症’，由此引发大量的关于汉字书写的探讨。”①

语言文字类电视文化节目兼容并蓄的特点满足了当代电视受众日益丰富的需求，据调查，观众通过节目最希望获得满足的三种需求依次是“增长汉字知识和人文知识”（82.3%）、“测试自己的汉语文化水平”（66.1%）和“休闲娱乐、放松身心”（59.3%）。

可见，汉字听写大会直接刺激了国人重新认识自己的汉语水

---

① 苏小亨.《中国汉字听写大会》的文化传播功能研究［D］. 重庆：西南大学，2014.

平，重新激发了国民热爱汉字、学习汉字、保护汉字的能力。

（二）对汉语教育方式方法的启示

语言文字类电视文化节目是一种新兴的节目形态，吸收并融合了文化、综艺、益智等各种节目的形态要素，此类节目在坚持语言文化立意的同时还适当增加了娱乐性。从节目赛制来看，将知识性内容和有趣的游戏竞赛紧密结合，充分体现出节目互动、竞技、形象的特点。

1. 参与互动性

热播的语言文字类电视文化节目呈现的并非是读词、写词的单一视听元素，节目制作时巧妙运用多种视听技术和拍摄技巧，节目丰满圆润，视听元素丰富，吸引观众积极参与其中，实现了良好的互动。语言文字类电视文化节目还吸收了娱乐节目的元素，担任裁判和词汇解说的是权威学者，场外主持人与专家进行实时点评，裁判的亮灯方式增加了观众的期待。在节目的编辑上，将候场区的紧张与欢呼和比赛现场选手的镇定穿插播出，将选手比赛时的踌躇不定和赛后采访相互补充，节目的信息量丰富，也增强了节目的紧张感、戏剧性和可视性。

2. 娱乐性

《汉字英雄》以个人为参赛主体，参赛选手的年龄范围较大，但核心目标聚焦于青少年及儿童的汉字教育。节目借鉴综艺游戏娱乐节目的元素，选手不但可以展示个人才艺，还可以通过“汉字十三宫”走宫格路径表现自己的决策能力。节目既有悬念又有变化，让观众期待。点评嘉宾都是知名学者或文化名人，他们的专业点评和多角度提示为节目营造了轻松诙谐的气氛。最具特点的画面片段剪辑也增强了节目的娱乐效果和紧凑性。

以《中国汉字听写大会》为例，节目组专门采访了少数民族学生等特殊参赛选手，在选手上场时穿插播放前期采访短片来突出选手身份，满足了观众了解选手的好奇心，给严肃的竞赛节目增加了生活情趣，可观赏性增强。在节目中参赛选手会因不会写或写错而面露尴尬，观众就会跟着选手一起紧张，节目制造了观众与选手之间的共鸣。电视节目互动性体验的设置，增强了观众的参与程度，使观众获得了旁观者的快感。

语言文字类电视文化节目的互动性、娱乐性、形象性等特点激起了广大观众的参与兴趣，也给当前的汉语教育方式方法带来了一些启示。

首先，要注重课堂教学的互动交流。教师可以借鉴语言文字类电视文化节目的互动性特点，在教学过程中注重与学生的互动交流。课堂教学是教师与学生进行的一种沟通交流活动，是一个教与学统一交互的过程。在教学活动中，师生互动、学生之间的互动、师生与教学文本之间的互动可以让教学在互动中发展完善，让学生在交流中碰撞出思维火花，激起学生的学习兴趣，打造自由、民主、和谐的师生关系，营造积极活跃的课堂氛围。教师要积极设置互动环节，为师生互动创造良好的环境。

其次，课堂教学要注重寓教于乐。语言文字类电视文化节目通过各种形式来增加娱乐性和观赏性，让观众在享受快乐的同时感受文化魅力，学习文化知识。我们也可以把娱乐融入教育之中，把学习内容与快乐休闲结合于一体，在娱乐中收获知识。课堂教学也应充分认识到寓教于乐的重要性。如果教学过程只有“教”而无“乐”，课堂就会失去感染力和吸引力，学生会感到单调乏味，教学效果会大打折扣。如果教学过分重视形式，只有“乐”而无“教”，那“乐”就变成了无源之水无本之木，也就失去了意义。教师可以充分利用“乐”的形式来实现“教”的目的。比如可以在课堂教学中融入成语接龙、猜字游戏、角色扮演等游戏形式，还可以把语言文化知识、字词基础知识、古诗文、成语等语文知识设计成竞赛题目，借用竞赛的形式来激发学生的学习积极性。也可以在课下开展写作、朗诵、主持、演讲等各类比赛活动，激发学生的学习热情，全面提高学生的语文综合素质。

最后，教师要有独具魅力的教学风格。随着语言文字类电视文化节目的热播，一些优秀的、拥有知性魅力的节目主持人也受到了广大观众的喜爱和追捧。一个优秀的节目主持人需要拥有较高的文化素养、丰厚的知识底蕴，还要有优秀的语言表达能力以及一定的临场应变能力。语文教师可以借鉴优秀节目主持人的个性魅力，形成独特的教学风格。尽管节目主持人和教师身份不同职业不同，但是他们都需要通过语言向受众传递信息，都扮演着信息传递的桥梁作用。语文学科具有综合性和基础性的特点，这就要求语文教师除了专业知识外，还要具备一定的文化素养和广博的科学知识。只有这样，才能让学生实现对各学科知识的融会贯通和理解运用。语文教师生动活泼、幽默风趣的教学语言可以活跃教学气氛，引起学生注意，增强教学的生动性和趣味性。教学过程是一个不断发展变化的过程，随时会有一些突发状况，这就要求教师在教学中运用灵活应变能力来调控教学，对一些突发事件迅速做出判断并采取恰当的措施。

第四章　语言文字类电视文化节目迅速热播的文化动因

一、精神领域和文化维系亏欠

（一）中国传统精神文化

任何一种民族文化都是由精神文化和物质文化两部分构成的，它们是人们在相当长的时期内提炼日常生活各个方面的经验而得出的理论知识。精神文化，概括而言，主要表现人类在精神世界方面的追求。具体而言是指特定地域的人们在集体无意识中对伦理道德的探索和对行为规则的制定，在集体无意识中对周围事物特定感受的形成及在集体无意识中对各种艺术优劣鉴定与品位评定的逐步统一。因此，精神文化是真善美的统一，它分布在科学、道德和艺术这三个领域。精神文化深深影响着个人的思想意识，深远影响着国家民族的意识形态。精神文化的缺失则意味着人类处于混沌不明、蒙昧落后的状态，也就失去了认识物质世界的能力。

中华文化是充满智慧的华夏儿女在五千多年的历史长河中慢慢积淀而成的，其核心思想主要体现在具有灵魂和根基作用的“天人合一”这一民族哲学思想中，亦可称为“天地人和”。钱穆先生说过：“中国文化中，‘天人合一’观实是整个中国传统文化思想之归宿处。”“天人合一”强调的是人与自然的和谐统一，也就是人类的精神世界与物质世界的和谐统一，此处的物质世界即人类赖以生存的自然界。在人类与自然的关系认识上，西方文化与儒家思想截然相反。儒家思想强调人与自然的平等关系，号召人们追求人与自然之间的和谐相处；而西方文化则强调人的主观能动性，号召人们用尽一切方法和手段改造自然、征服自然以满足个体生存与发展的需求。而中国的“天人合一”思想哲学认为人不应该违背自然界的法则去改造、征服和破坏自然，人要尊重和顺从自然规律、充分合理利用自然、实现人与自然的和谐。

中国传统精神文化的另一精髓即是“贵和尚中”，以和为贵，中庸保守。儒家思想的代表孔子的“礼之用，和为贵”、孟子的“天时不如地利，地利不如人和”，道家思想的代表老子的“莫与人争”、“不为人先”，墨家思想的代表墨子的“兼相爱，交相利”，等等，中国诸子百家的思想莫不是要求人们胸襟宽广、广纳百川、和善待人、不偏不倚，以此体现“贵和谐，尚中庸”的哲学思想。这种多家思想的相互结合、融合、互通互融，同时也体现了中国传统文化中“有容乃大”的恢宏民族气度。

（二）汉字与中国传统文化

1. 汉字彰显民族传统

中国汉字的发展形成过程正是中华民族独有的传统文化沉淀生成的过程。如，“示”字，古文写法“[illegible]”，说文解字中讲到，此形表示上天垂示征象，向求告者展示吉凶，字形中的三个垂笔，分别代表日、月、星辰。人们可通过观察天象推测时事变化。“示”字也是汉字结构中的一偏旁部首，因此与之相联的字多表达求得上天的旨意与保护。例如，“祈祷”和“祝福”这些表示神或祝愿的字、词都包含一个“示”的偏旁部首。“福”字中包括“示”部，说明古人认为若想能够幸福，就离不开神的保佑，特别是祖先的保佑。同时古文“示”字，与中国古代先民们祭祖时写有祖先姓名的神主牌位形状相同，因此它的字义多与祭祀、礼仪相关联。“示”字及含“示”部的字的构造就体现了远古农耕时期，华夏子民的拜天祭天的生活传统与靠上天而过的朴素的农耕生活思想。

汉字的基本形态是象形。我国古代劳动人民在创造汉字之初，根据物体之形状，力争使字形具有所代表的物体的形状，如

“水”、“火”、“木”、“土”、“日”、“月”、“牛”、“羊”等。因此，“山”有山的凸起轮廓，“水”有水流的动态风貌，古文“日”有太阳圆圆的形状，“月”有玄月的弓形，“牛”字体现牛角的前伸，“羊”字体现羊角的后卷，“豕”字表现猪尾的下垂，“犬”字则体现狗尾的上翘。对于表达抽象意义的无形可循的字，古代劳动人民则采用指示或者会意的构字法使得汉字不断地发展壮大。先民在象形字的基础之上结合其他指示意象，用部分形具的像来表达抽象的意义。如汉字“休”，表示一人农耕累顿后，倚在树下，驻足休息；“裕”字，一个家庭有衣有谷即为富足幸福；“尘”字，小土即为尘，轻风便飞扬；“功”字，出工有力，便会成功；“出”字，出去一看，山外有山；“忐忑”二字，一颗心上上下下，心神不宁；“孱”字，死人旁有三个孩子，表明人死后留下很多无依无靠的孩子，从而表达出“可怜、孤弱、弱小”之意；“旦”字，上面的“日”代表太阳，下面的一横代表地平线，从字形可以推出“一轮太阳从地平线上缓缓升起”的字意。再如“武”字，上戈下止，止戈为武，意思是战争的最高境界是不用一兵一卒，不使用武器，表明先民们崇尚和谐反对纷争厮杀的美好愿望。细细分析每一个汉字，一撇一捺，一点一提，一笔一画，每个部分都反映着先祖们生活的场景和习惯，反映先祖们对周围事物的认识和既定认识形成的生活传统。这些饱含中华传统文明符号在历史长河中漂流、沉淀、发展、延伸、衍变，最终形成了独具民族文化和民族艺术特色的中国汉字体系。这一汉字体系凝聚着中华民族上下五千年的智慧精华，彰显着华夏民族所特有的历史生活过往，承载着华夏文明生生不息的传播力量。

2. 汉字展现民族文化意识

正是因为象形汉字的形具物体的形态，其表意的特性清晰明了，这一特性蕴含着丰富的独特的民族文化资源，其中之一就是其以缩影的方式展现出中国特有的传统精神文化意识。随着人类历史的发展，多种语言符号经历着兴起、发展、消亡的过程，汉字作为当今世界上仅存的一种只表意而不表音的语言，是极具生命力和创新精神的文字。无论是刻于龟甲上，铸于青铜上，还是刻写木简上、书写帛纸上，几千年来汉字的形态历经甲骨文、金文、篆文、隶书、行书和楷书这六种基本形态的演变更替，但汉字的“表意不表音”的特性始终未曾改变。汉字发展过程中的“变”与“不变”完美展现了汉民族文化意识的蒙昧、觉醒、发展、创新和完善的过程。

汉字对民族文化的影响可以从以下两个方面来阐述。

首先，汉字的发明创造正是民族文化从蒙昧的“史前时期”迈向有意识的“有史时期”的重要分水岭，极具深刻意义和深远影响。汉字未出现之前，先民只能借口语传递完成同一地点同一时间的面对面交流，只能借口耳相传的传唱形式来完成不同时代的交流。这个阶段民族文化意识就处于蒙昧阶段。随着事物的增多，思想的丰富，人与人之间急切需要更复杂、更抽象、更深刻的思想交流，人们自然就产生了这种能够将口头表达记录下来的需求。这种急切需求促使之后的契刻记事、结绳记事等方法的产生，后又经过诸多探索，这种最适合记录语言的工具——汉字就出现了。有了汉字之后，才有了书面的民族历史记录，自此中华民族进入了用汉字记录时事的“有史时期”。此时，中华民族的文化意识处于觉醒状态。

其次，汉字是中华文化中最基础和最具浓缩性、概括性、承载性、传承性的民族文化部分。各民族的文字符号都镌刻着本民族的文化特性，不同的文字构造、组合反映了不同的文化内涵。各民族都会依据自身的文字特点追溯民族文化渊源，解读民族文化现象。充满智慧的汉民族先祖们利用汉字可拆可合的形体特点，发明了字谜游戏和姓氏避讳，利用汉字二维构型的特点发展创造汉字书法艺术及玺印艺术。正是诸如此类的由汉字直接衍生出来的文化事象，赋予了汉字无与伦比的、不可比拟的族群文化，从而使汉字成为整个汉文化体系不可替代不可撼动的文化根基。

3. 汉字体现民族思维

民族语言的构成特性多能体现特定民族的思维方式，汉字表意的结构特性更是直接体现了汉民族的思维方式。

具象思维。具象思维是一种独具中国特色的思维方式之一，它是以具体的物像为基础，在此基础上靠想象去推理从而推论出抽象事理。而汉字的构成方式正是这种思维方式的一个具体体现。汉字基本的构成方式有四种，分别是象形字、指事字、会意字和形声字，其中的指事字和会意字正是民族具象思维的结果。如“休”和“信”，左边的人部首，是以具体的人形表明跟人有关，右边的具体物体树和话，分别让具体的人与树、言语相联系，从人靠着树与人之言语的图画式映像从而推理出依木而息、实言为信这些抽象概念。一部分四字成语的构成也源于具象思维，比如“枯杨生稊”。“枯杨生稊，老夫得其女妻，无不利”，出自《周易·大过》。这里将枯老的杨树生长出嫩芽比作老夫娶少妻这一现象，对两者之间的相似点进行想象，然后比附推论出“无不利”的这一结论。又如“仰观俯察”这一成语，出自《周易·系辞上》中的“仰以观于天文，俯以察于地理，是故知幽明之故”，这个浓缩而成的“仰观俯察”正是这种思维方式的具体体现。诸如此类的成语在《周易》中俯拾皆是，如“群龙无首”、“龙吟虎啸”、“水火不容”等。

辩证思维。辩证思维在中国有着非常悠久的历史，它是以发展变化的视角来认识事物的思维方式，通过关注事物内部的对立矛盾面从而全面整体地认识事物。中华民族自古以来就试图用具有对立矛盾的事物，以及对立面之间的种种关系来概括自然界和社会的种种现象。中华民族也正是以这种饱含辩证因素的理性思维方式来认识人类自身与置身所在的自然界。汉语中许多成语蕴含着这种辩证思维方式，例如，“否极泰来”、“日中则昃，月盈则食”、“无平不陂，无往不复”、“居安思危”等成语，把“否”和“泰”、“盈”和“食”、“平”和“陂”、“往”和“复”、“安”和“危”等互相对立的概念联系起来，指出了对立面的互相转化。

4. 汉字体现中华民族的生活追求

汉字的产生、发展和完善的历史过程必然要受到几千年来华夏儿女传统思想观念的影响，因此汉字本身就蕴含着中华民族朴素的生活追求。自古以来，中华儿女向往美好生活、追求吉祥幸福，他们以种种形式的祈福来表达自己的美好愿望。这种祈福观念可以从日常生活中人们用的汉字图形装饰上看出，我国的民间吉祥艺术都是通过与汉字字体结构的艺术性的完美结合来表达吉祥主题。如“福禄寿喜”民间图案，其中“福”字的图案花式样式众多，它与表达吉祥意义的植物（牡丹）、动物（鱼）或天官等图案结合，形成了寄于美好寓意的张贴艺术。从字形构成上来看，用百福字组成的寿字图案有着“百福捧寿”的美丽寓意，表达了人们对幸福生活的追求。“福”字艺术还有“五福临门”、“十福来朝”、“天官赐福”等。“禄”字意为发财，在“禄”字图案中，民间艺人常常会把左部首写成或镌刻成站立的鹿，因为“鹿”与“禄”谐音，同时鹿又有高官厚禄和福的双层含义，而右部首则用摇钱树或元宝代替，寄意为福禄双至、恭喜发财。“寿”字代表着人类追求长期的美好生存的愿望，同时也是中华民族表达尊老敬老爱老的祝福语中的常用字，如“寿比南山不老松”。“喜”字一般用在各种婚嫁习俗场合，常与代表喜庆的喜鹊登梅，代表男女情深的鸳鸯戏水、龙凤呈祥等图案结合，借以衬托喜气洋洋、喜庆满天的氛围，更是祝福一对新人琴瑟和谐、白头到老、幸福长存。

现在的汉字外形是方形的，被称为“方块字”。而古时的汉字形状是不同于今日的。夏商时期是汉字形成之初，先民利用物体的形状来造字，称为象形字。如“水”字就像一条流动的河，“山”字就如同山的形状。汉字的发展历经周朝的金文、秦朝的大小篆、汉朝前期的隶书之后，到了汉末开始变为横平竖直、形体端正的方块形楷体字。楷体方块字的出现与中华民族对外部事物的认识有着密切联系。2000 年以前先祖们已经对宇宙有了自身明确的看法和认识（今天看来这个认识是错误的）。先辈们认为天是圆的，人类头上是穹隆；地是方的，人类脚下是方地。古人认为因为地是方的，那么凡是属于地上的物体都应是方形的，所以就有四四方方的中国院子、房屋、床、桌子等。只有为数不多与天有关联的物体可以是圆的，比如祭祀用的天坛。汉字是居住在大地上的人们使用的用以记录的语言工具，应该也是方形的。正是“天圆地方”这一朴素哲学思想的指引，汉字才是今天独特的方方正正的样子。

5. 汉字体现中华民族的精神内核

“贵和尚中”是中华民族传统精神文化的精髓之一，既要注重整体的和谐统一，又要在一定的限度之内保存有某个局部个体特征，使之不过于突兀而破坏整体的统一性。因此，中国传统民族文化提倡用广阔的胸襟，海纳百川的气概，来容纳各种不同。《礼记·中庸》云：“喜怒哀乐之未发，谓之中，发而皆中节，谓之和；中也者，天下之大本也；和也者，天下之达道也。致中和，天地位焉，万物育焉。”这种中和观，旨在向民众阐明和传递个体行事有度、不可过犹不及、保持中立以求稳的中庸之道。并由此扩大到整个宇宙天体，人与宇宙也应该是一个和谐的整体。正如《中庸》所述：“万物并育而不害，道并行而不悖，大德敦化，小德川流。”宇宙万物各自遵循各自既定规律，不斥不悖，各行其道，自然诸事万物便会各得其道、各得其所、乐享融融，从而使得自然界与人类整体呈现和谐。正是儒家思想的这种“中庸”之道，使得华夏儿女的审美倾向整体趋于柔丽中正、平和定稳、不偏不倚、结构平衡。汉字结构正体现着中华民族的这一审美标准。

汉字的形体演变从甲骨文、金文、篆文到隶书、行书和楷书，此过程正是汉字逐步地走向整齐划一、对称居中和方正平稳的民族文化历程，其中以楷书为顶级展现。楷书起始于汉末，大兴于魏晋，旺盛于大唐，并一直沿用至今天。《辞海》有曰，“形体方正，笔画平直，可作楷模”，故名楷书。这正符合中国人折中不偏、维和求稳的思维惯性和文化心理。比如独体字中的“日”，中轴线居中，规整而不倚斜。合体字中，比如“杆”、“肝”、“秆”、“竿”等，这几个字同用一个声符“干”，因形符不同而单个字的结构也不同，左右并行排列的合体字竖中轴线就有所移动，上下一致排列的独体字横中轴线就有所移动，因为无论何种构成结构都呈现出中正的特点。三个相同字符组成的字，成品字形排列以保持结构上的平衡，绝对不会排列为倒品字形而有违于中和这一思维惯性。

（三）汉字文化危机

汉字作为世界上唯一从古代一直演变至今且没有间断过的文字形式，在其发展过程中也曾遭遇过两次大的危机。第一次是春秋战国时期通假字的大量使用，就好像现在记者采访时做笔记，复杂的字就用简单的同音字代替，如果通假字大量使用，就会造成汉字向拼音文字发展。而这个问题被智慧的古人用形声字很好地解决了。第二次危机是五四运动时期由众多受过西方教育的学者发起的新文化运动，部分文化激进者提出废除汉字和汉字拉丁化的主张，经过争论和商议，最后采用了折中的方案即简化汉字、注音拉丁。而今，手写键盘盛行的时代，汉字发展与传承面临着“第三次重大危机”，即我们所述的“汉字文化危机”。这在前部分已详述，这里不再赘述。

（四）国人精神领域和文化维系亏欠

在世界范围内，影响某一民族语言最根本、最重要的因素是该民族在自己周围及世界范围内的生存状态；在某一国家范围内，影响民族语言发展的是本国民众对母语文化的态度和情感。当今导致我国“汉字文化危机”的深层原因源于意识形态方面——国人的民族精神与民族文化意识的淡化、退化。

换言之，汉字文化危机也正反映了我们中华传统文化在当代社会中的偏微与虚弱，或者说传统文化正处于一种失落的状态。汉字的深层次危机意味着汉字所承载的中华几千年的传统文化的丢失和汉字灵魂的丧失。我们在使用汉字的同时，不知道其写法和用法，不知其写法和用法背后的历史原因，把具有丰富内涵的生动的汉字变成一具没有生命和内容的空空的躯壳。如此发展的不良态势必然会严重影响中华文化的后续传承，更加严重的是会影响和危及国家与民族的文化安全。也就是说，以全球化的眼光来看，汉字危机是现如今世界全球化所引发的一种民族文化危机。具体而言就是当今世界上的文化扩张与霸权正是西方的拼音及西方拼音所承载的文化进行的全球性的扩张。在这一全球化的形势下，我们应该想到并且应该深深思考的问题是，如何避免汉字和利用汉字书写的中国文化遭到破坏。

二、一笔一画勾画出国家精神

保护汉字是民族情感的驱动，保护汉字的传承更是历史责任和民族责任的驱动。有着形音义之美的汉字作为记录文明的语言符号，统一了我们民族的历史、文化、艺术。中国地阔人众，南腔北调，各地方言并存，这就发挥了汉字表意不表音的功能，方言发音不同，但记录的文字是相同的，从而使得各民族之间能够无障碍地进行交流。

我们可以这么认为，经过上下五千年的血雨腥风的发展，中国仍能保持统一的大国形象并屹立于世界之林，汉字功不可没，汉字独特的凝聚魅力发挥了重大作用。汉字是祖先留给我们的不可替代的宝贵财富。因为汉字的一脉相承，我们今天依然可以阅读并理解几千年前古人的文章，可以对话于古代圣贤，可以穿越到历朝历代吸其精髓之论。反观欧洲，它与中国的面积和人口都差不多，但是它分裂为多个国家，演变出多种语言，产生了多种文字。究其语言方面的原因，就是表音文字虽然书写和记录方便，但发音易变导致其稳定性较差，于是，一种文字随读音的变化就形成了不同的文字。

汉字还是世界上唯一的既可以在实际生活中应用，又可以单独成为艺术供人欣赏的文字。中国历代著名书法家留下的书法作品是我们宝贵的文化财富，更是中国对世界艺术作出的贡献。书法的学习和创作可以熏陶艺术，可以修身养性，可以塑造性格气质，所以就有了“书为心画”、“字如其人”等等这些成语。比如，练习楷书可以使人具有端庄大气和沉着稳重的性格；行书的演练会使人有一种悠然自在、洒脱飘逸的气质；草书的书写给人一种胸中泼墨、豪情万丈、性格不羁的感觉。独具特色的汉字是华夏文明最基本的载体，它的一撇一捺凝聚着古圣先贤的智慧，它的一笔一画记载了中国文化的精髓点滴，它的形体和构造蕴藏着中国独有的哲学与文化。

这么优秀的汉字文化将要遇到传承的危机，在这样的重要时刻，国家认识到了，国人意识到了，中国媒体抓住这个时机，间接承担起了历史的使命与责任，将多元的中国文化借助电视媒介窗口展现出来。于是，就有了今天的语言文字类电视文化节目的涌现。

（一）肩负民族文化使命

电视节目的文化定位是电视人对电视节目的文化形态、含量和特征的整体调控和把握，是衡量一个电视节目品质和内涵的重要标准之一。电视节目的内容通常是通俗文化和大众文化，这种通俗性是由电视节目的性质和社会功能决定的。电视节目一方面有着传递信息的社会功能，另一方面它要对电视观众起到文化熏陶的作用。从受众心理学的角度来看，广大观众在观看节目的同时，一方面希望通过电视画面的形象化，以近似亲身体会的方式学习和了解自己所不知道的知识，另一方面通过该方式了解自己周围最新的社会动态。

信息时代的迅猛发展，使大家更加清楚地看到了知识的重要性。社会的快速发展使得知识的更新以前所未有的速度进行，这一现象强化了人们对个人的要求。于是，人们想尽办法通过各种途径提升自己的知识储备以适应社会的发展。在这种迫切的社会和个人需求下人们的压力越来越大，因此人们更愿意用一种放松娱乐的方式去获取知识。语言文字类电视文化节目正是在这样一种娱乐轻松地学习知识的需求下应运而生的，广大观众可以一边轻松地观看节目，一边了解中国传统文化知识，以增加自己的汉语文化知识。

《汉字英雄》是由河南卫视和爱奇艺联手打造的，它们的传播理念是“文化中国、文化卫视”。《中国汉字听写大会》的宣传语、传播理念及口号是“书写的文明传递，民族的未雨绸缪”。两档节目的核心创作理念都聚焦于汉字，以传播汉字和汉字文化为教育目的，一方面为广大青少年搭建一个学习和传播传统文化的平台，使其在领略我国传统汉字魅力和学习深厚文化内涵、了解应用价值的同时，激发其学习汉字的欲望；另一方面可以选取选手们的日常生活故事，展现他们的兴趣爱好和个性特征，表达他们的生活理念和生活方式，同时可以锁定语言节目的愉悦、轻松的风格，增强视听效果，实现"寓教于乐"的文化节目创作。这种以汉字文化传播、汉字文化教育为宗旨的语言文字类电视文化节目展现了一种"文化使命感"。

（二）召唤民族文化回归

中国电视在发展中受到产业化、数字化、娱乐化的电视制作理念的影响之后，曾一度迷失了方向。电视传播内容逐步走向浅薄化、速度化和空心化，带给大众的只有视觉上的冲击和浅层次的大笑。有些电视综艺节目传递出的文化弱化和偏离，引起了社会上一部分有心之士的文化空心化焦虑，这种焦虑的背后隐藏着的是有思想主体的人与节目所传播的文化之间的认同问题，因为观众需要通过电视媒体平台寻找文化身份的认同。

在《文化身份与族裔散居》一文中，斯图亚特·霍尔提到了两种认同文化身份的思维方式。他提到的第一种思维方式是，"文化身份认同是预设的，一旦确立不容易改变"。另一种思维方式认为，"文化身份认同受文化、历史等多方的制约，随时可能被形塑"。《汉字英雄》、《成语英雄》、《中国汉字听写大会》等节目之所以获得高收视率和点击率以及获得好评，正是在文化空心化焦虑的背景下，人们通过观看节目从而获得文化身份认同，进而对节目认可、赞同。"汉字十三宫"是《汉字英雄》节目设计的比赛形式，采纳了中国传统九宫八卦的技法，每场比赛设三位嘉宾，这些嘉宾如于丹、刘震云、张颐武等，他们自身拥有的文化内涵和语言表达能力，完美体现了极具影响力的中国文化人士的形象。《成语英雄》设计了用画画的方式猜成语的比赛形式，这与象形文字是中国汉字的起源颇为相似。成语和图画呈现给广大观众赏心悦目的画面和形象直观的成语知识，从而拓展了观众的审美空间和知识空间。《中国汉字听写大会》主要采用团队赛，邀请汉字文化领域方面的专家讲解字、词、成语的意思及背后的文化故事，邀请中央电视台的主持人担任主考官，整个节目中突出字、词、成语的标准发音和文化背景知识。这些语言文字类电视文化节目从主持人的选定到节目嘉宾的选择再到比赛环节的设置，都让受众感受到了中国文化的复苏和汉字文化的回归。

（三）引领民族文化学习导向

如前所述，零点指标数据做过一项关于针对“中国人书写”系列的调查研究，结果显示：94.1%的人曾有过提笔忘字的行为；26.8%的人经常出现该行为。原因在于高科技“键盘”代替了手书写汉字，从而造成汉字书写规则和方式的遗忘。这种遗忘的代价是巨大的，在丢失了汉字书写规则和方式的同时也丢掉了由书写习惯所培养的民族思维方式和民族审美素养。《汉字英雄》的热播把正在学校学习的青少年提笔忘字的现象鲜活而震撼地展现在全国观众面前，由此引发人们的文化反思和对汉字学习的重视。比如选手李楚楚在通过了第一宫里的“秦晋之好”的“秦”字后，却犯难于第二宫中“春米”二字中的“春”字。选手胡一飞错将“悬梁刺股”写成了“悬梁刺骨”。这让节目中的“汉字先生”于丹老师不禁扼腕叹息。还有一些学生虽然写对了“沟壑”、“分道扬镳”等词中的难写之字，但却对于生活中我们常用的一些词汇束手无策，如“三聚氰胺”中的“氰”字、“髋关节”中的“髋”字、“害臊”中的“臊”字等。来自汶川的汤星月小姑娘，在向自己的语文老师求教时，遭遇老师给出的错误答案，这深深刺激了电视机前大跌眼镜的观众，也给了大众一个重要警醒：当前汉字学习和汉字书写已经到非常紧要的关头！

传播学者哈罗德·英尼斯普曾说：“一种媒介不是某一种文化借以发挥作用的中立机构，由于其特殊方式，它是价值的塑造者，是感官的按摩师，是意识形态的倡导者，是社会格局的严格组织者。”作为大众媒介的电视应该用正确理性的传播思维承担起构建社会价值和塑造意识形态的社会重任。节目形式可以创新百变，但节目基本的价值取向体现国家、民族、社会的主流文化价值观是始终不变的。中国媒介更应承担起传播中华文化和中华民族文化价值观的责任和义务，让多元的中国文化通过电视媒介走进每一个中国人的心中并深深扎根，也让其行走于中国之外的地方，使更多人了解中国文化。

电视是一个媒介，语言文字类电视文化节目是一个学习文化的平台，具体而言是一个让观众学习汉字和了解民族文化根源的平台。比如陕西卫视的原创节目《唐诗风云会》，广大观众在听诗读诗的过程中读出了华夏文化的精髓，观众在同选手或主持人一起吟诗的过程中，重温和学习了那些耳熟能详的中华经典诗词。四川卫视原创的《诗歌之王》采用“诗”与“歌”相结合的“另类”方式，让观众在歌唱比赛过程中了解更多的诗人创作中的汉语诗赋的生命源头——诗词韵律。央视科教频道的《中国谜语大会》同样植根于传统文化的沃土，通过观众与选手互动，在猜灯谜的乐趣和过程中，一同找寻中国传统文化的根源，以猜字谜的形式激发观众学习汉字及汉字文化的热情和激情。

这类节目的热播掀起了观众学习汉字的文化热潮。以《成语英雄》为例，节目播出后，与节目内容一致的系列图书在学生之间悄然走红。电脑端移动端类的检测汉字水平的 App 软件广泛研发和传播，各地纷纷举办类似活动，使得语言文字类电视文化节目的热播不只是停留在表象，而是流行和真正的践行这一层面，展现出广大观众愿意并喜爱学习汉字文化、了解并尊重中华民族文化的可喜现状。

（四）重构中华民族价值观

新媒体时代，各种媒介风起云涌，正值学习年华的青少年或用电脑或用手机沉迷于各种网络游戏或一系列的偶像剧、武侠剧、综艺娱乐节目等，白白浪费了大量宝贵的学习时间，更重要的是这些节目的内容会对正处于成长期的青少年的思想、思维、心理和价值观的培养与形成产生极大的副作用，不利于孩子们的身心健康发展。从很大程度上来讲，电视媒体过多地将观众定位为成年人，而以青少年为观众对象，尤其是以青少年为观众对象而设置的优秀的文化娱乐节目凤毛麟角。因此，对于当前越来越多的青少年使用不良的媒介，形成了一些不良习惯、不当心理和消极价值观，所有的媒体人都负有不可推卸的责任。首个改变这一现状的创新性节目《汉字英雄》的出现，正确适时地引导广大青少年回归到正确的学习道路上，使其认识到汉字学习的重要性和领略博大精深的民族文化魅力，同时也使部分青少年认识到自己与同龄人之间的差异，从而产生思想落差，继而衍生出羡慕、崇拜优秀的同龄人的心理，激发起自己学习汉字和汉字文化的动力和积极性，端正学习态度和学习目的。因此，从某种意义上来讲，《汉字英雄》犹如众多电视节目中的一缕清风、一股清流、一阵春雨，温婉拂面、沁人心脾、滋养心田，如春风化雨般于无声处引导孩子们朝着健康正确的方向发展。因此，电视节目制作人都应该认识到自己肩负的传播正能量的责任和义务，制作的电视节目中要出新招，使得节目有一定的娱乐性、趣味性和新奇性，同时一定要在文化教育和传播、价值观念和道德素养的引导方面发挥应有的社会责任。若如此，节目必然会释放和传播巨大的正能量，使全民的审美品位和道德素质得到提升，促进社会环境的向上与和谐。

中华民族的价值观体现在另一个文化节目《中国诗词大会》中，选手们吟诗诵词，不仅让观众重温诗词之中的中华民族的价值观，同时还可让他们践行诗词中所蕴含的中华民族的气节和气度。当选手吟诵出李清照的“生当作人杰，死亦为鬼雄，至今思项羽，不肯过江东”时，我们看到中华儿女的不降服、不苟且偷生和至死坚守的爱国情感；当读到“安能摧眉折腰事权贵，使我不得开心颜”时，我们看到“不畏权贵、不媚俗、傲骨挺立”的做人标准。同时，选手们本身也表现出中华民族谦谦君子的气度与风貌，屡败屡战的选手再度出现在舞台上“挑战自己、战胜自我”，或者因家人生病住院而主动放弃比赛……选手们知行合一地践行了古典诗词中的做人品格与修养，做国之子民的气度和气节，彰显了中华优秀传统文化中的精髓与妙义。

（五）提升民族文化自信

十八大以来，习近平总书记提出要坚定“文化自信”。文化自信的前提一定是文化认同，在文化认同的基础上不断进行“文化创新”，才可以使我们有着足够的“文化自信”。民族文化认同是一个民族共同体在长期的共同生活中，对能够体现本民族的精神财富和物质财富持有肯定认可的态度。文化认同是对群体文化的认同，是个体被群体的文化影响的认同，个体认同本民族基本价值观，包括生活习惯、民族语言、道德养成、文化根源等。民族文化具有凝聚人心的作用。现今，如前所述，中国传统文化在很大程度上不被国人重视。因此，我们急需培养民族文化自觉和文化自信，从而提升民族的凝聚力和自信心。

文化自信是对自身文化的肯定，是增强自身文化生命力的信念。随着全球化进程和西方文化带来的冲击，越来越多的有识之士意识到重新审视我国传统文化价值的必要性和重要性，我们要挖掘和弘扬我国优秀的文化遗产，我们要在国际舞台上展示新时代中国的大国形象和大国文明。就电视节目内容的选取而言，可以选取我国传统文化的任一方面，比如神话故事、民间艺术、小说戏曲、传统节目，等等，深度挖掘传统文化的某个主题，着力打造具有浓浓“中国风”的电视节目，从而展现中华文化和中国气派，提升“中国自信”。

我国的传统文化凝聚着华夏民族自强不息、奋斗不止的精神与品格，是历久弥新、积淀深厚的精神财富。我们清楚认识到汉字在传承传统文化价值方面扮演的不可替代的角色，汉字作为中国传统文化的极具代表性的符号，理应受到我们的重视和垂爱。然而近些年，在汉字的发展过程中我们遇到了诸多问题和障碍，前文已经详细列举，此处不再赘述。

为了将打着明显烙印的中国文化传播到其他国家，使得外国能够更好地认识中国，我们在传统文化的对外传播方面加速了进程。如今出现的语言文字类电视文化节目为汉字的传承搭建了一个优秀的平台。但我们必须要知道，文化传播的首要对象是我们国人，应该在本民族文化认同的基础上提升国人文化的自觉性。语言文字类电视文化节目因此成了国人学习汉字、了解汉字的重要平台。我们要利用平台将汉字的博大精深传承下去，让它们在未来的历史长河中生生不息，让它们继续发挥作用去影响一代又一代的中华儿女。

第五章　语言文字类电视文化节目的美中不足

一、节目内容的局限性

（一）汉字书写不规范

无论是在《中国汉字听写大会》还是《汉字英雄》的比赛中，存在一个比较明显的普遍问题：很多参赛选手汉字书写还算工整，但是缺少韵味和美感，还有一部分选手书写不工整。这就是现代人只把汉字当作书写工具而没有当作艺术来对待的结果。从前，人们自豪自己能写一手好字，而今几乎无人关注汉字书写的美感。照此发展下去，中国传统文化艺术瑰宝之一的书法艺术就有可能出现传承断层。

存在的另一个比较普遍的问题，是很多参赛选手在写字的过程中或多或少地出现了笔画错误的行为。我们知道，汉字的书写是有一定的规律和规则的。汉字书写最基本的规则，就字的结构而言是从左到右、先外后里、从上到下，就笔画而言是先撇后捺、先横后竖等。在这些语言文字类电视文化节目中，我们看到部分选手写出的汉字从外观上看似乎是正确的，但在实际书写过程已经出现书写笔顺错误。对这种错误我们必须当场加以纠正，以免使正在观看节目的电视观众受到此种不良影响。《中国汉字听写大会》的青少年选手们是经过层层选拔才能到中央电视台参加比赛的，他们都是来自全国各地青少年中的佼佼者，如果他们都不能运用正确的笔顺进行书写，照此推断，其他众多的青少年的错误就更是普遍了。如果参赛选手们在比赛现场的笔顺错误不能得到及时的纠正，以他们为榜样的电视机前的广大中小学生自然就会跟着于无意识中犯同样的错误，这样一来就与节目组设置的栏目宗旨、对汉字进行示范推广的初衷相悖了。所以，当出现这样的情况时，大赛节目中的点评嘉宾或评委应该及时出面进行纠错，并解释错误原因，另外也可以对笔画书写错误的选手实行扣分制，这样才能成功引起参赛选手和观众们的注意，提醒他们重视笔顺，规范书写汉字，并在今后的学习工作中养成良好的书写习惯。

（二）考题选词过于生僻

《中国汉字听写大会》与《汉字英雄》这两档语言文字类电视文化节目比赛时所选字、词的范围很广，涉及植物、动物、物理、化学、工业、地名等相关词语，词汇量大且偏。比赛过程中出现生僻字偏多，比如在《中国汉字听写大会》比赛现场出现过多个生僻词，“完葵、摅疯、碌礴、縣制、管儒”等这些我们平日几乎从未有机会能接触到的词。这些词的实用性很小，只是增加了比赛的难度而已，对广大电视观众而言并不具备现实教育意义，从应用的角度而言不足以引起大家的重视。腾讯网曾经做过一次相关报道，有一位语文老师就反对这些常人难得一见的生僻词，这位老师认为有相当一部分的生僻字词就算是专门搞语言文字研究的专家一辈子也未必遇得到，更何况我们这些普通人。也有另外一部分学者持有不同的观点，认为选择极为生僻的词语是为了升级比赛难度，是专为“考倒”选手而设置。

无论央视、地方卫视还是其他各类地方电视台，举办汉字听写大会之类的节目，其主要目的是为了普及汉字文化知识，唤醒大家重温汉字写法、重温四四方方的汉字里承载的中华大乾坤，从而重视汉字书写与汉字的传承，同时带动广大观众动起手来拿笔写字、重新捡拾丢掉的汉字书写习惯。如果节目只是为了难度大升级、为了考倒选手而设置极端生僻字，这种行为在某种程度上会挫伤广大电视观众的积极性，违背节目本身传承汉字的初衷，不利于汉字及汉字文化的传播与推广。

在语言文字类电视文化节目设置的比赛中，生僻字频繁过多地出现，还会导致另外一种错误现象的发生。孩子们会为了听写比赛而反复研读各类《现代汉语词典》，会花费大量的时间和精力去抠生僻字。我们知道，普及和推广汉字的目的是为了教会国人从每一个汉字的起源、笔画、结构、意义、偏旁部首等方面全面掌握汉字的书写，并非为了使学生能写出平时几乎不用而难度又超高的词汇。如果选手们像应试考试一样死记硬背这些生僻字，以求击败对手而取得最终的胜利，那么这一现象不仅不利于汉字的传承与推广，还会给整个社会上的青少年观众造成严重的错误导向。

（三）词句意义文化鲜少

每一个汉字及其本身的“音、形、义”都蕴含着中华民族的故事和历史，浓缩着中华文化的思想内涵。除了汉字外，由汉字组成的汉语词汇同样反映了民族的文化心理，民族的伦理思想、哲学思想和民族的审美意识。汉语词汇中的双音节词是以双数或偶数形式组成的词语，这种词汇结构体现了中华民族崇尚和谐、钟爱均衡的审美心态。中华民族有长达两千多年的封建统治历史，我国封建社会有着一系列的等级制度和伦理纲常，人与人之间尊卑分明、贵贱有序。所以，一部分汉语词汇就会体现这种先尊后卑的等级次序，如“天地”、“君臣”、“男女”、“夫妻”、“老少”、“父母”、“长幼”等词语，这些词汇中前者属于“尊者，占据主导地位”，后者属于“卑者，处于依附的地位”。民族文化在长期的发展、积淀过程中赋予了一部分汉语词汇独特的民族文化含义。以植物为例，汉语词汇“梅花”象征着不畏严寒、傲霜斗雪的中华傲骨精神，常常被文人用来比喻坚贞不屈的志士。汉语词汇“竹子”象征正直、坚毅的民族气节。汉语词汇“牡丹”象征大富大贵、吉祥幸福。诸如此类的词语在汉语中俯拾皆是，它们所蕴含的文化意义表现了中华民族的传统道德观和世界观。

语言文字类电视文化节目如《汉字英雄》、《中国汉字听写大会》、《中国成语大会》等，它们都不断地创新形式，节目中的主角除了参赛选手外，还有嘉宾和主考官。主考官大多是学问深厚的重量级文化名人，如郦波、于丹、蒙曼等。他们的主要作用就是在节目中解释词语、判断对错。但是他们的专业素养绝不仅限于此，他们拥有的价值没能完全发挥，因此节目时常会出现碎片化、简单化特点。

语言文字类电视文化节目的剧组人员应该充分利用汉语界文化大师们的深厚实力，在节目中向所有选手以及全国观众讲述汉字、词汇、成语、熟语、诗词等背后的有趣故事，更深层次地展示出汉字的发展以及汉语言文化的魅力，同时也讲述文字在现实语境中的句法意义，提高节目受众者的实际应用能力。

（四）中华熟语文化缺席

自 2013 年河南卫视制作的《汉字英雄》、中央电视台制作的《中国汉字听写大会》之类的语言文字类电视文化节目，从名称就能看出该类节目的主要内容是针对汉字，是通过汉字的书写文化及汉字文化来传播民族文化的。

2014 年由中央电视台和国家语委联合主办的《中国成语大会》，与《中国汉字听写大会》同出一脉，依然由实力传媒原班团队打造，被列为央视 2014 年度重点节目。与《中国汉字听写大会》不同的是，《中国成语大会》的比赛内容主要是关于四字成语的。因为成语同样承载着非常丰富和厚重的人文内涵，大部分成语出自我国历代的经典著作与经典故事，绝大部分成语里隐藏着人伦善恶、境界高下的中华民族的传统价值观，被称为中华民族文化的“活化石”。同年中央电视台又隆重推出的春节系列文化节目之一《中国谜语大会》，节目将我国传统文化活动猜谜语搬上电视屏幕供选手们和观众们参与竞猜比赛，节目中的谜语专家、知名学者、文化名人实时地为选手和观众讲解谜语中的丰富内涵，传播、分享、传承中国浓厚的谜语文化。

2013 年河北卫视推出《中华好诗词》，同样获得很好的口碑和火爆的收视率，正如节目的名字，该节目是以弘扬传统诗词文化为目的，运用包装手法很大程度上实现知识性与娱乐性的完美结合，打造出一档寓教于乐的优质电视文化节目。2016 年中央电视台推出《中国诗词大会》，宗旨是“赏中华诗词、寻文化基因、品生活之美”。它同《中华好诗词》的比赛内容与目的一样，都是通过对诗词的吟诵、学习与赏析，带动观众品诗词之美，享诗词之趣，以饱含古人智慧与才情的古诗词涵养心灵。

一般而言，汉字的基本结构单位从小到大依次是：字、词和句。所以，要了解汉字及汉字文化，我们要从以上三个基本方面入手，全面而彻底地学习语言文字文化。也正是因为如此，我们以上的语言文字类电视文化节目大多从这三个方面进行。比如，《汉字英雄》和《中国汉字听写大会》都是针对单个的“汉字”和“词汇”而设置的竞赛类别；《中国成语大会》就是针对汉语特有的四字成语而设置的比赛，属于“词汇”竞赛类别；而《中华好诗词》和《中国诗词大会》则是把中国文化瑰宝的诗词歌赋设置为比赛内容，属于“句”方面的竞赛类别；《中国谜语大会》则是把中国历史、社会、自然、人文等方方面面的文化元素与汉字的构成紧密结合，属于“字”与“词汇”方面的竞赛类别。

在汉语的“词”或者“语”方面，还有一类特殊的汉字归类——汉语熟语。“汉语熟语是汉语言语汇系统中最有特色的群体，它内容深邃，形式简洁，是经过千锤百炼而形成的语言精华，是我国语言宝库中的璀璨明珠，它所蕴含的文化比一般词语更具有历史的深度和广度，无论是从生成机制上、生成理据上、语言本体（语音、语形、语义）特征上、语用功能上，还是在亚文化现象中，都镌刻着中华民族的特征和深刻的文化内涵。”

关于将熟语归类为“词”还是“语”，汉语熟语方面的专家学者有着不同的看法。1989 年，孙维张先生在他的《汉语熟语学》中将熟语从词汇学中独立出来。2006 年温端正先生在他的《汉语语汇学》中创新性地把熟语称为“语”，把熟语学称作“语汇学”。抛开汉语熟语的归类争议，它的定义与范围也稍有不同。2012 王岩先生在她的《汉语熟语的文化认知》一书中提到，她赞成姚锡远先生的界定，熟语主要包括“成语、谚语、俗语、惯用语、格言、锦句、歇后语”七种。

就目前的语言文字类电视文化节目的内容而言，仅仅呈现了

“字、词、成语，诗词”等，而汉语熟语中的谚语、惯用语、俗语、歇后语等都可以设置为传播汉字文化、传承中华文明的语言类节目的具体内容。因此，未来希望央视及各大卫视也具有原创的诸如《中华谚语大赛》、《中国歇后语大赛》、《中国熟语大赛》或其他形式的有关熟语文化的电视节目。

语言文字类电视文化节目应在内容上以各种汉字单位、形式使得全民对汉字的态度、用法、技巧、文化、历史等方面进行彻底重识与回归，使得国人以高度的自豪感和兴趣学习本民族语言的基本单位音、形、义，学习和欣赏由基本单位构成的字、词、句、谚语、段落、篇章，进而阅读汉语经典书籍，继而发出自己的声音，用最具时代性的语言表达自己当下的观点和思想。无论在国内还是国际舞台上，都能准确地、掷地有声地发出不同于其他语言的中国声音，继承、发展、传递、弘扬民族文化。

二、节目形式的单一性

语言文字类电视文化节目，无论是以汉字书写文化为主题的《汉字英雄》、《中国汉字听写大会》，还是以中华成语为主题的《中国成语大会》，以诗词为主题的《中华好诗词》、《中国诗词大会》，以谜语为主题的《中国谜语大会》等，切入角度多元。节目《诗歌之王》将诗词创作与谱曲演唱相结合，《一站到底》将汉字、成语、诗词及其他多样文化知识进行融合齐现，《中国面孔》则是通过史学、美学、人类学、解剖学等方面科学严谨地分析展现中华传统文化，等等。无论是主题专一的语言文字类电视文化节目还是综合性节目，大多采用了极为相似的节目形式，即以比赛的方式呈现节目内容，吸引广大电视观众，节目以选手备赛作为开场、以选手在舞台上的比赛作为主场，以赛后的结果作为节目的结束。

语言文字类电视文化节目形式除了竞赛制之外，还有一种行走在竞赛方式之前的历史较长、形式传统的讲坛类节目。

《百家讲坛》始于 2001 年，是央视科教频道开播的讲座式栏目。以“建构时代常识，享受智慧人生”为宗旨的《百家讲坛》

鼓励学术创新、展现思想创新，同享中国文化。该讲坛中以汉字为主题的系列讲座有赵世民先生主讲的《探秘中国汉字》、张一清老师主讲的《解码汉字》，以诗词为主题的系列讲座如莫砺锋先生的《诗歌唐朝》、杨雨老师的《诗歌爱情》、康震老师的《唐诗的故事》，等等。

《文化讲坛》是2012年央视综艺频道播出的一档文化普及类栏目，该栏目的定位是："黄钟大吕、润物无声、百姓视角、文化情怀"，该栏目的服务宗旨为："赏析与解读、共享与传承、影响与引导"。《文化讲坛》以平实的语言，独特的视角，丰富的还原再现手段，引导观众一同赏析艺术作品，并做深入浅出的普及性解读。其中，于丹老师在她的《丹韵词音》中带领观众一起赏析中国诗歌，详细地解读与分析诗歌中所表达的情感，引导观众意识到中国诗歌在人们的无意识中普遍存在并被诗意地运用。

无论是《百家讲坛》还是《文化讲坛》，都是借助讲座的形式，由主讲人向学生即观众传授、普及文化知识，类似于传统的学校课堂授课模式，只不过是把演播室作为教室，把观众当做学生。讲坛以主讲人的讲解为主，以观众的视听为辅，缺少师生的互动交流，缺乏主讲人与观众之间的有效互动。

竞赛形式的语言文字类电视文化节目在以真人秀的娱乐方式传播汉语言文化的过程中似乎有娱乐化、知识肤浅化的倾向，而讲坛类的语言文字类电视文化节目在以专家学者讲解的方式传播中华文化的过程中呈现出讲解严肃化、知识专业化的倾向。前者会导致文化传播过于浅薄，后者则会导致观众流失过多。

因此，我们认为就节目形式而言，仅仅竞赛形式和讲坛形式两种，略显单一。若要语言文字类电视文化节目长久地发展下去，有诸多问题需要解决。如何以丰富的节目形式增加真人秀竞赛制语言文字类电视文化节目的文化深度？如何在讲坛类电视节目中增加真人秀竞赛制节目的有效、有趣、多渠道的互动？如何创新出更多的既高度有趣又高度有效的节目形式来传播、传承、发扬、发展汉语言文化？这一系列问题都值得我们进行认真深入的思考并给出答案。

三、节目设计及模式的单薄性

语言文字类电视文化节目从它的产生、发展到相对成熟，处处表现出它与其他节目类型的不同，最根本区别就在于它“传播传承知识、益智益民利国”的根本原则。纵观多档语言文字类电视文化节目，它们各自有着自己的鲜明特色和原创性，但同时它们也存在着一些共同的不足之处，比如节目设计及模式略显单薄，创新度不够高，受众面窄，节目中融入过多娱乐元素使得节目“文化性”减弱，等等。

（一）创新设计不足

继承与创新是任何一类电视节目首先要考虑和处理的一对关系。继承是语言文字类电视文化节目的依托本源，创新则是它当下和未来的无限延展。新时代环境、新文化观念、传播观念为重新认识和建构中华传统文化提供了更加广阔的思维空间，新媒体技术为提炼和升华中华传统文化提供了更多的样态可能性。这种多样化的节目样态皆源于一众电视人推陈出新的创意设计。只有源源不断的创新设计才能转化观众的“兴趣疲劳”为“兴趣维稳”或“兴趣提升”。

随着近几年电视节目的蓬勃竞争发展，当下的语言文字类电视文化节目逐渐呈现出诸多创新设计不足的现象，主要体现在节目样态模仿严重和节目收视率维稳、增高困难这两个方面。

1. 节目样态模仿严重

在国内电视文化节目的发展历史中，有一种现象一直存在，即如果一档新的节目迅速打开市场受到观众关注和欢迎，则它必定会催生众多“类似”节目遍地开花、盲目跟风。如此一来，节目间必定会相互模仿，甚至抄袭，致使节目因创新能力不足而导致严重同化。此类问题自然会制约和阻碍语言文字类电视文化节目的长期蓬勃发展。

2013年暑期推出《汉字英雄》和《中国汉字听写大会》，无论是收视率还是口碑都取得了喜人的成绩，为语言文字类电视文化节目开了一个好头。这两档节目的共同之处——以汉字文化为切入点传播中国传统文化，这完全不同于同时期的其他各类电视娱乐节目。以汉字文化为切入点传播中国传统文化是一个新生事物，是节目制作团队思想创新和实践创新的产物。节目播出后获得了与之相匹配的良好社会效应和经济收益，于是，类似题材和风格的语言文字类电视文化节目便被搬上了各大电视台。有关于古典诗词和文学历史的，如河北卫视的《中华好诗词》、央视的《中国诗词大会》；有关于传统风俗的，如央视的《中国灯谜大会》；有关于中国成语的，如央视的《中国成语大会》；还有其他界限不明显，属于综合性中国文化的展示，涉及中国的国学、古籍、历史、美食等，如贵州卫视的《最爱是中华》、江苏卫视的《一站到底》等。这类节目的兴起为中国传统经典文化的学习提供了直观、可视、形象的学习平台，为传统文化的传播和传承起到了快速便捷、积极有效的作用。就传播的广度而言，这些节目确实把传统文化的苏醒和重构的理念带给了国人，但就传播的深度而言，情况就不是很乐观了。后续的跟踪调查显示，观众在节目中看到的学到的，仅仅是中国文化的皮毛，对于诸多的问题，大多数观众也仅仅是知道答案而已。相当一部分的语言文字类电视文化节目并没有对正在进行传递的文化内容进行层次梳理和归类整理，因此，观众就无法通过观看节目的形式获得系统的知识结构。还有一部分电视节目在内容上出现很严重的交叉雷同现象，在节目形式上出现明显的模仿跟风迹象，如导师带队制、落后惩罚环节等。节目内容的雷同和节目形式的模仿使得观众的可选择性大大减少，不利于电视文化类节目的可持续发展。在多家激烈竞争的情况下，节目不断创新才是保持生命力旺盛的唯一有效途径。真正的节目创新必须与社会现实紧密结合，在认真细致地关注社会现实的基础之上，挖掘社会大众思想深处的真正需求，构建新的参赛形式和播出方式，以满足社会大众的真正需求。在持续不断的创新的基础上打造出自己的文化品牌栏目，这才是节目不断焕发生命活力的关键，而非低级跟风、机械模仿和照盘复制。

2. 部分节目收视率不尽如人意

相较于其他的语言文字类电视文化节目，《中国成语大会》有着较强的观众收视黏性，在整个节目播出期间，从头到尾，观众流失不明显，单期收视率最高达 1.47%，在全国 34 个城市收视率为 1.26%，居同类节目首位。比赛过程中，台上成语纷呈，台下一片热闹，主持人及选手妙语连珠、口吐莲花，嘉宾的点评引经据典、画龙点睛。《中国成语大会》在经济发达地区有着更高的收视率，较高的网络关注度吸引着众多观众前去观看。比赛晋级的选手年龄集中在 20~30 岁，年轻的参赛选手有效地唤醒了青年群体学习传统文化的兴趣，激起了他们的学习热情。就各大视频网站对《中国成语大会》的贡献率来看，乐视网网上点播量和贡献率最高，超过了 60%。

其他语言文字类电视文化节目的收视率不尽相同。《中国诗词大会》的收视率最好成绩在同类节目中居全国第十，《汉字英雄》排名全国第三，《中国灯谜大会》排名全国第八，《中国汉字听写大会》曾经创造过单周收视排名第一的好成绩。从整个收视率排名来看，语言文字类电视文化节目的口碑很好，受到广大观众的欢迎。但我们应该更加努力，深入思考，如何使节目都能够如《中国成语大会》那样，观众量不断加大，收视率始终独占鳌头。

基于数据分析和全面综合考查，我们认为应该借鉴《中国成语大会》的成功模式，节目环节设计上要更具创新性和出其不意性，在推介的过程中要更加注重多种媒体的联屏互动，在节目的播放过程中更加注重创造和发掘节目的话题与热点，以保持和提高观众及网民对节目的持续关注。

因此，电视制作人及节目团队要花费大量的心思和精力在节目创意上，此事关乎自身的存亡，关乎此类别节目未来的发展之路，更关乎民族文化的媒体传播与公众传承。如何能将节目办成一档以汉字文化为依托的权威性的全国性赛事，形成更好更广泛的公众效应？如何能自觉地将新媒体与传统文化、主流价值观作多维度、深层次的融合？如何在“有意思”的语言文字类电视文化节目中“有意义”地传播文化自信、形成突出主流价值引领的文化自觉？如何才能真正保持、保障节目永久不衰的生命力？这一系列的问题值得所有电视人深思，也值得我们所有人深思，因为民族文化是我们的深深根基。

（二）受众范围偏窄

从传播学的角度来看，当文化信息通过电视这一媒介进行传播时，必须适应电视作为大众传播媒介的特性。电视作为一种媒介，只有完成了将信息传达给受众并且受众接受了信息，一次成功的信息传播才算完成。因此，电视文化节目的制作首先要面向大众进行展开，还要采取大众喜欢的接受方式，满足大众的各种收视需求，因为“受众即市场”。

“受众即市场”的观点认为，“传媒活动本身具有经营性、商品性和竞争性，作为大众传媒对象的受众在这一过程中也就成为传媒活动的消费者。”① 因此，电视节目在策划与制作过程中，首先要想到观众的需求，把观众的需要放在重要的位置。

《中国汉字听写大会》的参赛“主角”是来自全国各地的中学生，受众面较窄。《美国全国拼字比赛（National Spelling Bee）》自开播以来，参赛选手的年龄要求在8~14岁，现在该比赛还接纳了来自世界各地不同国家、地域和不同肤色的孩子们，公平的赛制和一视同仁的态度强烈吸引着全球各地的选手来到美国同台竞争，扩展了选手们的地域范围，进一步增强了电视节目的可观赏性和可持续性。

《中国汉字听写大会》比赛过程中出现的“癞蛤蟆”一词，“难倒大批成年人。场外成人听写中，约七成人没有正确书写”。②“这种情况并非个例。事实上，导演组首先按照10级的难度构想

① 郭庆光. 传播学教程［M］. 北京：中国人民大学出版社，1999：177.

② 徐洁.《中国汉字听写大会》大热“癞蛤蟆”只有三成人写对［N］. 钱江晚报，2013-08-04.

出了第一份测试题，成人测试组正确率只有 40%。试题拿到测试学校，学生的正确率超过 80%。经历过两次升级之后的试题用于各地初赛，结果入选正式参加复赛的选手，正确率还是超过 80%。”①现实是一群成年人的书写能力远远低于一群孩子。真正常常提笔忘字的是成年人，然而参加比赛的却仅仅是中学生。那么如何将汉字书写比赛的战果继续扩大？可否将参赛者从学生扩大到成年人以及全社会？真要减少键盘书写给汉字书写带来的冲击和负面影响，成年人仅仅隔岸观火地观看孩子们的比赛是不够的。

《中国汉字听写大会》是一档影响力比较大，意义比较深远的文化教育节目，我们期盼它不是央视的昙花一现的“奢侈品”，而是希望它能有更多的观众和更大的范围去推广与传承汉字文化。

（三）题目设置不严谨

在网络发达的新媒体时代，语言文字类电视文化节目利用观众与互联网的联合力量，使得自己拥有庞大无限、种类繁多的题库资源，题目涉及领域广。但从播出效果看，该类节目与预期中的普及知识的影响力还有着差距，部分原因缘于节目中题目的设置不太严谨。题目设置不太严谨主要体现在两个方面：一是题库中的题目过于散乱，等级不分、层次不明；二是出题形式过于怪异，答案容易受到质疑，难以说服观众。此类文化节目通常采用“提问——回答”的形式，在肯定与否定回答的过程中完成知识、信息的传递。如果所提问题本身就存在疑问，那传播知识的节目价值就会受到根本性的冲击。

有的语言文字类电视文化节目是面向全年龄段的群体，比如《中华好诗词》、《中国诗词大会》，观众和选手年龄跨度较大，行业背景也不尽相同，观众和选手因所在领域和年龄的不同会存在着知识结构、思维能力、接受能力等方面的个体性差异。如果题目不分等级且设置混乱，即使是专家也很难对选手们的知识储备和能力

① 金力维.“汉字听写大会”不为娱乐而生［N］. 北京晚报，2013-08-26.

水平做出客观公正的判断，也难以有针对性地对不同群体的观众进行知识普及。

在部分语言文字类电视文化节目中，经常出现另一种现象，即出题形式过于怪异，使得题目的答案受到观众的质疑从而减弱节目的科学性。改版与发展后的语言文字类电视文化节目，在出题形式上力求出新，利用文学理论上的“陌生化”处理观众熟知的日常生活问题。如何“陌生化”处理？电视人通常是在问题中设置陷阱，通过逻辑转换绕晕选手，但答案并未改变。这种“陌生化”的处理增加了节目的趣味性，使其变得生动活泼，观众听到题目时更是会恍然大悟、会心一笑。但有些节目却设置得过于怪诞奇葩。在四川卫视的节目《我知道》中，有一道谜底题目，谜面为“王力宏、李云迪、刘强东，打一名校”，谜底为哥伦比亚大学。这道题是通过借用三人女朋友共读的大学找谜底。中国的谜语由来已久，一般关于人物的谜语都是涉及一些历史上的名人，而本道题却考查的是当今明星或名人的八卦新闻，实在是无意义，让观众大跌眼镜。还有一道题目是“好看刺激却没有营养的热门电影”，依然利用八卦炒作，题意表述模糊不清且无意义。这些都让观众诟病：节目的目的到底是为了普及知识还是传播娱乐八卦新闻？我们在听到题目时该用什么样的标准什么样的思路来判定答案？这些质疑的声音说明了节目内容的不真实、不科学，就普及知识而言“层次”较低，教育价值失真。

（四）人文关怀异化

人文关怀，就是要关注普通人的价值、尊严、理想、生存状态、生活需求等，关注的最终目的是关心、关爱、理解并帮助他人。电视是一种大众媒体，播放的是大众文化，理应在节目中适当、适时地表达人文情怀和人文关怀。同时，电视节目在播出过程中表现特定的情感诉求是电视人常用的、追求与观众情感共鸣的有效手段。在电视节目中人文关怀通常是如何具体表达和呈现的呢？一般而言，电视节目主要通过描述、展现小人物悲惨但奋力拼搏的生活经历来打动观众，鼓舞大众即使深陷困境也不轻言放弃，这才是真正的“人文关怀”，关注人的生存状况和生活态度，传播一种“真的勇士敢于直面惨淡的人生”的生活态度和理念。比如在《中国诗词大会》中出现的一名身患癌症的农妇选手白茹云，当她面带微笑、用朴实的语言描述自己的生活时，主持人、嘉宾、其他选手、电视机前的观众应该都是无比心酸、泪眼朦胧。她不是在诉苦，她是想要表明诗词带给她的力量和无与伦比的美的享受。她讲述的苦难生活在她眼里是一种现实，接受它，同时一定要找寻其他你所爱的足以支撑你的东西帮你渡过苦难。其他选手通过热烈的掌声来表达敬意，表示真诚的理解和支持，主持人董卿眼含泪水用“人间大美”来赞扬她，同时也欢送她离开赛场。白茹云告诉广大观众：悲惨，却不悲观。

优秀的语言文字类电视文化节目的人文关怀，是适时、适度地出现，但绝不喧宾夺主，不影响节目主要内容的传播。

但是，为了在同类节目的竞争中胜出，为了使节目拥有更高的关注度，很多语言文字类电视文化节目不惜为寻求视觉或听觉的刺激滥用“人文关怀”。

在许多电视综艺娱乐节目中，选手登上舞台，讲述自己的苦痛经历，结合一旁的评委或主持人娓娓道来的点评或更进一步的补述，于是悲惨经历赚取了观众的眼泪和情感。语言文字类电视文化节目也不例外，同样难逃“煽情”的套路，这样就会异化节目中的人文关怀和人文价值。开创国内语言文字类电视文化节目先河的《汉字英雄》，收视率高，口碑好，但在节目形式上也过多借鉴了真人秀的“煽情”套路。在节目中，我们可以看到“轮椅男孩”严宇桥，他的悲情遭遇和经历打动了一众电视机前的观看者。《汉字英雄》的选手以青少年为主，节目组加入这种煽情的故事主要是为了迎合成年人的口味。这些哗众取宠的“善意”遮蔽了节目本来的目标、内容和初衷，引起观众的些许反感，让节目的人文价值变味。

在各种电视节目中，煽情是一种基本手段，最容易引起观众情感共鸣，通过共鸣给观众留下深刻印象，引发观众的讨论和热议。但是，对于语言文字类电视文化节目而言，这类节目立意深刻、主题鲜明，要减少使用以上靠噱头博取关注的手段，应该用科学、合理、创新的手段传播正能量，重视真才实学，传承文化，恰当而又适度地表达人文关怀和人文价值。

（五）审美标准失衡

电视节目所拥有的主要功能之一是观众在身心愉悦、全心投入的观看过程中获得美的感受。语言文字类电视文化节目要与时俱进、不断创新，使其在竞争中占有一席之地并长久地生存下去。不断创新的方法之一是要关注和加入审美元素，借以满足广大观众的审美情趣和审美需求。当下诸多语言文字类电视文化节目在编排上存在着过度娱乐化的问题，致使本身极具美感的传统语言文化节目出现了审美失衡的状况。

语言文字类电视文化节目里的主要角色无疑是参赛选手，节目主要借助选手进行知识的呈现、讲解和拓展，进而完成知识的传播和传递。作为知识搭载主体的选手，总是被节目组添加“标签”以求节目的高关注度和高点击率，例如《汉字英雄》中的“猫女郎”和“字典哥”以及江苏卫视《一站到底》中的“答题狂人”和“浙大女神”等。为参赛选手添加标签的做法也是电视节目常用的一种传播手段，首先它可以快速展现选手特征，其次它可以充当营销热点为节目做宣传。但凡事有度，滥用标签、另类标签、过度炒作则会破坏节目的秩序、节奏、平衡和美感，让处于中心位置的节目旨在传播的知识内容退居二线，变成了选手出名上位的陪衬物。如在《汉字英雄》中，一位小朋友登上舞台后，首先就将四位评委“夸”了个遍，俨然成人的口气，但表达时动作机械、态度生硬，明显所有的“夸”并非出自孩童之口而是来自父母的教导和教育。语言文字类电视文化节目中的小朋友在比赛过程“被长大”、“被早熟”的现象渐渐地呈普遍态势。这种“被长大”的行为与节目所宣传的“横平竖直写字，方方正正做人”的教育理念极度不符，与儿童本身就有的“童言无忌、天真无邪、率真可爱、天真烂漫”等自身的独特美相悖，节目中过度成熟的“小大人”言行掩盖了孩子特有的“美”，不符合大众的审美需求，使得节目审美偏离、失衡，招致舆论的质疑与不满。

（六）形式内容倒置

大制作时代的到来使得语言文字类电视文化节目也开始效仿，投入大资金、进行大制作，从道具到舞美设计再到明星嘉宾，可谓阵容强大，所有巨大的花费都是为了吸引观众眼球，同时这些也都是为节目的播出内容装扮上一层又一层华丽的、亮闪闪的娱乐外衣。但是我们知道，语言文字类电视文化节目最根本的任务是向观众普及语言文化知识，传播民族文化。花费大量时间和精力用于娱乐化包装，顾此必失彼，失去的是深挖节目核心内容与观众的文化需求，这种本末倒置会使语言文字类电视文化节目制作人和团队忘了节目的初心。策划和制作语言文字类电视文化节目的初衷是让观众在观看紧张刺激的比赛过程中，首先学习到一定的文化知识来完成节目普及知识的目标，其次通过这一过程能够激起观众的学习欲望和激情。比赛过程的紧张刺激有利于抓住观众的注意力，但过分强调紧张刺激的情绪，比如利用一切画面和语言来渲染紧张的氛围，不断播放和重复答题过程中选手的紧张不安的情绪及犹豫不决进行选择的过程，而公布答案正确与否仅仅是一个简短的过场，这种形式的本末倒置直接把知识及智慧的魅力从主角位置踢出去，直接把主角变成一个可有可无的配角，使节目形式重于内容。

语言文字类电视文化节目随着科技发展，在节目形态上呈现出多元化的特点，但节目最基本的目标——传播知识、阐明观点、深化认识是不能改变的，这些基本目标的实现都离不开观众的理性认识、理性思维与积极参与，所以要时刻清醒地认识到语言文字类电视文化节目与以唱歌、跳舞等为主的娱乐节目有着明显的根本的区别。因此，无论在节目形式上怎样改变，文化节目的内核是万万不可动摇和改变的，万变不离其宗，文化知识的传播是节目的宗旨和核心特质。语言的普及、文化的传承是语言文字类电视文化节目的基础与核心。

语言文字类电视文化节目在传播文化知识的同时，还要引导观众品味与感受我国民族文化中所蕴藏的美，引导观众对社会、人类、人生及人性进行探索，引导观众去思考生活的本质与意义，从而使得观众在更开阔的历史文化背景中建构自身的人生观和价值观。田本相在《电视文化学》一书中说：“电视文化，可以说是人类物质文明和精神文明发展到特定历史阶段的产物，是这两种文明物化现象的特定反映，它不但具有自身的物质结构、表现形态，而且具有它特有的产品，并且在社会生活中产生了广泛而巨大的作用。”①

四、新媒体应用的不充分性

网络作为新媒体有如下特点：发展迅速、便捷便利、自由传播、空间无限。新媒体因其自身的特点彻底改变了传统的传播形式。新媒体是指运用数字技术、网络技术通过网络进行传播的一种区别于传统媒体的媒体，以电脑、手机、数字电视等作为终端获取。网络新媒体取代传统媒体是一种发展趋势。新媒体时代的到来与快速发展也突显了网络媒体的传播效果。迄今为止，几乎所有的电视媒体都牵手互联网平台，借助网络直播与网络宣传来扩大节目影响力和抓取观众的眼球。《汉字英雄》就是一个典型的成功范例，河南电视台与爱奇艺联手合作，使得节目的收视率一路上升，互联网的传播使得点击率和播放率呈几何级数增高，这种强强联手的传播方式带来了十分明显的传播效果。因此，开发和利用网络媒体进行宣传，开放网络直播平台，可以更好地传播和传承文化。

新媒体时代，节目制作人可以考虑研发对应文化节目的 App 软件，使得观众和网民可以时时关注节目的最新动态。也可以研发对应的手机游戏供观众进行娱乐式学习，这里的“娱乐式学习”是指通过娱乐的方式进行学习，因为许多“拇指族”更愿意靠近也更能接受游戏形式的文化传播。要充分发挥新型传播媒介的自身特点，并将其与传统文化精华融合在一起，增加传播途径，扩大传播范围，从而使文化传播无处不在。

---

① 田本相. 电视文化学［M］. 北京：文化艺术出版社，1990：8.

语言文字类电视文化节目还可以借助新媒体使得电视机前的观众也能参与节目的各个环节。可以发动观众利用社交媒体如微信、微博等来发表自己的观点，还可以与主持人和嘉宾进行实时互动。《汉字英雄》在这方面起到了示范带头的作用。河南卫视与爱奇艺合作，实现了多媒体联动同步播出，还开发了对应的《汉字英雄》应用软件游戏。节目在直播期间，观众可以通过进入软件游戏的“直播互动”界面实现与现场选手一起实时答题，直接与选手一起参加比赛的每一环节，并一起分享紧张、快乐的情绪和感受。

尽管如此，语言文字类电视文化节目的参与性与互动性依然有着更大更深的拓展空间，比如通过社交媒体平台实现观众与嘉宾实时互动，借助新媒体发起话题来加大节目的宣传力度和节目关注度；剪辑有趣的视频片段进行网络“病毒式”宣传；在节目的播放周期内举办一些如发动观众制作与节目内容相关的短片或征奖活动，等等。

第六章　语言文字类电视文化节目的传承与创新

一、理念创新

（一）要在汉字文化上有所突破

恩格斯说过，人类“由于文字的发明及其应用于文献记录而过渡到文明时代”。文字是历史的丰碑，是人类告别蒙昧进入文明时代的重要标志。而汉民族文化的发展，很大程度上依赖于汉字。汉字在构形、造字模式方面又凝聚着汉民族的社会生活和文化心理特征。如汉字形意联系中的各种文化信息蕴含形式、汉字特殊表词方式及字形构成的文化塑造功能等，都充分展示着汉字高度发达的文化机制的独特价值。因此，汉字是最具民族文化光彩、最富民族精神特征的符号体系。一句话，汉字不仅是汉文化发展的承载体，更是汉文化的凝聚体。它是历史上中华民族的伟大创造，本身就是一笔弥足珍贵的文化财富。① 汉字作为世界上唯一使用至今的最古老的表意文字，不仅仅是记录汉语的文字符号，更是中华民族的精神符号、生命符号，是中华文化的根和活化石。我国的汉字经历了复杂的演变过程，从最初的甲骨文、金文、小篆到隶书、草书再到楷书和行书，每一个汉字的演变都有着特殊的意义，都体现了不同的历史文化背景，每种书体都记录了中华民族漫长的发展历史，都留下了丰富的知识财富。多数语言文字类电视文化节目在节目内容

---

① 王锋. 从汉字到汉字系文字［M］. 北京：民族出版社，2003：270.

中已经注意到不应该只关注文字的表象层面，还应该适当地挖掘和揭示汉字所蕴含的文化信息，追寻汉字所存留的信息，这样才能更深刻地领略到中华文化的源远流长、博大精深。我们认为节目还应该关注一些对历史文化历史事件的记载词语，让汉字成为传承历史的重要载体。

汉字虽然经历了数千年的演变，但仍然保留着深远的人类学信息和审美文化蕴涵。每一个汉字的背后都蕴含着特殊的文化故事，由庞杂的汉字组成的汉字系统更是一座辉煌灿烂的文化宝库。原始先民逐渐在社会劳动实践中形成对自然事物和社会事物的认识，这种认识不同程度地保留在汉字里。以“美”字为例：“美”的甲骨文写作、等形。从字形看，就像一个人头上戴着羽毛、羊形等饰物。这就是说先民曾以头戴羊形饰物的人为美。这种审美观念实际上与原始的图腾意识有关联。有学者认为：“美，最初是象征戴羊形装饰的‘大人’。”“大人”所指的是图腾巫术或图腾乐舞中头戴羊形装饰的祭司或酋长。在殷商时代，也就是创造“美”字的时代，巫是介于人神之间有特殊力量的人，在当时有非常高的地位。《说文》里提到：“巫者，祝也，女能事无形，以舞降神者也。”这就是古人的审美观念。“妻”字的甲骨文写作，是一个用会意法造出来的字，整个字的字形表明一长发女子被人手擒持，这就是说，妻子是强抢来的女人。故“妻”字反映了上古抢婚的习俗。“娶”的古字是“取”，在先秦的文献中只写作“取”。如《诗经·齐风·南山》：“取妻如之何？匪媒不得。”而就“取”字的本义而言，其实并不是一般意义上的“拿来”，而是“捕获”、“抢夺”之意。《说文·又部》云：“取，捕取也。”《左传·隐公三年》也云：“四月，郑祭足帅师取温之麦。秋，又取成周之禾，周郑交恶。”文中的两个“取”字意思正是抢夺之意。“婚”字原本写作“昏”。《诗经·邶风·谷风》：“宴尔新昏，不我屑以。”《礼记·经解》：“昏姻之礼，所以明男女之别也。”古代迎亲是在黄昏时进行的，所以男女结亲称作“昏”。《说文·女部》“婚”字下云：“礼：娶妇以昏时。”古代有抢婚的遗俗，不宜在光天化日之下抢夺，所以要把婚礼定在黄昏时进行。可见，“妻”、“取”、

“婚”等字的构形真实地记录了古代婚姻形态的演变。① “采”是一个会意字，从爪、从木，其本义就是人用手去采摘树上野生的瓜果。此字非常直观地反映了远古社会人类的原始采集活动。语言文字类电视文化节目的节目组对考题来源也应严谨对待，多选择有一定文化内涵的词语。

从第二季开始，《中国汉字听写大会》在节目内容选取上就逐渐从对汉字机械式的记忆、书写的层面上升到挖掘汉字所蕴含的历史文化传统和深刻内涵。《中国汉字听写大会》对节目选题非常重视，词语的挑选工作由四名工作人员专门负责，由北大中文系的两名研究生担任外援。筛选考题的范围也非常广泛，从《汉语大词典》、《辞典》、《字典》等各大词典和《红楼梦》、《水浒传》、《西游记》等经典名著中选取词汇，内容包罗万象，涵盖了政治经济、天文地理、医药生化、方言术语、外来语、生僻地名等，具有很强的知识性。

节目中每出一个题目，主考官都会讲解其含义。如《诗经》中有语曰：“手如柔荑，肤如凝脂”。“柔荑”一词，意思就是“茅草的嫩芽”，用来比喻女性的手（指）。成语“煮豆燃萁”出自三国曹植的《七步诗》，指用豆萁作燃料煮豆子，比喻兄弟间自相残杀。曹丕忌曹植之才，处处限制和打击曹植。有一次，曹丕命令曹植在七步之内作一首诗，如作不成就将其处死。曹植才思敏捷，应声吟出闻名后世的《七步诗》。此诗勾起曹丕的手足之情，最终没有加害曹植。由此，有成语“七步之才”来赞美才思敏捷者。参赛队伍要想书写正确，就必须了解这个词的出处、相关的语境以及该词的正确意思。在《中国汉字听写大会》的题目中有个地理名词“束河”。束河位于世界文化遗产丽江古城城北，意为“高山下的村寨”，是纳西先民最开始的聚居地，记录了纳西族的发展史。选手们要写对这个词语就需要了解纳西族产生的历史背景和地理环境。题目“傈僳族”、“喇嘛”、“蚩尤”等词语的产生都与民族文

① 秦晓春．审美人类学视野下的汉字文化现象初探［J］．广西师范大学学报（哲学社会科学版），2009，45（6）：74-77.

化有密不可分的关系，凝聚着丰富的民族文化知识。

成语是汉字文化的重要组成部分，富有深刻的思想内涵。成语的来源一般有神话寓言、历史故事、诗文语句等。如《中国成语大会》节目中有一个参赛题目“完璧归赵”出自《史记·廉颇蔺相如列传》，是发生在战国时期的历史故事，指蔺相如将完整无缺的和氏璧从秦国带回赵国首都，比喻把物品完好地归还给它的主人。还有“卧薪尝胆”一词，出自《史记·越王勾践世家》：“越王勾践反国，乃苦身焦思，置胆于坐，坐卧即仰胆，饮食亦尝胆也。”原指中国春秋时期的越王勾践励精图治以图复国的事迹，后演变成成语，形容人刻苦自励、发奋图强。这不仅能够让观众和参赛选手充分掌握字、词和成语，还能对历史文化产生全新的认识。选手和观众不只是在听写，更像是在享受文化大餐。

尽管节目已经在选词上考虑到了那些对历史文化、历史事件有记载的词语，但是对文化现象的关注度还不够，这些词汇作为考题的比例还不够高。节目还可以通过评委的点评以及嘉宾与主持人的互动，来提醒大家对汉字文化现象的关注。2013 年第六期节目在选手书写“金銮殿”这个词语时，评委解释道：“这个词出现在唐朝，唐朝大明宫里面就有一个金銮殿，它不是正殿，但是文人学士经常往这边走，所以他们的诗文中经常留下金銮殿的说法。文人的影响力最大，而且这两字多喜气啊，后来就成了正殿的代称了，所以太和殿就叫金銮殿。”观众通过嘉宾讲解了解了金銮殿的历史背景和来历，不仅认识了汉字，对这个词也有了更深刻的理解和掌握。

《中国成语大会》节目比赛开始之前会安排嘉宾和主持人一起探讨一些有关文化的问题。有一期节目中，主持人张腾岳和嘉宾蒋方舟就成语的产生进行了讨论。张腾岳说：“中国成语多产生于中国古代，尤其是秦汉、隋唐为成语产出量较高的朝代，当今社会为什么很少产生新的成语？照这样的趋势，成语在未来是否会成为文化遗产？这个问题需要文化学者甚至全社会去共同关注、共同思考。”蒋方舟的话令人深思，她说：“人们创造了很多适应于当代社会的新词，如‘醉了’，既可以表示惊讶，又可以表示无奈，还可以表示语塞，一个‘醉了’可以代表很多意思，渐渐地人们会用这些词来代替原有的可以精准表现自己情绪的词，表面看起来似乎创造了很多新词，现代社会的词汇更丰富了，但实际上（可）应用的词汇更加贫乏了。”

观众通过专家引经据典的侃侃而谈，了解了成语的出处和蕴含的内涵，也进一步体会到成语背后所体现的中华文化价值观。如成语“疾恶如仇”出自汉朝孔融《荐祢衡表》：“忠果正直，志怀霜月，见善若惊，疾恶如仇。”指憎恨坏人坏事就像憎恨仇人一样，体现了儒家的一种价值观，即做人要公正刚直。在精神相对匮乏、道德缺失的当今社会我们需要发扬这种精神。“恶语伤人”指用恶毒的语言污蔑、伤害人。出自宋朝释普济《五灯会元·洪州法昌倚遇禅师》：“利刀割肉疮犹合；恶语伤人恨不销。”成语反映了中国古人注重语言的谦恭、礼貌，也提示了我们要加强道德修养，养成文明用语的良好习惯。“风调雨顺”形容风雨适合农作物生长，亦可喻指天下安宁，体现了中国人天命合一、应命而为的思想。

汉语是中华民族几千年来传承和发展的文化精粹，是中国智慧的结晶。但是当今社会，人们对于汉语的关注越来越少，语言文字类电视文化节目可在内容的选择上着重通过对这些文化现象的探讨，提醒人们关注现代社会中存在的问题，重申传统文化的价值，将电视节目的深度与广度上升到更高的层次。

（二）引导国人体验和传承汉字之美

汉字具有其他民族文字所没有的特有属性，那就是审美性，它具有极大的审美价值。汉字的审美性不仅表现在字形上所具有的优美的艺术构形，蕴藏着丰富的美感特征，还表现在汉字能引起欣赏者的情感活动及汉字能表情达意的独特性。汉字这种审美功能是拼音文字所没有的，汉民族思想以汉字为承载，汉字蕴含着汉民族的审美意识。

1. 汉字的形体美

汉字在整体形状以及结构特点上最能体现汉字的形体之美。鲁迅认为中国的文字具有三美："意美以感心，一也；音美以感耳，二也；形美以感目，三也。"汉字以优美的形态展现出视觉美，形成强烈的视觉冲击力。汉字虽为方块之形，但形体活泼灵动，虽为点画组合，但组合错落有致。汉字字形的发展历经殷商的甲骨文，周代的金文，秦朝的小篆，两汉的汉隶，唐代的楷书，宋、元、明、清的行草，每种书法字形都展现出汉文字特有的魅力。古朴的甲骨文、整齐遒丽的金文、委婉的秦篆、端庄的汉隶、方正的正楷、潇洒灵动的行草，都显示着汉字特有的灵性与飘逸。以形表意是汉字的主要特点。汉字经过几千年的变化，已经抽象化、符号化，但是其属性依旧是表意文字。从甲骨文到金文，汉字都是以描绘事物或者描述事理的象征符号来表达字义的，具有鲜明的象形特征。在隶变之后，汉字的形状发生了很大的改变。之前是具有图像特征的线条逐渐演变成较为抽象的符号。汉字的特点是由笔画组成的，笔画是构成汉字的最小结构单位。汉字笔画的书写起落有致，形态万千，古人云：汉字之"横"，如"列陈排云"，有庄重之美；"点"，如"高峰坠石"，有飞驰之美；"竖"，如"万岁枯藤"，有苍劲之美。书画本同源，汉字的笔画形态来自于图画，美如图画，整体的方块造型更是美不胜收。汉字书写逐渐演变成了一种艺术形式，称为书法艺术，而且具有很高的审美价值。

（1）线条美

书法构成的基本元素是线条，每个汉字从起笔、运笔到收笔，所形成的活跃又生动的笔画线条给人以美的愉悦，书写者与欣赏者通过其内在的无限的变化展开丰富的联想。可以说，书法艺术是一种线条造型艺术。康有为在《广艺舟双楫·余论第十九》中有论："书若人然，须备筋骨血肉。血浓骨老，筋藏肉莹，加之姿态奇逆，可谓美矣。"① 康有为所提到的筋骨血肉，均是比喻书法线条的，把书法的线条美比作人的形体之美，书法美的最高原则即是线条美。

---

① 康有为．广艺舟双楫［M］．崔尔平，注．上海：上海书画出版社，1981：187.

在汉字发展的不同历史时期，不同的字体都有意识地追求自身的线条美。书写工具的不同，所用材料的不同，也会形成不同风格、变化丰富的线条美。甲骨文是以坚硬的甲骨作为书写材料，用青铜刀为笔刻成的，有一种刀契之迹特有的魅力。有锐有钝的刻刀，有细有粗、有硬有软的甲骨，材料的变化导致刻出的笔画粗细不一，有的纤细如发，有的浑厚粗重，于是，形成甲骨文用“笔”坚实、挺拔、峻利的视觉特征，显出古朴多姿的无限情趣。小篆作为秦代官方书体，它继承了秦系文字线条平直的风格，笔画横平竖直，圆劲均匀，结体严密，流露出画如铁石、婉转流动的美感。隶书是在 1 厘米左右宽的竹木简上以毛笔书写而成的。出于对承载文字数量的渴望，书写者自然要充分利用竹木简有限的宽度，而将字形尽力横展，由于左向的掠、右向的撩及横向的波越来越多地被强调，形成了隶书线条舒展而含弹性的风格。随着纸的出现以及文字应用范围和层次的日益扩展，楷书消除了隶书的横势，加强了笔画与笔画之间的联系，改隶书的波势挑法为平稳的笔画，变隶书的慢弯为硬勾，使笔画书写起来更加便捷，从而也使楷书的线条明快而充满质感。汉字之所以用毛笔书写，是因为毛笔富有弹性，伸缩幅度大，适合表现汉字或凝重端庄、或雄浑苍劲、或潇洒飘逸、或玲珑隽秀的线条美。

（2）结构美

大书法家邓石如曾说：“书法要计白当黑，无笔墨处也是妙境，虚实应相结合。”汉字书写的关键是结构。正因为汉字具有其他文字所没有的独特的结构，汉字书写才最终能发展成为一门艺术。结构的形式美是书法审美的中介，起着诱导作用。古人很早就对汉字的结构美做过认真、细致的研究，如欧阳询的“结字三十六法”中的“避就、相让、满不要虚、意连、撑拄、各自成形”等都突现了汉字的结构特点。汉字结字的匀称、参差、飞动、连贯以及它们之间的协调、呼应、变幻等特点展现了汉字的结构美。

（3）章法美

章法强调字与字、行与行、幅与幅之间的结构问题，书法的用笔、用墨、结构、布局、气势、提款等多种因素共同作用展现出书法的章法美。书法的整体布局同字与字的分布、行与行的间距有着很大的关系，主要体现的是部分与整体之间的关系，它不是把每个字都写好再去考虑整体的布局问题，而是在写每个字每一笔的时候时刻关注整体的布局感。它要求主次分明，左右呼应，疏密得当。这样才能突显整体的势，才能突出书法灵动性的特点。清代的刘熙载说："书之章法有大小，小如一字及数字，大如一行及数行，一幅及数幅，皆须有相避相形、相呼相应之妙。"① 王羲之也在《书论》中曾说："凡书贵乎沉静，令意在笔前，字居心后，未作之始，结思成矣。"章法美的审美要着眼于全局的布局感、整体气势和总体感觉，从通篇作品出发去感悟出书写者的书写造诣及艺术情怀。

（4）韵律美

韵律节奏是书法艺术不可或缺的内在因素。我们可以通过书法用笔的轻重、急缓、粗细、肥瘦、浓淡、干湿等变化来感知书法艺术所呈现出的韵律美。韵律美是一种富有生命意味的动态美，是传达书法家艺术理想、感染读者的重要因素。书法的韵律需要通过具体可视的载体来表现，字体大小、笔画粗细、墨色枯燥浓湿、结构正斜、笔势断连、字距的宽窄变化等产生韵律美的各种形式要素，每一种元素都按照自己的节奏规律独立运行，形成千变万化的丰富构成，多要素的结合，就是一首既和谐又丰富的交响乐。

2. 汉字的意境美

汉字的字形是以象形为基础发展起来的。许慎在《说文解字》中说："象形者，画成其物，随体诘诎，日月是也。"也就是说，所谓的象形字，说的是把具体的物体以绘画的形式表现出来形成文字，根据不同物体形成不同的绘画形式，比如日和月就是象形字。汉字将文字符号与艺术符号合二为一，形成了与其他纯粹表音文字不同的独特的形象意境。汉字就是多用象征的手法把事物化繁为简，以最简单、平易、意象的艺术手法来完成人的思想。

① （清）刘熙载. 艺概［M］. 上海：上海古籍出版社，1978：271.

余光中曾感言："只要仓颉的灵感不灭，美丽的中文不老，那形象、那磁石一般的向心力当然常在。"那一个个看似呆板的方块字竟然能组合成如此美丽的意境。读他的散文《听听那冷雨》，不仅会使你动于心，而且会让你感于形，爽于口，悦于耳，极富感性体验，创造了一种语言美的极致。"杏花。春雨。江南。"独词成句，强调突出，引人注意，发人深省。余光中先生以对汉字的钟爱来倾注真切的家国之思、赤子之情。马致远的"老树、枯藤、昏鸦，小桥、流水、人家"，12个字便画出一幅深秋僻静的村野图景，造成一种冷落暗淡的气氛，又显示出一种清新幽静的境界。李白的诗句"日落沙明天倒开，波摇石动水萦回"带我们进入一种飘逸旷达的境界；王维"明月松间照，清泉石上流"现出静穆、安谧、恬然之境；毛泽东的"大雨落幽燕"展现出一种开阔深远的意境，传达出作者的豪迈之情。

汉字之美可以从美学的各个角度来诠释，从汉字的各个特征去体现，是全方位之美。每一个中国人都有权利去体验汉字之美，都有责任去传承汉字之美。语言文字类电视文化节目，尤其是听写类节目中的汉字书写，尽管离书法艺术的高度还有一定的距离，但是依旧能体现中华文化的汉字艺术之美。汉字作为东方文化的灿烂之花，是我国值得自豪的艺术瑰宝。兔起鹘落【tù qǐ hú luò】、龙吟凤哕【lóng yín fèng huì】、飐滟【zhǎn yàn】、字字珠玑［zìzìzhūjī］、揆情度理［kuí qíng duó lǐ］，等等，这些词语的听写、专家的评判、嘉宾的解读，这整个过程也可以看做是全民接受文化教育的过程，选手们和观看者在一笔一画的方正汉字书写过程中，潜移默化地完成了中国传统文化的解读，同时经历了富含文化营养的精神洗礼，深刻体会到传统语言文字的博大精深。方块汉字形义和谐的完美创造性，体现中国方正文化的意义。节目在选词上还要进一步引导选手以及大众在汉字书写过程中欣赏汉字书写素养审美性特征，收获对汉字的审美熏陶。

（三）引领青少年的文化价值观

青少年关系着国家的未来，是民族的希望。中华民族文化的兴亡与青少年对我国传统文化的了解和掌握程度息息相关。汉字是中华民族文化的基石，是中华民族文化魂魄的寄托和归依。汉字成就了汉赋、唐诗、宋词、元曲的璀璨辉煌；成就了被评为世界文化遗产的中国书法艺术；成就了记载王朝变迁、正朔交替的百家史册。汉字使我国数千年的文明得以薪火相传。

“少年强，则中国强”，在青少年的成长之初培养他们对中华文化的热爱，对汉字的热爱，是我国十分重要的工程。热爱汉字，就是热爱中华民族的传统与文化，这是每一个中国人，尤其是承载着民族希望与未来的青年一代必须肩负的责任与使命。

“民族文化及其认同是国家认同的基础以及维系民族和国家的重要纽带，也是民族国家的‘合法性’来源和国民凝聚力之所在。”① 人们对本民族文化的认同感对一个国家和民族的发展有着至关重要的作用。当一个国家和民族的社会成员对本国的文化和语言产生认同危机，对自己的传统文化疏于了解，失去民族自豪感，对国家意识形态和基本价值观缺乏信仰时，这个国家和民族是不会得到长足发展的。汉字作为记录汉民族语言的符号，它自产生的那一刻起，便具有了强烈的汉民族烙印。任何一个汉字都不能理解为一个简单的图像或符号，每个字的生成与构造，都是汉民族文化的产物，包含着汉民族的精神与情感。钱文忠说：汉字是一种很特殊的文字，它维系了那么多民族共同的文化传统，提供了中华民族凝聚的最主要的力量。在中国广袤的土地上，某些地方方言之间的差异甚至远远大于英语和法语之间的差异，是汉字提供了一种长久有效的沟通方式，使得文化共享成为一种可能。中华文明强大的生命力其实都来自于汉字文化这个灵魂。② 青少年应通过汉字这一华夏文明的精髓，产生对民族文化的认同，并以传承中华文明为使命，担起振兴中华的责任。

---

① 厄内斯特盖尔纳．民族与民族主义［M］．韩红，译．北京：中央编译出版社，2002：183.

② 徐蓓．不能听任汉字书写自生自灭［N］．解放日报，2013-08-30(18).

伴随现代信息与数字技术的诞生与发展，以网络、手机、App客户端、微信、微博等为代表的新媒介近年来也得到了迅速发展和广泛运用。新媒介在信息传播方面具有迅捷、高效、互动、海量、自主、共享等优势。新媒介为跨文化传播构筑起了新的语境，各种文化观念、价值理念也如潮水般涌进来。反崇高、反英雄、反理性、反道德的形形色色的个人主义思潮以及文化多元倾向在一些大众传媒和网络空间中泛滥。由于受拜金主义的影响，一些大众传媒在利益的驱动下，往往借所谓的人气拉高收视率以牟取暴利。为此，一些电视台置主管部门“限娱令”于不顾，不断地引进原版或模仿外国综艺作品，以怪异、刺激的噱头刮起阵阵娱乐风暴，掀起愈演愈烈的明星追捧潮。某些大众媒体美丑不分、是非不明、雅俗不辨已对中华传统文化价值观构成了冲击。广大观众尤其是青少年的价值观念被误导，传统文化的地位受到了前所未有的挑战，一些不健康的观念消解了人们尤其是青少年对中华文化的自豪感、认同感，剥夺了汉语言文字审美情趣。语言文字类电视文化节目借助汉字、诗词、诗歌、谜语等传统文化的精髓彰显汉字自身的文化魅力，通过非娱乐性质的益智竞赛类节目形式，在传递汉字文化的同时，选择性地渗入主流价值观和意识形态。这必将激起国人尤其是青少年对汉字的热爱，引领青少年对汉字背后深入的文化价值观念、思维方式和思想意蕴的理解，从正面影响青少年正确文化价值观的形成，帮助他们产生对民族文化的认同感，进而产生传承中华文明的使命感。

（四）重视节目的可持续发展

互联网被称为继报纸、广播、电视三大传统媒体之后的“第四媒体”。当今，随着互联网的发展，人类进入了一个传统媒体与新兴媒体互补交融的新时代。电视是传统媒体中的主流媒体，肩负着更多文化使命。与此同时，网络媒体也发挥了越来越强大的社会公用力。在网络媒体急速发展的当下，汉语言文化受到了较大的制约和冲击。文化类电视节目一直以来在电视荧屏上都被边缘化，很难进入主流频道和黄金时段，陷入叫好不叫座的尴尬境地。很多文化类节目纷纷遭遇“收视率末位淘汰”的命运。然而语言文字类电视文化节目的异军突起，唤起了人们对汉语的热爱和关注，树立了国民对文化类电视节目的信心。信息化时代下，大众的文化水平审美认知也随之发生变化，观众对节目的关注也会从最初对节目产生好奇，到产生审美疲劳，然后到失去兴趣的过程。电视媒体人共同面对和研究的重要问题是如何克服节目的周期性，如何创新实现可持续发展。在全媒体时代的今天，语言文字类电视文化节目必须顺应时代的发展，摒弃旧的传统观念，转变发展理念与传播途径，实现电视节目的可持续发展。

1. 节目的品牌化

语言文字类电视文化节目要实现可持续发展，在激烈的收视竞争中增加知名度和美誉度，首先要具备品牌意识，努力实现节目的品牌化。

随着市场经济的快速发展和新媒体的快速崛起，传统电视媒体面临着国内外越来越激烈的竞争和压力。从 20 世纪 80 年代开始，我国的电视节目开始建立自己独特的品牌，各大卫视和专业频道分别从新闻、娱乐、民生、电视剧等不同的栏目将节目栏目化，想要实现节目的品牌化，从而实现电视媒体的可持续发展。从电视节目的日益改变中可见，电视媒体已经认识到节目品牌化的重要作用。1999 年，中央电视台就提出要推动“频道专业化、栏目个性化、节目精品化”的改革，①从而适应品牌化趋势，目的在于确保频道、栏目、节目的领先趋势。2005 年中央电视台提出“专业频道品牌化”的发展目标，以“定位精准、栏目精细化、影响覆盖范围广以及创收更多”为原则，整合频道资源，突出频道特色，巩固央视频道的优势地位，打造更多富有影响力的品牌频道。语言文字类电视文化节目要想创新和可持续发展，也必须走一条品牌化之路。

实现电视文化节目品牌化，首先要开拓创新的坚持本土化原

① 于溢. 论电视频道专业化——兼 CCTV 经济频道改版的实证分析［D］. 北京：中央民族大学，2005.

则，创新文化品牌。中国文化类节目长期面临着口碑比较高，但是产出却比较低，节目叫好不叫座的尴尬境地。尽管国家一直鼓励和扶持文化类节目，但是绝大多数电视台却很难选择文化类节目作为自己的品牌标志。2013 年语言文字类电视文化节目的火爆热播，推动着文化节目开始走向巅峰。

以《国家中长期语言文字事业改革和发展规划纲要（2010—2020）》文件为指导，国家新闻出版广电总局下发了《关于积极开办原创文化节目 弘扬和传承优秀传统文化的通知》，号召各频道深入挖掘文化资源，重视语言文字的内在力量，开办更多像《中国汉字听写大会》、《汉字英雄》这样的以弘扬和传承中华汉语言文化为宗旨的原创本土文化节目。目前，综艺娱乐类节目在电视节目市场中占据着相当重的份额。但是，综艺娱乐类节目少有自主研发的本土原创型节目，相当一部分综艺娱乐类节目原封不动地移植国外的节目模式，移植的结果导致我们的节目缺乏民族文化传统和民族特性的展现。引进和借鉴外国优秀节目模式的确可以启迪我们。比如，《美国听写大会》是一档具有品牌价值、值得我们去借鉴和研究的节目，节目在美国这个兼容并蓄的文化背景下，让来自不同地区、不同国家、不同肤色和不同文化背景的参赛选手聚集在一起品鉴美国的文字文化盛宴。《美国听写大会》自开播已经有 90 多年历史，节目在跨越将近一个世纪的时间里一直保持着顽强的生命力，这值得我们深入研讨和研究。引进、借鉴国外优秀节目模式，不是中国电视节目发展的长久之计，只能够解决一时之需。创造根植于中国传统文化土壤、富有中国特色的原创电视节目，才是我国电视节目发展的必由之路。语言文字类电视文化节目的热播所展现出的中华文化的魅力和原创节目的吸引力，让广大观众对中国电视节目的发展充满了信心。我国历史悠久、地域辽阔、文化源远流长，多民族的文化氛围、曾经涌现的优秀文学作品等都可以为语言文字类电视文化节目提供可使用的文化素材。

语言文字类电视文化节目应该坚持充分挖掘中华民族优秀传统文化这个取之不尽用之不竭的资源，坚持走自主研发本土化原创的道路，把中国文化的烙印深深地打在节目内容和节目形式上。语言文字类电视文化节目树立与建构了汉语价值，彰显了民族自信和文化自觉，应当主动承担起社会文化责任、公共职责、服务职责，感知时代民生的需求，创造中国自己的文化品牌。

2. 节目的内容专业化

语言文字类电视文化节目除了品牌化之外，还应力求保证节目的高品质，因为文化本身是不容置疑的，这也直接关系到节目在未来品牌价值的延伸。节目是否成功、是否能可持续发展的关键性因素是节目能否满足观众的文化诉求。汉字的发音、字形都蕴含无尽的美感，不同的人朗诵和书写会呈现不同的意味。所以，电视文化节目在推广汉字时，应该建立一个能全方位展现汉字美感的专业平台，不能仅仅只关注书写。《中国汉字听写大会》的主考官有海霞、郭志坚、李梓萌等央视著名播音员，他们为比赛选手朗读比赛题目、解释汉字的含义，代表着中国最权威、最精准的发音。《汉字英雄》邀请的嘉宾于丹是国内知名文化学者，于丹拥有北京师范大学教授、博士生导师及电视策划人等多种头衔，有很高的影响力。节目由于知名嘉宾的加入，从专家学者的角度提高了汉字听写的专业化程度。《中国汉字听写大会》节目组工作的重中之重则是题库的选择。关正文导演说：“我们的前人可以用 20 个不同的词语来表达‘疼痛’，也能用超过 40 个以上的词语来形容‘笑’，现如今我们可以用的字词却少之又少。希望我们都用更专业和规范的字词来寻找学习知识的乐趣。”导演组安排专门的工作人员负责易错汉字、生僻词语和专业术语的寻找工作。节目中无论主持人、嘉宾、文化先生等的选择还是“挑词”的工作者都应该是国内知名的、权威的、相关领域专业的、被大众信任的人选，应无时无刻不体现着节目的专业性。

3. 节目形式丰富化

语言文字类电视文化节目想要持续发展，既需要节目优质的内容，又需要新颖的形式。语言文字类电视文化节目的大部分节目形式是采取初赛、复赛、决赛的比赛流程，但是每档节目在环节设置上应突出自己的主题，使话题性越发广泛，板块环节更加合理得当，也就让节目不再枯燥，变得生动和富有生命力。比如《中国汉字听写大会》逐渐完善了汉字听写的竞赛模式，伴随着节目的开展，节目内容的电视叙事、环节设置等都充满节奏感，各种悬念的制造、亮点的把握都能深深地吸引观众的注意力。《汉字英雄》复赛阶段全新升级，新的模式为两两对抗及四人车轮战，新模式可以使有些选手间形成高达十几回合的较量，把选手比赛的热情及观众观看的热情都推到了极致。再比如《中华好诗词》，节目中比赛的试题题型和诗词考察的内容不断地更新，越来越符合年轻人口味，通过闯关、益智、综艺娱乐等电视节目包装手法，打造出了全民喜爱并参与的优质节目。

4. 在发展中寻求多元化经营

多元化经营是保证语言文字类电视文化节目永葆生机的有效途径，也是节目可持续发展的良策。如果语言文字类电视文化节目还是局限在电视传播上，无疑是节目发展的一大阻碍。当今是网络化时代，所有信息的传播速度和传播范围都有前所未有的优化与升级，信息可以依靠网络第一时间扩散。我们要重视网络的快速发展，需要开展台、网的合作与沟通。语言文字类电视文化节目已经有意识开展这样的合作，但是合作力度却有待加强。作为传统主流媒体的电视，一般各省级卫视都有强大的节目策划与制作团队、丰富的节目制作经验、完备的硬件设施、忠实的受众群体及一定的品牌知名度。如果再加上网络媒体强大的技术支持、数据支持、平台支持，以及电视台与互联网合理的沟通合作等，就将为节目创新打下强有力的基础。语言文字类电视文化节目台、网合作的一个开端和典型是河南卫视与爱奇艺联手制作播出的《汉字英雄》。他们在进行节目制作时取长补短共同策划，对节目进行联合推广和营销，节目的传播理念、传播策略及传播机制等都有所创新。节目采用全新的全线合作模式，节目播出当天，爱奇艺网站播放量便超过 300 万，第二期播放量也迅速突破 350 万。而台网联动效应也给电视节目带来了良好的收视效果和经济效益。

语言文字类电视文化节目可以充分发挥新媒体的特点和优势，将节目的播出与视频网站的运营结合起来，对节目进行深度开发。语言文字类电视文化节目通过新媒体视频网站的同步播出使节目保持旺盛的生命力，新媒体又可以凭借节目在内容上的优势来拓展自身的业务和资源，以此实现双方合作共赢的局面。从长远看，两者的合作应是从媒介形态、结构、流程以及传播方式等方面，多层次、多角度、全方位的融合。两者之间融合和渗透时可以实现优势互补，语言文字类电视文化节目通过新媒体寻求新发展、新机遇，视频网站通过语言文字类电视文化节目的融入来填补市场空白，增加资源。

语言文字类电视文化节目的可持续发展还需要加大节目线下营销手段。《成语英雄》、《中华好诗词》推出了同款手机 App 软件，通过手机，场内外的观众都可以实时互动参与答题。节目的普及度和知名度通过新媒体的助阵得以提高，新媒体与传统媒体“线上线下”同步发展的新模式，成了节目的新亮点。语言文字类电视文化节目可以成为新媒体的一款 App，成为一系列的光盘或图书，成为线下的一个活动品牌，成为一个文化休闲俱乐部，等等。届时，节目的传播效果及影响力要远远大于电视媒体这种单一形式的传播效果。尽管当前已经有语言文字类电视文化节目去努力实现这个构想，但是实现得还不够到位和成熟。语言文字类电视文化节目的多元化经营是一个宏大的课题，既是机遇也是挑战。只有迎接挑战，把握机遇，有所作为，才能在接下来全媒体竞争中抢占先机。

二、内容创新

（一）研究题库选字依据和科学性

语言文字类电视文化节目也受到了不少质疑，突出表现在字词难度上，比如很多观众就认为第一季的《中国汉字听写大会》字词难度较大，题目应该限定在常用易错字的范围，用冷僻字词为难学生很不合理，这样的节目是应试教育的产物。观众明显感觉第二季《中国汉字听写大会》题目更难了，“决赛中成人听写团的正确率仅为8%，一些考题连复旦大学钱文忠教授都惊呼‘不认识，也从来没见过’”，这个数字还是根据每场成人听写团正确率最佳表现来统计的。在选手们写出正确字形之前，电视机前的很多观众甚至连字的读音都还没弄清楚。因此，不少评论认为语言文字类电视文化节目“高冷”，被冠以“考古癖”和“语文奥数”。

很多冷僻词汇是古代文言书面用语，不符合现代汉语的发音习惯，读起来也很拗口，为了应对在日常生活中根本用不到、在学习中又很少碰到的生僻字，参赛的学生只好搬起大部头字典词典死记硬背，通过背题库的方式挖出“死”字。疲于应付“考古”大赛的学生，难以欣赏和体会汉字之美以及汉字承载的文化意义，题库设计得不合理让原本成功的电视教育形式陷入了应试教育模式。

人民网中指出：“追溯至仓颉造字，汉字经历了无数次的演变，有些字不断变形，有些字逐渐消亡，也有些字慢慢简化。文字适应人的需要诞生或消亡，这才是文字正常的发展状态。但作为一档大众化的电视节目，汉字听写大会频频从已经成为死字的汉字里选择题目实在令人匪夷所思。以‘寫（diào）远’的‘寫’字为例，《新华字典》释义为：深远；遥远；深邃的样子。先不说读音与含义，大多数人甚至见都没有见过，即便是受过良好汉语言教育的人一时半会儿也会懵住。对于现代人来说，这实际上就是一个死字。如果是作为汉字的研究无可厚非，但仅仅是为了通过这类死字来分出竞赛的胜负不仅毫无必要，也违背了汉字听写大会节目创立的本意。”①

《咬文嚼字》主编郝铭鉴在《新民晚报》撰文委婉地指出，“语言是一条流动的河。其中词语是最活跃的。新生的词语不断涌现，比如‘卖萌’、‘雷人’，有些词语则逐渐淡出，以致成为语言化石。‘葳蕤’是一个冷僻词，在文学作品中不时可见到……而‘搴芳’、‘翊赞’之类，似属于死亡词语；考这样的词语，作为竞

① 王伟. 汉字听写大会“高冷”切莫成“考古”大赛［OL］. 人民网，2014-07-24.

赛情有可原，但从语言发展来说，我意不足为训。”他还进一步补充，“词语的冷热是有其自身的规律的。有些冷词一旦有了现实需要，便可能枯木逢春，比如前几年的‘守望相助’。但人为地焐冷为热，既无必要，也不可能。”①

南开大学汉语言文化学院副教授冉启斌也认为，冰封词汇有热用的可能，如“槑”、“囧”等字，但从历史发展的总体趋势来看，这种可能性并不大。他说：“焐热冰封汉字行动的意义主要在于弘扬传统文化，而生僻汉字想要真正‘解冻’，重新回归到人们的日常语言使用中是很难的。”② 像“菽水承欢（shū shuǐ chéng huān）”、“掾吏（yuàn lì）”、“褊狭（biǎn xiá）”、“鼻垩挥斤（bí è huī jīn）”、“雉堞（zhì dié）”这样的字词本不该入选。

作为语言文字类电视文化节目，必须坚守内容的创新和文化传承，应全面考核选手汉字能力，引导大众规范使用汉字。

1. 依据《通用规范汉字表》

由国家语言文字工作委员会、教育部组织制定的《通用规范汉字表》2013 年正式颁布，该字表整合了《第一批异体字整理表》、《现代汉语常用字表》、《简化字总表》、《现代汉语通用字表》等多个文件，全面总结和提升了汉字的规范标准，也是信息化时代汉字规范的指导性文件，社会一般应用领域的汉字使用必须以《通用规范汉字表》为准。

《通用规范汉字表》通过语料库统计、人工干预方法，依据字的使用度进行定量、收字和分级，字表收字 8105 个，分为三级。其中，常用字 3500 个，能够满足基础教育和文化普及的基本用字需要；“一、二级字表共 6500 字，能够满足辞书编纂、出版印刷和信息处理等方面的用字需要。三级字表收字 1605 个，是姓氏人名、地名、科学技术术语和中小学语文教材文言文用字中未进入一、二级字表的较通用的字，主要满足信息化时代与大众生活密切相关的

① 金力维. 汉字能“焐热”吗［N］. 北京晚报，2014-10-08.

② 金力维. 汉字能“焐热”吗［N］. 北京晚报，2014-10-08.

专门领域的用字需要。”① 《通用规范汉字表》还严格甄别了一部分类推简化字，在社会语言生活中广泛使用的“闫”等226个简化字也被收录其中。

语言文字类电视文化节目不能误导学生死记硬背，以能否把生僻字写对以及写对生僻字的数量来判定胜负。引导观众正确规范书写汉字、使用汉语更有教育意义，比如有选手将“老妪”的“老”字下面的“匕”写成了“七”被判错，这就是很好的启示。《字表》运用现代科技手段，科学收字、定量和分级；为了适应信息化时代各领域用字的需求，还特别增加了专门领域用字；《字表》在附表中说明了规范字与异体字、繁体字之间的对应关系，对汉字的规范应用起到了推动作用。鉴于《通用规范汉字表》的科学性和适用范围，且字表中收录的字都是有一定使用度的字，我们认为它可以作为语言文字类电视文化节目题库设计的依据。

2. 适应词汇丰富性的要求

词汇丰富是汉语的一大特点，历代累积下来的词汇充实了我们的语言，丰富了我们的语言宝库，也包含着深厚的文化内涵。如果一种母语的用字用词只局限在最常用的范围内，任由其他字词消亡，那么这种母语的生命力就会完结。《中国汉字听写大会》导演关正文举例说：“比如‘笑纳’是特别宽泛的表达，而‘哂纳’则更有一种调侃的意味，当中传递出的幽默感是‘笑纳’不能涵盖的。而‘剀切’对于‘切中要害’的表达比‘恳切’、‘中肯’更为痛快果决，那种力度和快感也是别的词语难以替代的。‘哂纳’、‘剀切’的存在让我们在细微表意上多了一个层次，这不是一件很好的事情吗？”语言是音义结合的符号系统，丰富的词语可以调节语言的节奏和音韵，从而达到塑造语言美感的目的。比如在古诗文中常见叠韵词“葳蕤”，声音响亮，铿锵悦耳，使语音显得优雅而美丽。

总之，语言文字类电视文化节目题库的设计既要依据《通用

① 北京市语言文字网-国务院公布《通用规范汉字表》。

规范汉字表》引导大众规范使用汉字，同时还要体现汉语字词的丰富性，让学生和观众充分体会到字词之美和汉语的博大精深。

（二）提高内容的丰富性和多样性

汉语中的典故、成语、谚语、歇后语、俗语、惯用语等浩瀚如海，展示社会民族风尚、文化心理和思想意识的历史故事、神话传说、俗语俚谚和精言妙语，可以让历史再现，这些熟语的传承和积累是对古老文明的最好传承形式之一，是中国文化的瑰宝。季羡林先生对语言中的成语和典故也作了很高的评价："成语和典故是一种语言的精华，是一个民族智慧的结晶，是高水平文化的具体体现。"

汉语的典故和熟语不仅可以传承文化，是宝贵的文化财富，从语言学角度来说，还可以丰富语言的使用，人们在交际过程中，运用熟语可以委婉曲折地表达自己的思想意图，可以言犹尽而义无穷。同时在使用熟语的过程中，人们会根据典故内容进行改造，从而形成复杂多样的词语符号，这些词语作为结构稳固的特殊词汇群体进入人们的交际空间。

成语从产生到使用，其书面语色彩要浓于其他熟语，人们使用成语更多是从一种修辞的角度，借用古代故事或言语来表达自己的思想感情，如"醍醐灌顶"、"高屋建瓴"等。因此，我们必须了解这些词语的来源和所指，才能领会使用者的意图。歇后语则是一种典型的俗语，它结构独特，表现形式生动，表达效果妙趣横生，人们接受起来比较容易，不要求人们对文献典籍多么精通。来源于生活和生产经验的谚语，其语体色彩更显口语化，易于人们接受。惯用语则有特殊的使用场合，常用来讽刺、讳指、戏谑或委婉地表达意图。

成语、谚语、歇后语和典故词语是汉语词汇系统中的成员，它们具有词汇的共性，比如形式固定、意义稳定、可以作为语言单位充当句子成分、具有民族性等。另外，这些词语是以作为典故的故事或言语句子为形式来源，经过反复使用而成的、客观存在于语言中的一类词汇群体，还有其他词汇所没有的特殊之处。《汉语成语大词典》收录成语 17000 多条，《谚海》收录谚语 150000 多条，《歇后语大全》收录歇后语 60000 余条，浩如烟海的典故和成语经过历史演变，如何以更好的形式传承和发展呢？我们认为语言文字类电视文化节目的题材选择可以依据以下几点：

1. 具有丰富的文化意义

语言是民族文化的镜子，语言必定会反映一个民族的文化特点、审美观念、价值观念和民族心理。“文化”有广义和狭义之分，广义的文化还包括民族的历史、自然地理条件、经济、社会制度、宗教、民间习俗等，这些内容语言也会忠实地反映和记录。作为语言系统中的一个分支，成语典故词语也承载着丰富的民族文化。如“杏林”用以指代医学界：相传三国吴董奉隐居庐山，为人治病不收钱，经过治疗重病者痊愈就栽五棵杏树，轻者栽一棵，过了几年就蔚然成林，因此以“杏林”指代良医，称颂某人医术高明则称某“杏林春满”或“誉满杏林”。“梨园”指称戏剧界：唐玄宗时教练宫廷歌舞艺人的地方。这些词语都蕴含着深厚的文化内涵。

单从词语形式方面，这些词语以双音节和四音节形式居多，且追求韵律和谐的特点，这就反映了中国传统文化讲求的对偶、匀称、和谐之美。在意义方面，成语典故更蕴含着丰富的文化色彩，其包含的丰富文化特色是其他任何一种词语系统都不能比拟的。熟语的文化性的主要表现为：一是具有文化色彩的词语多，几乎每个成语都有文化意义；二是涉及文化领域多，建筑、宗教、伦理、习俗等，无所不包；三是主体的审美取向复杂多元。这些词语以面广、量大的特点反映着中华民族几千年的文化精髓，如“老莱衣”、“仰事俯畜”、“丸泥”、“乾马”、“李郭仙舟”、“剉荐”、“东堂桂”等，或体现孝敬父母、兄弟友爱、尊师重教、忠君爱国、诚实守信、勤奋上进等传统儒家文化，或反映传统的婚俗文化、科举文化和礼仪文化，或体现练道成仙、逍遥自在的道家文化。

总之，熟语折射出了物质文化、制度文化、精神文化各个方面的深厚文化内涵。

2. 有源性和社会性

典故词语和成语等熟语有来历、有出处。比如“泰山”一词，在用来指山名时，并非典故词语，而当用来代指岳父时，则有典可依，即出自唐代段成式《酉阳杂俎·语资》中郑镒借岳父之力官位腾跃之事。

典故、熟语的语义内容反映了社会生活的各个方面，这些词语的意义和现实生活结合紧密，如“殷网”、“登槐”、“文通残锦”、“人镜芙蓉”等词汇，或记录统治阶级的情感追求和富丽生活，或反映普通百姓柴米油盐、读书求学的生活点滴，都是社会生活的直接记录。

还有一些典故和熟语记录了人们的思想观念和价值取向，比如孝道、忠君、贤者、隐士、成仙等。“诞瓦”、“弄瓦”、“弄璋”、“悬弧”等词汇反映了人们重男轻女的思想。可以说，这些词语的语义内涵涵盖了生活的各个方面。正是因为有成千上万的使用主体生活在社会中，成语典故的社会性才能充分表现。语言文字类电视文化节目在内容上可以选择具有有源性和社会性特征的成语、谚语等熟语。

3. 时代性

语言系统具有静态和动态两种形式，作为静态的语言形式只有结合动态的语言使用才能促进语言自身发展。词汇的产生、发展和使用不断丰富着语言系统，熟语只有经过使用才能逐渐形成意义凝练、形式稳固的语言形式。从最初的逸闻趣事到熟语的定型，体现了词汇在使用中不断发展进步的历史进程，也是语言经济性和便捷性的反映，这些定型后的熟语不断地丰富着人们的言语。

典故词语和成语等熟语有比较独特的时代特点和语用背景，其大多产生于古代、用于古代且多是书面语。虽然在现代人们交际生活中的使用频率很小，普通人对这些词语的了解也非常有限，但作为客观存在的特殊的词汇群体，不容忽视。

我们认为，语言文字类电视文化节目中对成语、典故、惯用语、歇后语等的选材，除了以上的要求外，还要考虑具体的使用情况。典故和成语虽然也有个别来自于口耳相传的神话故事或历史事件等，但大多数是产生于有书面记载的言语或故事。因此，接触典故的主体就必须是一些有一定文化水平的人，对寻常百姓来说，典故和成语是文人笔下的专属，有特定的使用者和接受者。所以，尽管这些词语经历了漫长的历史过程，虽然有些词语已经成为人们耳熟能详的一般词语，不需要查阅典源就知其意义，如“推敲”、“文质彬彬”、“叹为观止”、“腰缠万贯”等，但是并没有大规模地进入人们交际用语的主流。很多词语是处在边缘状态，如“毳饭”（无实物之酬答）、“挂鳞”（修炼成仙）、“拄笏看山”（在官而有闲情雅兴）等，经常被认为是一种文化词语而存在于语言的某个角落。

大多数典故和成语还有不同的文本要求。这些词语多来自于书面语，是一类具有一定文学基础、不透过典源很难理解的词语。如“扣盘扪烛”（不经实践，难得真知）、“犁庭扫穴”（彻底摧毁敌对势力）等。从语体色彩上来说，典故词语偏重于书面语语体，在口语中较少用到。

这样一类不“平民”化的词语，使用的文体多是在诗词之中，散文、杂文中就相对较少。诗词善用典故、成语来表情达意，一是因为典故词语的丰富内涵能够在诗词这么短的言语限制内表达出作者无尽的思绪，二是许多文人喜爱用典以此来炫耀文采，文人争相用典以求奇，很多就是出自这样的心理。在现代，随着诗词文体的淡化，现实的创作要求直白易懂。因此，典故词语的使用空间就变得狭窄了许多。但是，尽管受众范围有限，使用范围有限，现代语言系统中，典故词语还是有一定的群众基础和语言环境，所以这类特殊词汇并没有退出历史舞台。王力先生（1980）曾说过：“就语言来说，这种典故是有它的群众基础的，群众基础对于它们相当熟悉，所以它们能和现代词语水乳交融。”

三、模式创新

（一）从民族差异性中提取文化资本

在全球化的背景下，文化软实力是国际竞争力的重要表现之一，文化本身的风格和文化载体对文化的传播程度有重大影响，运用现代技巧可以增强文化的表现力。语言文字类电视文化节目应该借鉴国外的一些传播技巧，巧妙地将意识形态、价值观等隐藏在文化产品和服务中，从而达到最佳的传播效果。

我国历史悠久，民族众多，深厚的文化底蕴、丰富的文化传统和多样的民族风情是我国民族文化的重要组成部分，也因此使得中国文化独具魅力。虽然受众因其文化背景和接受习惯的不同而表现出在节目选择上的差异，但进步的文化范式是受众所共同追求的。语言文字类电视文化节目应该充分利用文化传承的优势，不断提取文化资本，创造出更多蕴含中华文化优秀意识形态、价值观和信仰的产品、商品和服务，使受众在节目熏陶中潜移默化地受到语言文化的影响。

全球化的时代背景使文化的跨国传播成为一种不可逆转的趋势。从中国电视节目的整体格局来看，移植国外模式的很多，自主研发的本土原创型节目比较缺乏。电视节目是文化产品中的重要构成成分，根植于中华文化土壤、带有中国特色的语言文字类电视文化节目的出现让观众耳目一新，是原创魅力和中华文化魅力的充分展示。

许多专家学者对电视节目的“本土化”进行了探讨和总结。中国传媒大学胡智锋教授认为：“依据目前中国的国情，立足于中国的社会基本现实，依照中国电视媒体基础运行规律，更重要的是遵循中国广大电视观众的接受习惯以及实际需求，组织、制作和传播有中国民族特色、风格、气派的电视节目。”① 《中国汉字听写

① 祖群. 汉语言类电视文化节目创新研究［D］. 济南：山东师范大学，2016.

大会》和《汉字英雄》等语言文字类电视文化节目的热播是对节目内容单一和高度雷同的选秀节目的博弈，节目坚守民族文化的守护和传承，创造了较高的收视率并引发社会广泛议论。语言文字类电视文化节目的出现，使我们看到了电视媒体工作者对于节目创新性、本土化的追求。近几年中国收视率较高的节目几乎都不是原创的，很多节目借鉴国外的节目形式，通过本土化改造后播出。《中国汉字听写大会》的节目创意来自始于1925年美国的全国拼字比赛 Spelling Bee，比赛设计了主持人、考官、场外主持人、嘉宾等角色，制作编辑了选手短片。节目还通过双视窗将选手表现镜头和家长的反应镜头同时呈现给观众。参赛选手来自不同文化背景，赛制公平、公正，全民参与的活动形式很好地体现了这个多种族移民国家的国家精神和凝聚力。《中国汉字听写大会》让人们重新认识到汉字书写的重要性，激发了人们对于中国传统文化的热情，对中华民族传统文化的传承和国人的文化自觉起到了促进作用，其本土化的改造应该是成功的。

观众的需求和收视心理在不断地调整，受众的欣赏品位越来越多元化，很多电视受众希望能够从电视节目中获得身心愉悦和知识的陶冶。语言文字类电视文化节目要在浩如烟海的文化题材中选取合适的节目素材，还要把其中深刻的文化内涵用镜头语言表现出来，这个过程确实困难重重。但这类节目的核心竞争力在于其文化品位与内蕴以及文化担当与责任，要打造自己的品牌，就必须不断从民族差异性中提取文化资本。

语言文字类电视文化节目在创新方面要基于文化自身整体性的特点，结合本土受众的特点，符合国人的审美特征和审美情趣，重新认识文化创新与文化传播，才能真正适应国内受众的需求。只有实行本土创新，才能把品牌发扬光大，从而找到更有效、更符合时代的传播方式。

（二）利用新媒体传播传统文化

优秀传统文化是中华文明的结晶。优秀传统文化能有效指导人的思想行为和社会实践，在节目中传播优秀传统文化有利于社会及其成员的文化自觉。随着传播方式的变革，新媒体因其特有的自主性、参与性、互动性和时效性而得到广泛发展和应用，利用新媒体传播优秀传统文化，其优势是其他传播媒体不可比拟的。网络社交平台不但促进了节目的传播速度，而且人际传播的方式保障了传播的针对性。因此，语言文字类电视文化节目可以结合新媒体的传播特征，发挥节目的文化价值，创新出符合人们接受习惯和现代审美的文化形式。

比如《汉字英雄》节目就很好地利用新媒体实现了全媒体制胜。《汉字英雄》节目的成功一方面是节目传播的正能量和差异化的节目内容，另一方面则是新媒体与传统媒体的融合、节目策划之初台-网深度合作以及电视、网络多重基因的传播方式。

《汉字英雄》制作播出时河南卫视与爱奇艺相互援手，取长补短，联合策划节目的传播理念、传播策略、传播机制等，双方实现节目的联合推广、联合制播以及联合营销。双方按照 1∶1 的方式进行资金投入，这为节目的播出奠定了雄厚的资金基础。同时在内容制作上，以爱奇艺网为主要负责人，对《汉字英雄》节目的策划、嘉宾的邀请、节目的录制、剪辑和推介等全部工作进行全权负责。河南卫视则派出一个团队配合整个节目的录制，并进行相关的服务工作。在广告售卖上，双方各自洽谈广告业务，在第一季的《汉字英雄》中节目就赢得了宝洁公司的跨屏大单。"① 《汉字英雄》同名游戏类 App，参与性和互动性强，观众被不断更新的闯关方式所吸引，这样的社交网络既关照了节目价值定位和节目品牌故事，又把服务和娱乐方式有机联系，这正是全媒体品牌传播的体现。当下观众的收看特点为多屏收看、跨屏互动，《汉字英雄》节目根植于中国强大的汉字文化，依托强大的技术团队，使资源与技术有效融合，打通了传播脉络，实现了一次原创节目的完美制胜。

媒体肩负社会教育、推动文明发展、坚持文化传播等功能和责任。语言文字类电视文化节目应该充分利用全新的传播方式让更多

---

① 祖群. 汉语言类电视文化节目创新研究［D］. 济南：山东师范大学，2016.

的观众直接参与到节目中，实现电视表达的全民性和电视传播的广泛性。

（三）板块环节专业化

语言文字类电视文化节目要想形成自己的文化品牌，需要特别重视节目板块环节上的制作，竞技形式的节目应当有相应规则体系。大多数语言文字类电视文化节目的形式和流程近似，但是不同的节目在节目环节和板块的设置上还要突出自己的主题，保持自己的特色。《汉字英雄》在复赛阶段全新升级为两两对抗和四人车轮战，选手之间的较量越来越激烈，比赛热情也越来越高涨，有的选手间甚至较量了十几个回合，节目的精彩之处就来自于悬念性和挑战性，节目产生的年度“汉字英雄”状元、榜眼、探花也被观众津津乐道。再如，《中华好诗词》节目的选手为诗词爱好者，守关者则是文化、文艺界的明星，若选手成功挑战守关者就能获得奖品，这种综艺娱乐电视节目常用的闯关、益智的包装手法，抢答、对战、挑战等众多紧张又充满趣味的互动环节，让节目赢得了观众的喜爱与好评。《中华好诗词》节目还不断更新诗词考察的内容和题型，发起年轻人广泛关注的话题，合理设置符合年轻人口味的题目形式和板块环节，使蕴含丰厚文化内涵的诗词更加生动。

（四）重视经营推广

面对激烈的市场竞争，只有提高节目质量，注重节目的经营推广，才能拥有更高的知名度。在追求品牌化发展的过程中，优质的节目内容、新颖的节目形式和灵活多变的推广策略缺一不可，语言文字类电视文化节目品牌的发展就是这样的动态过程。

云南卫视原创语言文字类电视文化节目《龙润茶中国灯谜大会》的经营推广策略值得借鉴。节目的宗旨是通过字谜重新找回逝去的民俗文化，猜灯谜是中国元宵佳节的传统民俗，灯谜蕴含着丰富的中国传统文化和文学精华，但是这种传统文化逐渐被人们忽视和遗忘。云南卫视将灯谜与茶文化结合，通过热爱灯谜和茶文化的观众的参与，搭建了传统文化与现代文明沟通的桥梁，体现了自己“绿色传媒”品牌策略，其独特之处就在于节目开创了媒体与企业合作经营的新模式。在节目的宣传和推广方面，线上线下齐头并进传递文化精神和价值。节目利用密集播放宣传片和衍生节目、在线游动字幕等传统方式进行推广，在线下将节目的猜灯谜内容植入卫视的春晚活动中，通过多场海选全程推广节目。线上利用微信微博等公共平台的粉丝扩散话题，大大提高了节目的知名度。《龙润茶中国灯谜大会》节目还开发了《中国灯谜大会》手机 App 软件，受众参与节目的形式更加丰富，增强了节目的互动性。正是多元化的推广方式，使《龙润茶中国灯谜大会》获得了很大成功。

四、机制创新

（一）坚守文化使命

虽然语言文字类电视文化节目在发展过程中遇到了很多问题，也会面临收视率的压力和同质化的竞争，但作为一种新兴的文化节目样式，不管遇到什么样的困难，面临怎样的压力，都要从节目一开始秉承文化使命，不偏离节目的主旨，坚守节目的文化传承意义。比如，一些民生节目标榜帮助群众解决困难，实则背离并放弃了节目的原则；再如某台相亲节目，理念是搭建平台服务大众，但是背离初心的炒作和作秀、过度的娱乐化导致其收视率每况愈下。语言文字类电视文化节目应该在创新中不断吸取经验教训，把握好“文化”和“娱乐”的界限，找到“娱乐外壳”和“文化内核”的平衡点，不管是传递汉语言知识还是引导主流价值观，都要时刻牢记节目的文化使命，做到节目品质、文化内涵和文化使命的有机统一。语言文字类电视文化节目只有坚持高品质、品牌化的内容和形式，才能更好地满足观众的文化需求。

（二）优化台-网沟通机制

随着传播理念和传播技术的革新，节目的传播速度和范围都迎来了前所未有的优化和升级，网络的快速发展不容忽视。如何将传统媒体和新兴媒体结合，实现新形势下传统媒体的突破是语言文字类电视文化节目面临的新课题。电视作为传统主流媒体，语言文字类电视文化节目拥有完备的硬件设施和强大的节目策划与制作团队，有些节目制作传播经验丰富，还形成了一定的品牌知名度，这些优势来源于积累与传承。

但是我们也应该看到网络媒体的创新特点，网络平台拥有更强大的技术支持和数据支持，可以更好地创新节目形式和传播路径。比如河南卫视的《汉字英雄》就是台-网合作的典型，优化电视台与互联网的沟通合作，构建专门的沟通机制，扬长避短，实现节目的可持续发展，是节目创新的有力保证。

（三）在适度保护下引入竞争

语言文字类电视文化节目因其独特的个性、受众定位的局限而难以大面积传播，这类节目的评估如果像其他电视节目一样根据收视率、市场份额甚至广告创收情况来进行，就会导致节目的边缘化，这对语言文字类电视文化节目来说是不公平的。我们认为文化节目应该被扶持和保护，比如对语言文字类电视文化节目在收视率方面进行考核时，将“母语传承力”和“文化引导力”等考核指标引入收视率评估体系中，同时在人力、物力、财力上对语言文字类电视文化节目适度扶持，为语言文字类电视文化节目提供政策保护，营造一个相对比较宽容的运行环境，这样才会让语言文字类电视文化节目更具有内部生命力和外部竞争力。

当然，一味地宽松和保护可能会造成语言文字类电视文化节目的强烈依赖局面，甚至会丧失自我进取的意识。因此，在适当保护和扶持的宽松环境下还要引入竞争机制，让节目既有市场竞争的敏感度和危机感，又能保持自我的生存能力，让语言文字类电视文化节目更加健康有序地发展，形成文化品牌。

（四）行之有效的管理机制

媒体运营需要科学的管理机制来加以保障，任何一个电视节目的运行都需要一套行之有效的管理机制。在全新的传播环境下，要提高语言文字类电视文化节目整体的创新力，必须依靠科学的管理机制。

首先，要建立完善的研发系统、运营系统和营销系统，这样才能保证节目从研发到播出的各个环节良性运转。在电视节目激烈竞争的环境下，创新节目形式和内容是节目品牌与竞争力的重要保障。因此，研发系统就显得格外重要。只有进行充分市场调研，不断改进和创新节目的构思和规划，才能保证节目的传播效果。

语言文字类电视文化节目要提高自主创新能力，还需要人才机制，节目创新的竞争就是人才的竞争。除此之外，还可以通过举办高端节目交流论坛、参加国内外优秀节目展等形式，帮助节目制作人员拓宽眼界、打开思维，提高节目制作团队的创新能力。

总之，完善管理机制是实现节目快速创新的重要途径。

第七章　语言文字类电视文化节目研究所引发的思考

一、对国家通用语言文字推广及语言规范化管理和应用的思考

国家通用语言文字关乎国家、民族的根本利益，对社会经济的发展、民族的团结、国家的统一、科技的进步及国民素质的提高起到了不可或缺的作用。国家通用语言文字同国家长远发展紧密联系，在国家发展战略中处于十分重要的地位。尤其是当前，我国经济快速发展，城市化快速推进，随之而来的是信息流、物流迅猛发展，这就要求我们对国家通用语言文字推广及规范化管理和应用更加重视。刘延东 2011 年 1 月 20 日在出席纪念《国家通用语言文字法》颁布 10 周年座谈会时指出："要大力推广和普及国家通用语言文字，建立健全科学的评价体系，全面提升人民群众规范使用语言文字能力。"

政治的多极化、经济的全球化及文化的多元化发展趋势正在改变世界面貌，当今世界不可阻挡的发展潮流便是全球化。在汉语走向世界的同时，大量外语也在不断涌入，外来词更是充斥着我们的生活，影响着我们的语言和思维，对国家通用语言文字的规范化、标准化产生冲击。在计算机领域、经济领域等信息技术求新求变的领域，外来语的使用数量更是多于其他领域，对汉语的影响也最大、最广。我国的网络信息化进程发展也很快。2017 年 8 月 4 日，中国互联网络信息中心（CNNIC）在京发布第 40 次《中国互联网络发展状况统计报告》。《报告》显示，截至 2017 年，中国网民规

模达到7.51亿，占全球网民总数的1/5。互联网普及率为54.3%，超过全球平均水平4.6个百分点。人们对互联网的使用越来越频繁，现实空间的语言状况越来越多地受到由网络建构的虚拟空间语言状况的影响，大量不规范的语言现象不断增加。

当前，我国语言文字应用失范问题较为突出。主要表现有：一是社会用语用字失范。某些商铺招牌、广告及包装中存在错字、别字、白字等现象，改变或歪曲词语的正确含义。二是媒体用语用字失范。电视、报纸、广播等传统媒体及新媒体中存在较多失范现象。报刊、电视字幕出现别字、错字等，网络新媒体中存在用语用字随意、混乱，数字语、字母语与符号语滥用，谐音造词、语序混乱等现象。三是中外文使用失范。一些媒体上，甚至机关公文中出现中外文混用、乱用、错用现象。因此，我们在大力推广国家通用语言文字的同时，还要做到规范应用。

（一）电视媒体的优势

电视媒体作为传统的主流媒体具有较高的权威性和公信力，对推广及规范国家通用语言文字具有绝对优势。电视节目都是经过严格的采访、录制、剪辑等规范化制作过程才得以播出，具有较强的专业性，这是保障语言文字规范化管理的基础。电视媒体的普及率较高，即便在偏远的农村电视媒体家庭普及率也接近80%，较高的普及率使电视传播的范围比其他媒体更为广阔。尽管当前新媒体的发展对电视媒体的发展环境造成了一定的冲击，但是电视作为主流、权威媒体的地位并没有发生改变，电视依然是传播传统文化的重要平台。而且随着IP电视、楼宇电视、移动电视、网络电视、手机电视的发展，电视媒体的发展空间也变得更为广阔。因此，最有优势进行推广及规范国家通用语言文字的途径当属电视媒体。

1. 电视媒体较强的公信力

媒体公信力是媒体自身内在品质及外在形象在社会公众心目中所占据的位置，是被社会公众所信赖的本身所具有的一种内在力量。媒体公信力的高低是衡量媒体的权威性、信誉度和社会影响力的标尺，也是媒体是否赢得受众信赖的关键性指标。当今，传统媒体与新媒体竞争日益加剧，媒体形态多样化，海量信息通过各种信道传播，媒体公信力面临着前所未有的挑战。公信力是媒体赖以生存与发展的核心竞争力，是媒体必须具备的内在品质。电视媒体作为主要的传统媒体，是党和政府的喉舌，长期以来我国各种信息的采集和发布，各种重要会议以及国内外要闻、国家政策方针的宣传，国家主流思想的宣传等，都通过电视传播给大众，日积月累的权威性和公信力，使电视媒体一直以来在大众传播领域有独特的优势和竞争力。

自 2012 年以来，电视媒体的公信力在不同类型媒体公信力排名中一直领先，人们似乎习惯于对电视媒体的信赖。“2015 媒体公信力调查”显示，在不同类型媒体公信力排名中，电视以 54.6% 的得票率依然高居榜首，紧随其后的是报纸、网络和广播。微信与微博分列第五和第六位。在“2016 媒体公信力调查”中，受访者依旧认为公信力最强的是电视，其次是报纸，再次是微博，广播和微信则分列第四和第五位。①

关于电视成为人们最信任的媒体的原因，北京师范大学艺术与传媒学院副教授张洪忠认为：电视的覆盖率最高，长期积累来的观众基础才是最核心的因素。有了接触才能有认识，信任不会凭空产生，随着移动互联网技术的发展，新媒体的覆盖率在逐渐扩大，媒体的生态格局也会相应发生改变。杂志会越来越成为小众化媒体。②

从电视诞生到现在，它最基本的功能便是传播信息，大众也很习惯甚至乐于选择接受和相信电视媒体发布的信息。正因为电视媒体较强的公信力，它也担负着引导社会舆论、促进社会良性互动的责任。汉字是中华民族智慧的结晶，是电视媒体传播信息的载体，

---

① http://1118.cctv.com/2016/08/03/ARTI9U7Rt0raiEZcJH3QP6AK160803.shtml

② 尤蕾.2015 媒体公信力调查：主流媒体公信力更高［J］. 小康，2015（16）：64-66.

是主流媒体更好地履行使命、担当责任的体现，在文化传递中的作用是不可替代的。

2. 电视媒体较强的专业性

电视工作者是经过系统的专业训练或受过专业教育的，过硬的理论和技术水平是他们必备的从业素质。他们都熟悉电视传播的本质规律，能够进行严格的自我把关，确保传播内容的质量。无论是节目的制作还是信息的发布，他们都具有专业性。电视媒体存在的时间久，标准规范，一档电视节目的播出需要一系列专业人员的相互配合，一档电视节目的生产制作要经过层层过滤和审核，才能得以完成。开拍前的选题策划是节目的前提和核心，需要经过策划人员严格的策划与论证；节目拍摄过程中需要节目导演、主持人、制片人、灯光、舞美、现场嘉宾、音频和视频导演等的强力配合，后期需要工作人员的精心剪辑，然后进行节目审查、后续推广等一系列严格的准备过程。这就要求电视工作者具备较强的职业操守和传播理念。只有这样，才可能制作出高质量高品位的电视节目。

中央电视台播出的《中国汉字听写大会》，在节目制作的各个环节就力求专业性。社科院语言研究所所长、《中国汉字听写大会》的裁判长刘丹青先生说："大会从选词、命题到读词、解释、评判，一直到嘉宾的评说讲解，这些都是建立在语言文字学专业的基础之上，有很扎实的专业基础，这个节目能够在传承、传播规范汉字方面起到非常好的作用。这是它理性的力量。"① 第二季《中国汉字听写大会》的题库比第一季更加严格、规范。第二季《中国汉字听写大会》在国家语委和中科院语言所的专业指导下，以国务院颁布的《通用规范汉字表》为基础，建立专门的题库，确保选词规范，严肃严谨，言必有出处。《通用规范汉字表》是《中华人民共和国国家通用语言文字法》的配套规范，是现代记录汉字的通用规范字集。节目难度也以《通用规范汉字表》的难度分

① 马小玉．"中国汉字听写"激发国人文化回归［N］. 石家庄日报，2013-10-23（009）.

级为基础，设为10个难度等级。节目组在题库建设上兼顾节目效果和知识传播，力求实现节目可看性与知识性的统一。节目在选题上还增加了我国古代和现当代的名家名篇的经典例句，选手和观众在理解词意的基础还可以感悟字词在语言应用中所呈现出的美感。

《中国汉字听写大会》节目邀请的主考官和嘉宾都是在语言文字方面很有造诣的权威专家。梁艳、李梓萌、章伟秋等央视著名的播音员被邀请担任节目的主考官，他们代表着中国最权威、最标准的发音，向参赛选手宣读考题，解释汉字含义，在为节目增光添彩的同时，也对大众进行了正音、正字的标准示范。节目邀请博士生导师、《中国语文》副主编、中国社会科学院语言研究所所长刘丹青担任大会裁判长，同时邀请中国社会科学院语言研究所词典编辑室副主任、研究员、博士生导师程荣，中国社会科学院语言研究所所长助理、研究员、博士生导师、句法语义研究室主任张伯江，中国社会科学院语言研究所词典编辑室主任研究员、博士生导师谭景春任裁判。这些权威专家负责对考词的解释、读音和规范书写做出判断和说明。文化学者钱文忠、蒙曼、郦波、毛佩奇作为第二现场的解说嘉宾，详细解读汉字，补充经典例句，集比赛竞技、故事情感与知识文化的传播于一体，对大赛考词进行更为深刻的讲解。

《汉字英雄》则邀请了著名文化学者、北京师范大学教授、博士生导师、北京师范大学文化创新与传播研究院院长、北京师范大学艺术与传媒学院副院长、国务院参事室特约研究员于丹，北京大学中文系教授、博士生导师张颐武，著名音乐人高晓松等。权威专家的参与，这在无形中提高了观众被影响的程度，他们对汉字的解释对受众来说很有说服力。这些专家都是文化界的名人，在语言文字和传统文化方面有很高的造诣，解说也具有权威性。

3. 电视媒体较强的传播效果

电视媒体的受众基础广泛。电视有较高的家庭普及率，截至2013年底，全国有线电视用户2.29亿户，数字电视用户达到1.72亿户，双向网络覆盖用户近9500万户，开通双向用户超过2850万户。另外，全国337个城市实现了地面数字电视网络覆盖，其中

310多个发射站完成了验收。① 电视网络的高覆盖率使电视节目的传播范围变广，收视人数众多，老少皆宜。较高的家庭普及率说明电视是一种很容易受到家庭关系影响的传播媒体。电视媒介的这种家庭属性也使电视传播越来越呈现出黄金时间效应，观众的收看时间相对集中。一般情况下，人们习惯于和家人一起在晚上收看喜爱的电视节目，并把感兴趣的节目内容作为茶余饭后的谈资。家长可以和孩子一起收看语言文字类电视文化节目，全家人可以一起讨论节目内容，比如汉字如何构造、汉字蕴含的意义、古诗词的含义和传统文化的魅力等。这种家庭属性决定了电视媒体的观众相当多一部分是以家庭为单位的，比起网络媒体一人一机的观众参与方式范围更广泛。长时间的收看也培养了人们对电视的忠诚度。据调查，电视观众群体中农村人口、中老年人及学龄儿童占有相当大的比例，他们对电视有很高的忠诚度。

电视节目尤其是语言文字类电视文化节目参与者广泛。《中国汉字听写大会》初赛参赛队筛选范围以国家级重点中学为主，节目组委会统一向各地发放6套不同内容的笔试考题，考题为100个不同难度的词汇，由各地国家级规范汉字书写教育特色学校或省区教育局指定的参赛学校组织考试选拔。初赛中胜出的参赛选手是来自大陆各省市以及在内地受教育的港澳台初中学生，这些来自全国各地的160位选手组成32支代表队参加比赛，大会比赛采用初赛、复赛、决赛的晋级赛制。32支代表队，每4个队为一组进行8场复赛。在复赛中胜出的40位选手进入半决赛。在半决赛胜出的两队10位选手进入决赛，所有未进入决赛的30支代表队中表现最佳的一名选手进行一场附加赛，争夺最后5个进入决赛的名额。决赛由最后胜出的15位顶尖级选手对决，胜出者即为本届大赛冠军。这样的赛制决定了节目的参与范围非常广泛。《中国汉字听写大会》的总监制金越说："今年《中国汉字听写大会》的海选阶段历时5个月，开展初赛4700余场，遍布全国各省市自治区，1700个

① 国家新闻出版广电总局发展研究中心．中国广播电影电视发展报告2014［M］．北京：社会科学文献出版社，2014.

城市，30000 所学校，参与海选人数超过 1200 万人，不管是从参赛规模、参与范围还是影响上，都超过了迄今为止的任何一档电视节目。”①

节目还设置了成人听写团，更加扩大了参与者范围。第二季《中国汉字听写大会》因势利导发起与节目互动的“全民焐热冰封汉字行动”，活动每周精选推出一个节目中出现的“冰封词汇”，通过电视、报纸和网络广泛传播，激发亿万人学习和分享，让书写在古籍里的文字真正活起来。“全民焐热冰封汉字行动”的目标是完成一次参与人数庞大的集体狂欢。2014 年 8 月 13 日，参与焐热汉字行动的人次破亿。全程下来，大会发布了“葳蕤”、“搴芳”、“翊赞”、“剀切”、“哂纳”、“颟顸”、“藜藿”、“惮烦”、“香醪”、“骀荡”、“乖剌”、“驽骀”、“猬集”共十三个焐热词汇，每个词汇的首周参与人次稳定在 3000 万人次以上，参与总人次超 5 亿。汉字听写整体的文化传播效应呈几何级数增长。

（二）存在的问题

在语言文字类电视文化节目的比赛中，选手们在汉字书写方面有一个较为普遍的现象，那就是尽管选手们书写正确，但是汉字字体的书写美感和韵味欠缺，甚至都没有做到最基本的规范和工整。

自古以来中国汉字不仅仅是一种书写工具，还是一种书写艺术。“横平竖直写字，方方正正做人”，能否写得一手好字，曾是评价一个人的重要标准。但是随着现代科技的发展，人们更看重的是能否在键盘上“敲字如飞”。相比其他文字而言，汉字是较难书写的文字。想要正确书写汉字需要不断记忆、反复练习。想要达到书写美感，则更需要不断地加强练习。随着网络的冲击，人们越来越依赖键盘打字而忽略了书写能力的练习，汉字书写能力正在持续普遍下降。中华文化想要加以传承，汉字是最重要的载体，汉字书写能力的持续下降就会导致文化传承的品质的缺损，甚至我国几千

① 刘海永. 诺亚舟助力《中国汉字听写大会》成为一场全民的文化盛宴［J］. 中国教育信息化，2014（20）：90-94.

年的书法艺术可能出现传承断层。选手对汉字书写的不规范、不工整会给观众带来错误的引导，影响人们对汉字书写艺术的追求。

节目中参赛选手还出现书写时笔画不规范的现象。汉字的笔顺规则是：先横后竖、先撇后捺、从小到大、从左到右、先进后关、先中间后两边、从外到内，等等。如“仗”，笔顺为撇、竖、横、撇、捺（丿丨一丿㇏）。笔顺是否正确，关系到书写的速度和字形的好坏。节目中有些选手虽能正确书写汉字，却没有按照正确的笔顺规则书写，如果对这种现象不加以纠正，电视机前的观众也会受到不良影响。能进入复赛的选手们都是从全国各地选拔出来的佼佼者，如果连他们都不能正确书写汉字的笔顺，那么其他中学生的这种现象应该也是存在的。汉字的笔顺规则书写不规范的现象务必要在比赛现场得到及时纠正，否则会影响电视机前的观众，有悖于节目对汉字进行示范推广的初衷。

节目对汉字的示范推广还停留在听写上。汉字经历了历史悠久的漫长的演变历程，蕴含着深刻的文化底蕴，中华民族几千年来的思维方式、价值观、历史观等都蕴藏其中。所以，真正地掌握汉字，不仅仅是单纯地停留在书写上。对汉字的完整理解，还应包括字形、字音、字义三个方面。所以，推广汉字应该从音形义以及文化内涵等方面全方位进行，让大众感受到汉字和书法的魅力，进而陶冶性情，提高审美能力和文化品位。

（三）建议

1. 全方位地推广汉字

汉字是形音义的统一体，汉字完整的信息是由形音义复合传递的，三者缺一不可。一个汉字代表一个音节及意义，是读音、意义、书写三者的统一体，是字形、字音、字义统一的文字。汉字的形、音、义三个要素之间存在相互联系。所以，对汉字的认知不仅要整体性把握三要素，还要区分形、音、义的交叉关联的情况。异读字或多音字在读音上有差别，形体完全相同，意义有相同也有相异的情况。多义字是同一个字，但同时又具有互相联系的、有主次、常用和不常用、派生和被派生关系的不同意义的字。异体字是一个字的正体之外的写法，字音和字义相同而字形不同的一组字。要靠字音来区别异读字，字形和字义会造成相互干扰；靠字义来区别多义字，字形和字音会造成相互干扰；靠字形来区别异体字，字音和字义会造成相互干扰。汉字之间的形、音、义的异同形成了字音、字形、字义交叉的复杂关系，汉字通用字里涉及这些关系的占有相当大的数量。这是个不可忽视的重要问题，这种复杂关系的产生极易造成形、音、义的混淆，增加人们学习汉字的难度。所以，在研究或者应用汉字时，应该了解汉字的全貌，从而避免麻烦的产生。

仅仅会写还不能完全体现出汉字之美。汉字的发音变幻莫测、极富音乐性，可谓语音美之所在。汉字的发音讲究“轻、重、缓、疾、抑、扬、顿、挫”，由于语调、语速、节奏、韵律的不同，同一篇文章，有人读得铿锵有力，有人读得平淡无奇，有人读得悦耳流畅，也有人读得含糊不清。汉字由于书写的笔法迥异，所呈现的效果也大不相同。篆书婉转多姿、流畅俊美；隶书笔势飞动、姿态优美；楷书古朴自然、厚重有力；行书灵秀清丽、圆融苍润；草书潇洒流畅、气势跌宕。历代的书法大家如柳公权、颜真卿、王羲之、米芾、张旭、怀素等把汉字之形美表达得淋漓尽致。汉字俊美的外形后面还蕴含着丰富的含义。美字由“羊”与“大”两个字构成，甲骨文中“美”其实是站立的人，头戴羽毛头饰的形状，让人浮想联翩；愁可以拆成“秋”和“心”，秋是象形字，表示秋天禾谷熟、似火灼。秋又是万物凋零的季节，所以中国古代“秋”一向含有“忧、闷、惨、淡”的含义，很多诗人都用“人如秋、心若秋”表达苦闷的心境。

汉字的音、形、义三个要素都该是我们学习的重点。因此，语言文字类电视文化节目在对语言汉字进行推广的时候，不能仅仅停留在会听写上，还应该给观众建立一个专业、全面的汉字平台，让观众可以对汉字进行全方位的学习。

2. 创新思维，保持节目的生命力

当今，传媒产业的竞争越来越激烈，一档电视节目如果受到观众的喜爱，取得了较高的收视率，必将引来多档跟风效仿的电视节目，就会出现节目同质化的现象。比如随着《中国汉字听写大会》的热播，很多电视台也随之播出了很多内容相似、形式雷同的语言文字类电视文化节目。节目同质化的现象会影响节目的质量，久而久之语言文字类电视文化节目就会失去严肃性和严谨性，失去生存的土壤。盲目跟风效仿也会导致节目组自身的创意动力不足，节目缺乏创新性，观众会产生审美疲劳，对节目失去新鲜感，造成节目的衰落，这样便达不到示范推广汉字的目的了。所以，语言文字类电视文化节目的后续创意是关乎自身存亡和未来发展之路的重要因素。语言文字类电视文化节目面临着巨大的压力和挑战，想要真正保持节目的生命力，应该认真思考怎样将以汉字文化为依托的赛事扩大影响，形成更广泛的公众效应，如何调动观众的积极性和参与动力，更好地去推广和传承汉字文化。

语言文字类电视文化节目要想实现不断创新，应该以中华民族独特的本土文化土壤为根基，深耕细作。任何民族都有属于自己的独特的文化基础，电视节目会受本民族传统文化、习俗、心理、习惯等的影响，所以，重视本土观众的需求，是电视节目保证收视率的前提。中国的汉字文化博大精深，可以融入发散思维挖掘节目内容创新的源泉。例如，可以用多义字、同义词、形近字等通过举一反三的形式来增加比赛的难度和乐趣，避免不解其意的死记硬背的应试心态，丰富和扩大文化传播的内容。

节目模式也可以进行创新，如节目可以设置闯关环节、猜谜环节，甚至还可以设置场外观众挑战环节等多样化的比赛形式，以此提高观众兴趣。

节目还可以开展棚外汉字活动，增加节目宣传力度和影响力。我国地大物博、地域辽阔，多民族的融合、悠久的历史成就了很多文化古都、古城小镇等有历史文化渊源和地方特色的城镇。现在很多节目将节目场地从棚内转移到棚外进行录制。语言文字类电视文化节目制作组也可以学习和借鉴这种做法，真实的场外活动在更好地宣传节目的同时，还可以展现地方特色。比如到某个有特色的文化古都进行节目的录制或者宣传，把增加节目亮点和领略风土人情很好地结合，以此吸引观众的目光。另外，这种做法还可以通过一些比赛形式把各地专有词汇在严谨的、标准的范围内进行展现，扩大我们推广汉字的范围。

此外，节目还可以尝试在选词上包装汉字，让其凸显文化魅力；可以尝试怎样结合国情组织参赛团队；可以吸引更多的观众群体，尤其是在华外国人、海外华人等群体参与；可以尝试直播重要比赛场次，等等。总之，节目必须在怎样提升观众注意力和参与度等方面进行思考和创新。

3. 拓展传播渠道，扩大影响力

文字的传承具有深远的文化意义，这是一个长期的过程。要想达到传承的目的，电视媒体需要整合传播渠道，充分利用各种媒介的传播优势，提高对汉字传承的影响力。可以多屏融合，充分利用新媒体技术引领下实时互动网络。新媒体发展迅速，便利、迅速、自由的传播空间改变了传统的传播形式。电视媒体和网络媒体同步发展，可以给不同观众带来不同体验。目前几乎所有的电视台都有自建网站，自建网站合理利用了互联网的数据库与广阔的平台优势，弥补了电视媒体的缺陷和不足。电视媒体节目播出时间有限定，观众会有“错过不再”的缺憾；电视媒体资源相对不足、传播平台有限，观众可选择的余地较小，而互联网可以弥补这些缺憾。互联网节目播出时间自由，网民可以根据自己的时间随点随播；网民还可以在观看电视同步直播内容的同时点播感兴趣的栏目视频，扩展节目、频道的收视效果；电视与互联网可以优势互补，既满足不同观众的播出需要，扩大电视的观众群体，又提高了网站内容的丰富度。电视媒体的自建网站在未来的发展中可以给电视媒体提供更加有力的支持，给大众提供更加丰富的个性化服务。自建网站除了同步播放电视节目、提供电视点播、与观众互动等功能以外，要研发出更多实用的、智能的信息产品，提供更加全面的、人性化的服务，功能将更加多样化。

网络技术的利用，使观众通过电视媒体体验到与众不同的、新颖有趣的全面化的信息传播方式。目前，已经有多家电视媒体尝试着和互联网平台进行深度合作，通过网络直播、点播及宣传等来吸引观众的兴趣，提高节目的关注度。河南卫视与爱奇艺合作的节目《汉字英雄》就是成功的典范。

合理利用其他传统媒体来拓展传播渠道。报纸、杂志、书籍等传统媒体由于形成的时间久远，所以都拥有大量固定的观众群，有很多人依然习惯于阅读报纸、杂志等。所以，语言文字类电视文化节目在播出的同时还可以在纸质媒体上刊登节目的相关评论、报道节目的赛事日程等，以此增加节目观众的接触范围，扩大节目的影响力。也可以将电视节目中的汉字整理成书，让观众在充满乐趣的书籍里学习汉字。目前，评析节目的系列图书以及解读有关汉字及汉字文化的书籍已经在图书出版市场出现了。比如《汉字树》丛书、《细说汉字》、《文字侦探》、《澄衷蒙学堂字课图说》、《认得几个字》等。还有《中国汉字听写大会》节目组独家授权接力出版社出版的《中国汉字听写大会·我的趣味汉字世界》，该书共收录近600个《中国汉字听写大会》官方题库中的词语。每个词语按释义、辨析、起源与演变、例句、字里字外等五个板块编排，以趣味解说的方式，带领读者认知汉字演变的过程，了解汉字背后的历史风云人物、历史文化名人的趣味故事，探寻汉字折射出的历史变迁、风土人情和传统文化等。① 其他的语言文字类电视文化节目也可以出版和节目相关的图书来扩大影响力，将节目的感召力、影响力延伸并拓展到更为广阔的社会空间，推动汉字的推广和规范使用，推动中华传统文化的传播。

二、对语言政策的思考

据国内知名民意调查机构零点指标数据对北京、上海和广州等12座城市进行的“中国人书法”系列调查显示，94.1%的人都曾有过提笔忘字的现象，其中26.8%的人经常会提笔忘字。《汉字英雄》节目推出的汉字“千人知晓率”调查结果显示，“脱臼”中的

① http：//www.chinawriter.com.cn/bk/2014-08-15/77439.html

“臼”字“千人知晓率”仅为23.9%，“舂米”中的“舂”字“千人知晓率”也仅为20%。①

这些数据说明现代人书写愈来愈依赖电子书写设备和手段，也说明了在数字化时代传统书写文明所面临的危机。通过这场大会，让很多人有回到文盲的感觉，引发了“全民自检”，不少网友“想起扔给童年的小学语文课”，部分人“默默地把手机输入法改成手写”。北京大学中国语言文学研究所所长谢冕教授说：“当前汉语的境况实在令人担忧……社会一步步向前发展，而一代又一代的中国人正一步步地走出中国古代文明的灿烂。”瑞典著名汉学家高本汉曾经形象地把汉字比作典雅的贵夫人，而把西方拼音文字比作一个实用的女仆。而现在国内的情况是这个贵夫人似乎已经不再为人们所欣赏和喜爱，大家都抢着做这个“实用的女仆”。数字信息化时代，手写逐渐被键盘敲字所取代，汉字书写教育普遍弱化，提笔忘字、用词不当的现象频繁发生，公共场所汉字书写不正确、不规范，等等，有人惊呼“失写症”正在蔓延。汉语言文字记载着中华数千年的古老文化，汉语是中华民族的根基，是五千年文明的载体，是国家的魂。对语言的保护就是对文化的保护，对母语的放弃也就是意味着对民族传统和历史的放弃，对民族文化的放弃。

（一）完善并推广汉语语言政策

语言涉及经济、政治、文化、教育等各个方面，与社会、国家、民族密切联系，有时国家主权、民族命运等重大问题也与语言紧密相连。要解决“汉字危机”，增强我国在世界上的话语权，建设社会主义文化强国，实现中华民族伟大复兴的中国梦，我们必须高度重视语言政策，制定合理的语言规划和完善的汉语语言政策，扩大汉语的使用范围，积极传播汉语，依法推进语言文字事业发展。这其中包括做好《中华人民共和国国家通用语言文字法》的修订工作，建立健全语言文字法律法规的监督执行机制，探索并建立运用法律、行政、教育、科技、自律等综合手段实施督查的新

① http：//news. xinhuanet. com/newmedia/2013-09/18/c_125407942. htm

体系。

我国对语言文字工作很重视，专门设有语言文字的国家管理机构——国家语言文字工作委员会，各地也都设有语言文字工作委员会及其办事机构和专门工作人员；国家颁布了关于语言文字的各种法规，使语言文字工作纳入了法制的轨道。国家有连贯的、适合新时代的语言文字规划；国家教育部设有语言文字信息工作管理司、语言文字应用工作管理司；中国社会科学院设有语言研究所；许多高等学校和地方教育部门设有语言文字委员办公室或语言文字的研究机构。

关于语言的政策法规也在不断完善。1951 年和 1955 年《人民日报》上分别发表过《正确地使用祖国的语言，为语言的纯洁和健康而斗争》和《为促进文字改革、推广普通话、实现汉语规范化而努力》。1956 年国务院成立普通话工作委员会，推广“以北京语音为标准音，以北方话为基础方言，以典范的现代白话文著作为语法规范”的普通话。1958 年第一届全国人民代表大会正式批准了《汉语拼音方案》。《汉语拼音方案》为汉字注音和推广普通话提供了依据，更有利于外国人学习汉语，便于汉语的对外推广。《中华人民共和国宪法》第 19 条规定了“国家推广全国通用的普通话”。2000 年颁布实施了我国历史上第一部关于语言文字的专项法律——《中华人民共和国国家通用语言文字法》（以下简称《通用语言文字法》）。

《通用语言文字法》的颁布实施对规范语言文字起了重大作用。但是，语言是一个动态的、不断发展的、开放的系统，从动态、发展的语言观看，国家通用语言文字的规范化、标准化也应该是一个不断完善的过程。《通用语言文字法》颁布已经十几年了，对当今出现的各种语言文字问题，已经制定的规范、标准有些已不大适用，应不断修订完善，并制定配套法规。例如，在对汉英混杂、字母词等英语侵入汉语之类的语言使用问题上，《通用语言文字法》第二章第十一条规定：汉语文出版物应当符合国家通用语言文字的规范和标准。汉语文出版物中需要使用外国语言文字的，应当用国家通用语言文字做必要的注释。对外国语的使用尽管给出了规定，但是太过原则而不够具体，没有配套的外文使用管理法规或规章，缺乏可操作性，造成了有法存在、无法可依的尴尬局面。鉴于此种情况，我们建议各级政府及新闻出版部门应负起监察的责任，可设立通用语言的监察机构，对所属的汉语文出版物如报纸、书籍、杂志等进行巡查监管，同时对政府公文以及各类传媒如广播、电影、电视等的用语用字，公共场所的设施用字，各类广告招牌等广告用字，各类企事业单位的组织名称用字，商品的包装说明用字等都应加强监督管理，发现问题及时制止，杜绝不规范汉字的出现。尽管近几十年来，我国政府及语言文字的主管部门和相关职能部门颁布了数百项有关语言文字的法律、规章、条例，但是，社会法制意识的形成以及语言文字规范意识的形成，还需要一个较长的时期。

语言规范政策的推广需要依靠政府、教育部门与学校共同努力。改革开放以来，随着经济的发展、人员流通的加速，普通话的使用价值提高了，促进了普通话的推广。但是文字规范的推广阻力要比普通话大得多，因为社会经济的力量以及一些复杂的因素，有些不规范的词语也进入了普通话词汇。因此，依靠政府来强制执行一些语言规范，在学校等机构里能起到作用，但是对整个社会而言作用很小。比如，商店招牌滥用繁体字、一些没有被纳入普通话但是被大众习惯使用的词汇、一些广泛流行的网络语及流行语等问题就比较严重。所以，政府语言文字规范推广工作的关键问题是如何进行“对既成语言事实的追认”。要明确辨认可以追认的词汇有哪些，不可以追认的词汇有哪些；可以追认的词汇要强化其示范性，不可以追认的词汇可以根据不同情况采用观察、弱化、禁止等不同的态度。政府制定语言规范政策时要在广泛调查的基础上依靠语言文字专家进行深入的研究，要慎之又慎。政府在语言规范政策推广上要采取一些方法去引导语言使用者主动运用规范语言。在社会语言生活中，政府要弱化“规范”，多用“示范”，比如在广播、电视、报纸、图书等公共媒体领域以及学校、党政机关和公共服务行业严格地推行国家语言文字规范政策，引导国民使用具有示范性的语言文字，人们少了被强制的反感，反而能主动接受并乐于使用规范语言，从而促进全社会语言生活的和谐。同时，政府要积极地维护国民语言生活的自由、习惯与爱好。只有在多元的语言共荣的情况下，语言规范才能得到更多的补给，语言干预也只有在和谐的社会语言生活中才能得到国民的呼应。

（二）完善网络监管制度　规范网络语言

随着互联网技术的进步和发展，网络语言生活的多样化和复杂化，现实社会和人们的日常生活中逐渐融入了网络语言，不规范的网络语言冲击着既有的语言规范，而且愈演愈烈，如果任其发展则不可避免地会引起人们语言生活的混乱。因此，需要制定相应的法律、法规来规范人们的网络用语。

目前，我国部分地区已经对网络语言的使用进行了立法规范。2005年12月29日，上海市通过了《上海市实施〈中华人民共和国国家通用语言文字法〉办法》。该办法将使用网络语汇的限制重点放在国家机关公文、教科书和新闻报道方面。规定国家机关公文、教科书不得使用不符合现代汉语词汇和语法规范的网络语汇，而新闻报道除需要外不得使用不符合现代汉语词汇和语法规范的网络语汇。这是国内首次将规范网络语言的行为写入地方性法规草案。2006年7月开始实施的《广西壮族自治区实施〈中华人民共和国国家通用语言文字法〉办法》规定，国家机关要巩固主流意识形态的主导地位，提高规范意识。公文、教科书不得使用不符合现代汉语词汇和语法规范的网络语言。新闻报道除需要外，不得使用不符合现代汉语词汇和语法规范的网络词语。2010年7月31日通过了《海南省实施〈中华人民共和国国家通用语言文字法〉办法》，对繁体字、异体字、网络词汇的使用作出明确限定，国家机关公文、教科书不得使用不符合现代汉语词汇和语法规范的网络词汇。新闻报道除需要外，不得使用不符合现代汉语词汇和语法规范的网络词汇。2014年4月1日，《河南省实施〈中华人民共和国国家通用语言文字法〉办法》正式施行。办法规定，国家机关公文、教科书不得使用不符合现代汉语词汇和语法规范的网络词汇，比如“屌丝”、“高大上”、“白富美”等。随着上海市等立法规范网络语言政策的出台，一些其他省市也纷纷出台了相关的规范网络语言的政策法规，限制网络语言的使用范围。

新闻报道对社会影响大，所以对使用网络语言要做限制性的规定；国家公文、教科书是官方语言的范本，对社会语言的使用有榜样和示范作用，所以对语言的使用要求认真谨慎，不能使用不规范的网络语言；图书、期刊、杂志、音像制品、电子出版物等汉语出版物种类众多，读者群体也比较广泛，所以出版物要根据读者的使用群体对网络语言的使用适当限制。我们应该及时地对网络语言加以研究，尽早找到合适的规范方案，对网络语言的使用要制定相应的管理办法，并责成有关部门积极推行，尽早实现法制化管理。

网络文明的建立、网络语言的健康状况、网络的传播效果等都需要网络语言的规范化。网络语言也有其自身的发展规律。语言研究者应当积极整理研究网络语言，找出其共性、特性及发展规律，引导网络语言走向规范、健康，减少对现实生活语言的负面影响。在这些方面我国已经取得了初步的成就。由语言学界参与编写的第一部网络语言词典《中国网络语言词典》已经出版，该词典收词1305条，正文38万字，以汉语拼音排序，释义简明通俗；中国社会科学院语言研究所词典室对《现代汉语词典》进行了增补新词的工作，关于电脑网络的词，如BBS、电子邮件等有些已被收录其中；2014年国家语言文字工作委员会重点项目《现代汉语规范词典》完成新一轮修订。《现代汉语规范词典》（第3版）在修订过程中紧随语言自身的发展变化以及社会用语的新情况进行修订，使之更加完善，更适合读者的需要。增补了上百条体现时代特色的新词语，生于网络、长于网络的“微信”、“吐槽”、“拍砖”、“接地气”、“网购”等高频热词都被收入其中。“白富美”、“超女”等落选。这显示，网络文化已经与人们的生活密切相关。“网购”定义为网上购物，即购物者通过互联网查看商品信息、提交订单，商家以邮寄、快递等方式送货上门，或由网购者到指定地点自行提货。有款到发货、货到付款等交易方式”。这条释义解释了“网购”的含义，提供了一些如何在互联网购物的必要信息，具有较强的实用性和时代性。一些词语的新义项、新用法也被增补到新版中来。“土豪”旧版上定义为“旧时地方上的豪强，即农村中有钱有势的恶霸地主”，随着“土豪”这个词语网络新义的流行，修订版补充了新的义项“今也指富有钱财而缺少文化和正确价值观的人”。“理财”一般指称“管理财务；负责财务工作”，随着经济形势的发展，修订版修订为“特指为实现财产的保值、增值，对财产进行经营”。

国家和地方各级语委也建立了相关的语言文字类官方网站，例如：中国语言文字网、河南省语言文字网、南阳市语言文字网，等等。各省市都建立了语言文字官方网站，这些网站的开通提供了对网络语言现象进行探讨交流的新平台，对规范网络语言起到了积极的引导作用。

同时，要建立健全网络语言监管制度。开放性是网络具有的一个最主要的特征，这就造成了网络几乎是一种没有约束的顺畅通道，通过互联网任何人都可以向别人传播信息，任何人也可以对信息快速地反馈，自由地发表言论、见解。但是信息的真实性、健康性、规范性不能保证，由传播者自身的基本素质所决定。在开放的网络中个人文化极度张扬，语言文字在没有监督的情况下很难保证规范性，难免会鱼龙混杂、良莠不齐。网络管理者虽然有权删除一些帖子，甚至封杀账户以规范网站秩序，但他们的作用微乎其微。因此，建立健全网络语言监管制度，加强网络语言的管理，是规范网络语言的关键因素。网络监管主要是对网络语言状况的监管，负责对互联网语言的监管和检查，严把准入关口，确保退出渠道畅通。网络监管与网络警察的性质比较相似，负责网络安全和网络公共利益的维护以及负责网络上的扫黄和网络语言的监管等。当今世界不少发达国家都有了比较成熟的网络监管模式和思路，先进国家的网络监管经验值得我们借鉴和学习。目前我国网络信息失范的现象比较突出，应制定符合中国国情的网络语言监管模式，实行严格的网络语言监管机制。

我们认为，目前可以采取的监管措施有落实信息安全管理制度、建立问责制等。明确划分审批机关和备案机关的职权与责任范围，确定责任人，严厉追究对不具备资质或者有其他问题的网站和其负责人的责任。网络监管部门要及时关闭非法网站，及时删除网上各种有害信息和违法内容以及淫秽语言。网络语言文化的监管离不开网络监管技术的开发和管理人才的培养，政府不但应当加强网络监管技术的开发，还应该着力培养网络监管人才，大力维护网络安全。对过滤软件、绿色上网软件及常规设备的研发和采购要有必要的资金支持。实行实名上网制度，对上网用户的真实资料包括真实姓名、住址以及身份证号等详细信息进行登记备案，这样可以让网民的言行接受道德的约束和舆论的监督，防止不法分子利用虚假身份信息从事不道德的行为、发表不正当甚至污秽的言论。实行网络实名制，不仅可以打击网络不法行为，而且对于企图通过网络从事不法行为的人无形中也形成了一种威慑。落实“经营者负责、办网者管理”的原则，加强网络行业的自律建设。网络协会要倡导行业部门加强自律，制定文明上网公约，引导网民树立以社会主义核心价值观为主导的网络道德观念，倡导网民文明上网、理性上网。并积极与政府配合，加大对网络不文明行为、不文明语言、不规范语言的监管，对语言污秽等行为要及时断开连接。

互联网时代是信息化的时代，各类网站都在千方百计地扩大影响、抢占舆论的制高点。规范网络语言是全社会每一个人的责任，更是每个教育工作者的责任。国家要建立一批有特色的、能够吸引大众去浏览的规范的品牌网站，利用丰富多彩的形式来吸引国民的点击率、提高网站影响力，从而加强人们对民族精神和优秀传统文化的理解，在国民中营造自觉抵制不良思想文化和不良语言文化的氛围，努力建设文明、生动、活泼的网络语言文化。

三、对语言教育的思考

人类的语言行为在人类社会的发展进步中起到了巨大的作用，语言教育是人类教育的重要方面——关乎人类文明和文化的传承与延伸。对一个国家而言，语言教育是国民素质教育的重要方面，它在一定程度上决定了国家软实力、国家传播能力和国际竞争力的强弱。语言教育是思维、交流和认知方式的建构，是语言传播秩序、社会价值秩序、社会关系乃至社会制度的建构。人才培育的基础工作之一就是语言教育。语言教育的终极目标是赋予被教育者知识、道德和能力素养等文化和文明价值意识。语言教育是以儿童学前语言习得为基础，以各类语言教学为手段，经过学校教学的集中训练，走出学校、走向社会后还持续发展的过程。所以，语言教育应该由学前教育、学校教育和继续教育三个过程组成，应是终身的教育。

民族的语言文字，是民族赖以生存，赖以发展，赖以走向世界、走向未来的不二根基。我国的语言教育历史悠久，先秦百家争鸣时期形成的语文教育传统，奠定了中国古代语文教育思想发展的方向和道路。中国古代先贤圣人、思想家、教育家孔子兴办私学，扩大教育对象的范围，开设“言语”学科，开创了语文私学教育的先河。封建社会的语文教育称为“古文”教育或前语文教育；1840—1949 年的语文教育被称为近代语文教育；1949 年至今的语文教育则被称为当代语文教育。自中华人民共和国成立以来，我国的语言教育逐步跳出了语文教育的狭隘民族主义范畴，逐渐发展成为一个由母语教育和外语教育两部分组成的专门的语言教育体系。随着国家社会形势的发展，我国语言教育的目标和内容也处于不断的变革之中。这一过程既有机遇，更有挑战；既有成果，也有问题。

语言文字类电视文化节目尤其是《中国汉字听写大会》自播出以来，引发了全民汉字书写热潮。在网络时代键盘书写逐渐取代传统书写的现状下，节目让我们体会到汉字书写的独特魅力和美感。节目中众人在尴尬中面对着一个个感觉既熟悉又陌生，既眼熟又无从下笔的汉字，无疑重温了一次汉字这一中国传统文化。在信息化时代尽管我们的生活节奏加快了，但是自然的文化传承模式还应该在平稳中进行。书写方正汉字的一笔一画，如人生一步步行走，如国家一点一滴发展，稳中求进，传承弘扬民族文化。节目引发了学术界对语言文字现状与未来走势的思考，也让我们带着更多的责任感和使命感重新审视中国的语文教育。

（一）当前语言教育存在的问题

1. 语文教育的程式化

在程式化高考的重压下，中小学里原本鲜活的语文教育也被程式化。以应试为主的语文教学模式忽视了教育的真正崇高使命是全面、和谐、健康地发展人及其能力，而不是仅仅传授知识。在这种功利主义的教与学的心理影响下，教师的教学过程忽视了培养培育学生的兴趣与情感，忽视了培育学生非逻辑思维能力和直觉思维能力，而学生在学习过程中同样以修学分为主旨目的，完全忽视语文学习过程中的投入、欣赏、享受、领悟、理解、交流和传播的种种思想和情感的培养。从而导致教学过程程式化，课堂气氛缺少生机、单调沉闷。考核方式的标准化，限制了语言的联想，使内容丰富、品位高雅的汉语变成了机械的、呆板的语言。当前语文教育过于重视死记硬背的语文知识，而忽视了学生口语和写作等汉语交际能力的培养。这种教学模式导致不少学生感到语文课索然寡味，产生厌学情绪。学生只是为了获得好的分数而学习，对语文的学习态度是功利性大于热爱和兴趣。这种不良的学习情绪一直延伸到大学里，有的学生认为大学语文这样一门基础课程的学习对他们的就业没有什么影响，所以就漠视对该课程的学习。如此培养出来的学生的理解能力、综合运用能力大大弱于记忆力。语文阅读教学中，学生课外书读得少，课内诵读机会少，阅读总量严重不足，对文章很难有自己独到的见解。作文教学中，学生审题能力差，写作内容不充实，缺乏真实情感。在应试教育的教学模式下，重视语文技术训练，忽略语文能力培养，导致大多数学生缺乏独立思考和表达能力，使学生丧失了本该拥有的天马行空的想象力、充分舒张的自我意识、丰富多彩的个人梦想、奇特瑰丽的精神世界。这种教育现象一直令教育界的很多仁人志士担忧不已。

2. 教育观念错位，教学方法单一

应试教育下语文教学目的以功利主义为价值取向，在这种语文

教学观念下，教学重知识传授、轻能力实践。我国多数语文课堂教学过程中以教师为中心，教师主动施教，强调学生学会，把学生当做容器，学生则被动地接受知识填充。教学方法则采用一言堂、满堂灌，在 40 分钟的课堂教学时间内面面俱到分析灌输文章的中心思想、段落划分、字词句语法、文学常识等所有知识点。这种刻板、机械的教学方法，忽略了学生在语文教学中的参与性和对学生的自主学习意识与学习能力的培养，只会让学生产生抵制甚至是厌倦的情绪。在教学内容上注重研究考试内容，采取考什么就教什么的应考策略，让学生大量做练习，学习缺少激情，对学习没有动力，教学效果差，造成语文不良教学的恶性循环，这是语文教学开展的最大阻碍。

3. 语文教师专业素养有待提高

在第一季《汉字英雄》节目中，分别有两位小选手求助各自的语文老师“卧榻”的“榻”和“害臊”的“臊”的写法，令人惊愕的是两位老师竟然都给出了错误的答案，以至于当时的嘉宾在节目中笑谈，应该组团给老师做个培训。这种情况虽然只是个案，但是也在一定程度上反映了我国语文教师的基本素养欠缺的现状。一段时期以来，由于历史和现实的原因，我国语文教师队伍很不平衡，整体素质偏低，目前我国各地中学教师队伍中功底扎实、水平过硬、教学中能对学生的语文学习给予有力指导和切实帮助的语文教师只占少数。语文对于教师的全面素质要求是非常高的，授课者必须博古通今，学贯中西，文、史、哲融会贯通。大同小异的教材，不同层次水平的老师授课的效果则是完全不同的。教师的基本语言素养得不到保证，就很难达到良好的教学效果。语文教师的整体素质较低，突出表现在以下两个方面。一是一部分语文教师语文功底较差，教学基本功不扎实；二是相当多的语文教师教育学知识欠缺，语文教学理论修养不足。

语文教师的教学基本功在传统意义上主要包括有普通话语言表达和粉笔字、钢笔字、毛笔字等的工整规范美观的书写。随着科技的发展，语文教师的教学基本功在现代意义上以录音机、幻灯机、计算机多媒体等现代教育技术手段的运用为主。传统意义上与现代意义上的基本功应互相结合，相辅相成。但是有很多老师随着现代教育技术的广泛应用而丢弃了传统基本功。有的语文教师在备课写教案、制作课件等过程中过分依赖电脑打字，甚至课堂教学中基本忽视板书的示范作用，整节课不进行板书，久而久之，汉字的书写得不到锻炼，就会出现提笔忘字、字体不够工整美观的现象。教师的字写得规范美观，可以通过一定量的课堂板书和作业批语给学生起到直观的示范作用，也能避免提笔忘字的尴尬。但是一部分教师过于依赖课件，不注重汉字的书写，导致写出的字体结构松散、小气扭捏、不规范不美观，有失作为一名语文教师的尊严。在课堂上用普通话讲解、朗诵是语文教师的基本功。但是许多教师忽视这项基本功的练习，讲课时运用地方方言或者用比较拗口的不规范的普通话讲解。课堂教学中遇到需要范读的课文或者朗诵诗文时，习惯于借助播音员的范读磁带和录音机来完成教学任务。用录音机教学会缺少朗读情感的现场影响，教学效果会大打折扣。

（二）提高语言教育质量的对策

近几年国家对文化教育及语言文字的重视程度不断提高。2011年10月18日中共中央发布了《中共中央关于深化文化体制改革推动社会主义文化大发展大繁荣若干重大问题的决定》（以下简称《决定》），指出要坚持中国特色社会主义文化发展道路，努力建设社会主义文化强国，文化工作者要创作生产更多无愧于历史、无愧于时代、无愧于人民的优秀作品，为人民提供更好更多的精神食粮。《决定》还提倡增加优秀传统文化课程和教学研究基地，大力推广和规范使用国家通用语言文字。2011年8月教育部下发《教育部关于中小学开展书法教育的意见》，要求中小学校通过有关课程及活动开展书法教育。2011年12月中国首个汉语综合应用能力测试开考，意欲提升老百姓语言文字应用能力。正是看到了国家对语言文字教育的关切和重视，语言文字类电视文化节目才纷纷开办。《中国汉字听写大会》的复赛选手来自于全国学校的选拔，学校与学生的积极参与也推动了语文教育的发展，选手们展现了现阶段我国学生的汉字储备水平，让观众领略了传统文化之美，激发了全民学汉字写汉字的热潮。语文教育具有工具性和人文性统一的特点。语文教育的工具性是指它培养学生语文运用能力的实用功能和课程的实践性特点，人文性是指语文教育对学生的思想感情熏陶感染的文化功能和课程所具有的人文学科的特点。《中国汉字听写大会》节目选手们的表现显示出语文教育工具性和人文性的较好结合，为改革语文教育模式指明了方向，让语文教育走出课堂，走向世界，为今后的语文教育发展做出了良好的引导和示范。

1. 语言教育应注重汉字文化传承

汉语是汉民族文化的重要组成部分之一，作为记录汉语的一套符号系统，汉字自造字之初便承载着先人民的思想观念，蕴藏着丰富的文化内涵。汉字是表意文字，所以汉字形体本身就蕴涵着丰富的文化内容和信息；汉字形体的变化，如音化、意化、繁化、简化等，都带着当时人们的思想认识、文化习俗和生活实际。汉字的结构方式，即造字六书，象形、指事、会意、形声、转注、假借，无不反映着汉民族人民的思想观念。汉字因其独特的形体，产生的文学艺术作品，创作出了诗、词、曲、字谜、谐音、叠音等文学形式，都表明了汉字与文化之间千丝万缕的联系。

我们在语文教学中，把汉字包含的文化内容适时、适量、适度地注入汉字教学中，可以激发学生识字学习的兴趣，有效预防和纠正错别字，能让学生领悟汉字的文化内容，了解汉字所承载的文化思想，潜移默化地受到汉字文化的熏陶，传承优秀民族文化，提高语文素养。如果在语文课堂上进行识字教学时，只教给学生汉字的读音、笔画和书写，而不教他们理解汉字的造字规律和文化意蕴，学生明显会有不耐烦和畏难的情绪，而且识记效率也会比较低，即使通过大量的认读和书写练习识记了，印象也不会深刻，还会出现同音字、形近字混淆的情况。如果根据汉字的造字规律向学生讲解字的结构含义，并将汉字背后所蕴含的故事、所包含的文化内容给学生作适当的讲解，就能很快提高学生识字的兴趣，学生就更容易理解和掌握汉字。比如在进行象形字教学时，可以告诉学生古代的中国人根据事物的形状画出字形，慢慢就演变成了现在的汉字。比如象形字“人”、“大”、“目”、“口”、“马”、“象”、“家”，等等。学生在象形字学习时自然觉得趣味十足，识记得牢固。“汉字的表意性，可以使学生在汉字个体中，明确字义的范畴；在汉字群体中，联想、判断各个字族不同的意义区间，从而成批识字，加快识字的速度。”① 形声字，音义结合体，一半形旁，表示字的意义范畴，一半声旁，表示字的读音。如“打”、“拍”、“抓”、“提”、“扔”、“摔”等字偏旁为“扌”，因此这些字都与手部的动作有关；“洗”、“海”、“江”、“流”、“澡”、“河”等字偏旁为“氵”，因此这类字都与水有关。告知学生此类字的构字规律，学生便可成批归类识字，大大提高识字的效率。汉字数目众多，《汉语大字典》收字就多达五万六千多个，其中存在数量众多的同音字和形近字，学生经常出现同音字、形近字混淆、错用的现象，为学生识记汉字造成了一定困扰。如若能追溯汉字造字之源，发掘汉字背后蕴含的文化和信息，根据学生的学情讲解汉字，就能帮助学生识记汉字，有效预防和纠正错别字。

汉字有其内在的构字规律，是音、形、义的统一体。在进行识字教学时，教师可以通过分析字理来帮助学生加深对汉字意义及文化的理解，提高学习效率。也可以加强汉字知识和规律的讲解，引导学生触类旁通，学习新知识，提高自主识字的能力。教师也可以巧用汉字文化故事来提高学生的学习兴趣。汉字在不断发展过程中积淀了深厚的文化意义，蕴含丰富的信息，有些汉字在使用过程中还产生了许多有趣的故事。尽管与字的本义可能有比较大的差别，但因其有趣和历史意义可以成为汉字教学的文化资源。比如“瓜”，“瓜”字最早见于金文，作“”，看上去像是藤上长着瓜的形象。“瓜”的本意就是长在藤蔓上的许多果实。由于累累瓜果结在绵长的藤蔓上，古人常用以比喻世代绵长，象征子孙繁盛。人们吃瓜时，常用刀顺着瓜纹切开吃，因此用“瓜分”比喻分割或分配。“瓜分”后来又指许多强国联合起来分割弱小或经济不发达

① 张祥斌. 趣味汉字辨析［M］. 西安：陕西人民出版社，2009.

国家的土地。又如“虹”字甲骨文作“”，看上去像腰腹呈拱形的神龙，头尾两端各有一个张着大口的龙头。古人以为“虹”是雨后出来饮啜水汽的神龙。金文另造会意字，加工字旁，表示“虹”为“大虫”、“飞天神龙”。教师在讲授“虹”这个字时，可利用多媒体课件呈现虹的形成过程，结合关于彩虹的民间传说，道出“虹”字的结构演变和文化意义。

“语言、文字是语文本体的文化构成要素。人类一代一代地把深刻的内心活动的结果，各种历史事件、信仰、观念，已成陈迹的悲哀与欢乐，都收入祖国语言的宝库中，简言之，精心地把自己精神生活的全部痕迹都保存在语言中。语言是一条最生动、最丰富和最高尚、最牢固的纽带，它把古往今来世世代代人民连接成一个伟大的、历史的活生生的整体。”① 汉字是中华民族五千年灿烂文化的精粹和世界语言文化的瑰宝。中华民族几千年的文化统一和延续，与汉字独特的文化形态和文化功能是分不开的。在识字教学中渗透汉字文化就是引导学生跨越千年与古人对话，聆听古人造字时的所思所想，感悟、传承汉民族优秀传统文化。

2. 语言教育应转变教学理念创新教学方法

语文教师应及时转变传统教学观念，更新教学模式，改进教学方法，创设教学环境，采取因材施教的方法，树立“以学生为主体，教师为主导”的教学理念。这种理念以学生为中心，可以真正调动学生学习的积极性主动性，使教育过程成为学生自主自觉的活动和自我建构的过程，从而达到语文教育的真正目的，提升语文教学水平。

以往的教学中“以教师为中心”的教学模式，教师主要面对的是教材而不是学生，学生是被动的接受者，教学过程缺乏互动，教学效果自然较差。“以学生为中心”的教学模式，提倡学生的主体性。但是学生主体性的发挥还需要有作为主导的教师的课堂设

① 仲春梅. 探索小学语文识字教学中的文化渗透［J］. 新课程学习（下），2012（12）：63.

计、师生之间的互动等环节去激发。所以，教育是师生集体合作的行为，有了师生间的互动，才能发挥各自的主体性，正是这种行为构成了语言教育的意义。正确的语言教育模式应该是师生处于平等位置的互动模式，教师应先考虑师生关系，然后才能灵活应用教学法。

教学方法是研究语文“怎么教”的问题，教学方法的使用影响到学生的学习兴趣，影响到教学目标能否顺利完成。现存的语文教学方法有很多种，每一种都有存在的理由和价值，不能武断地评价何种教学方法好何种教学方法差，教师应在具体的教授过程中根据不同的教学内容和不同专业的教学对象，选择不同的适合性强的教学方法。《语文教育学引论》由中国教育学会语文教学法研究会组织编写而成，该书将语文课堂教学的方法归纳为两大类：“一是以语言传递信息为主的方法（包括讲授法、串讲法、问答式教学法、谈话式教学法、讨论式教学法、点拨式教学法六类）；二是以训练为主的方法（包括练习式教学法、诵读式教学法、以引导探究为主的教学方法、以欣赏活动为主的教学方法四类）”。①

语文教学适宜于多采用谈话式、讨论式教学法，教学过程重引导探究、重理解欣赏、重吸纳运用，充分发挥学生学习的自主性、积极性和实践性。课堂上教师应该规避教师一言堂的问题，充分践行学生的话语权，发挥学生的主体性作用。课堂的中心应该是学生，而教师只是发挥着有效引导学生学习的工具性作用。“以学生为中心”这个重要的教育理念并不是一句口号，而应该是一种行动。教师在课堂上要做好角色转换，传授者的角色没变而传授的方法和地位改变了，由教学的领导者转变成学习过程中的咨询者、合作者和指导者。教师要在课堂上营造出一种自由、平等、民主的氛围，最大可能地唤醒和激发学生学习的主体性、自主性、能动性。

---

① 郭静，包红梅．医学院校大学语文教学方法改革刍议［N］．语文学刊，2014-10-05.

3. 语言教育要注重语言的应用性

叶圣陶先生说过："学语文为的是用，就是所谓学以致用。经过学习，读书比以前读得透彻，写文章比以前写得通顺，从而有利于自己所从事的工作，这才算达到学习语文的目的。"他还说道："尽量运用语言文字并不是生活上一种奢侈的要求，实在是现代公民所必须具有的一种生活的能力。如果没有这种能力，就是现代公民生活上的缺陷，吃亏的不只是个人，同时也影响到社会。"① 由此可见，学好语言，运用这一基本技能可以增进知识、表情达意，情感表达的需求得到满足，使人们能从容应对日常生活，做一个健全的公民。故而语言教学应注重应用性，看重实际生活对语言能力的需求，教学生掌握和运用汉语言文字，培养学生的语言能力，使学生能将字、词、句、篇等基础知识根据一定的语境需要正确、规范、恰当、妥帖地进行表达和运用。

语言能力包括口语表达能力和书面表达能力。口语表达要既具规范化，又具适切化。口语表达的规范化要求语音、词汇、语法几个方面都要做到规范。语音规范要求发音准确，运用标准的普通话语音交流情感、传递信息；词汇规范要求使用规范化的词汇，在特定情况下词语要合乎要求、具普遍性、有使用价值，听众要能接受，要符合汉语的构成规则和发展规律；语法规范要求语句符合汉语遣词造句的基本规律，使听众听得懂。在口语交际过程中要运用语用策略应对不同的语境和交际对象，及时做出判断、适应及改变，力求语体准确、风格鲜明、变换灵活、表达有度，实现交际值的最大化。

书面表达能力是口语的语言材料组织成书面表达形式，从而准确地表达思想内容的能力。口语表达对身心正常的个体而言，在一定的语言环境中不需要明确的学习就能具备说该种语言的能力，个体具有口语自然习得的能力。因此，在我们的日常生活中，无论大

① 智仁勇，等. 叶圣陶语文教育言论摘编［M］. 天津：天津古籍出版社，1994.

人和小孩都具备没有错误地信口说出的能力。但是“要提起笔来写，情形就不同了，所要写的，不都是日常生活中所说的，即便是极简单的话，如果对语言掌握不好，写起来就会出错儿”。① 可见，口语表达和书面表达对语言能力的要求是不同的，这种要求的不同在于“口和笔”的不同：“口散漫，笔严密；口冗杂，笔简练；口率直，笔委曲”、“话轻文重，话粗文精，话低文高”。语文书面表达能力培养要达到：“内容充实、明晰，语句简练、确切、有条理，流利而不轻浮，典重而不生硬。”② 因此，我们的语言教学要以发展语言能力为价值指向，学习语言的终极目的为运用语言，要引导学生在学习中运用语言，促进学生基本语言能力的形成与发展。

语文课堂教学中教师应以语言应用为导向，使学生通过课文内容、情节、基本思想的理解强化他们充分认识语言的表达特点及语言的表现力，引导他们学习语言表达的方式。在课堂中语文教师可以从口头表达能力入手，提高学生的整体表达能力。要有意识地增加实践环节，搭建口语练习平台，鼓励学生参与听说训练，设置教学情境，引导学生正确合理地进行口语表达。教师还可以将口语表达与书面表达相结合，让学生进行先说后写的训练，引导学生把口头表达写下来，再进行适当的加工和修饰，就可能会是一篇很精彩的文章。这种有效的写前预练的方式可以及时修正表达中的错误，达到共同提高的效果。语文教学应突出“语言应用”教学，力求把说、写贯穿在整个教学中。语文学习有自己的规律，学生从最初在书本上接触知识到最终完全内化、变成自己的技能，需要从知识到感知到体验到练习再到技能这样一个过程，这个过程是异常复杂的。如果语文教学仅仅简单地着眼于从知识到技能而忽略了中间环节，是不符合语文学习的规律的。语文教学要设法强化语文学习的中间环节，那样才能使学生顺利地把知识内化。学生只有在不断的

① 张志公．张志公语文教育论集［M］．北京：人民教育出版社，1994：130.

② 张彦群．大学语文课程语言教学浅议［N］．天中学刊，2011-10-15.

语言练习中，才能把静态的言语变成生动鲜活的言语，从而获得较强的语言应用能力。

4. 语文老师专业素质的加强

语文教师的质量，直接影响语文课程教学的效果。我们应该保质保量地建立一支稳定的语文教师队伍。高质量教师队伍的建设是教育发展的基石，它关系着教学质量的提升。国家越来越重视师范教育专业的发展，重视教师队伍的培养。2018 年 1 月颁发了《关于全面深化新时代教师队伍建设改革的意见》，指出要不断提升教师专业素质能力，建设高素质、专业化的教师队伍。

师资力量的建设要从两个方面着手。一是着眼未来，提升青年教师职业素养；二是实施人才工程，加大加强高层次教师队伍的建设。青年教师职业素养的提升是语文教师队伍建设的重中之重。众所周知，青年教师精力充沛、富于创新、乐于奉献，是学校未来发展的主要力量。为了谋得学校的长远长足发展，学校应加强青年师资队伍的建设，授以青年教师以更大的责任，赋予他们更好的发展机遇，为其提供更开阔的发展空间，为学校的发展配备后续强劲力量。学校首先要分析青年教师的自身优势和不足，采取针对性强的措施，从战略高度出发，加强思想品德教育、职业道德教育和职业技能培训，以提高他们的业务水平。青年学科带头人与青年骨干教师是学校师资队伍中起中流砥柱作用的中坚力量。学校应培养高层次的学科带头人和青年骨干教师，他们不仅要在教学中成为领先示范的榜样，更要在科研上成为带领大家向前冲的领头羊。其次，学校要在总教育经费中设置一定额度的专款专用项目用于高层次教师队伍建设。学高为师，语文教学工作更要求一批具备高级专业素养的中文专业领域的教师从事该课程教学科研工作。高水平学生的培养一定离不开学识渊博、专业精深教师的培养。

当下，社会的急速发展和社会需求的不断改变要求教师们要转变教学思想与思路，提高教学质量。教师要在设定教学目标、选择教学内容、设计教学环节、管理教学活动等各个环节中都用心研究探索，才能真正上好语文课。教师的教学能力直接反映到教学效果和教学质量上，教学能力强水平高的教师才能提高学生的学习兴趣，让学生从中受益。随着时代的进步、科技的发展，对语文教师的要求也提高了，在教学过程中我们需要知识面广，熟悉教育学、语言学、心理学等教学理论，并且具有较强的语言运用能力和计算机运用能力的新型的语文教师。语文教师在专业方面应该有丰富的汉语言知识、熟悉古今中外各类文学体裁的文学知识、较高的阅读写作能力、丰富的教育学和心理学知识等。语文课堂教学内容涉及面广，除了文学作品外，还会有科学小品、历史流派、艺术思想、文化随笔等涉及科学、哲学、历史、思想等多个方面。所以，语文教师还应从科学、哲学、历史、美学艺术等学科广泛求知，强化综合知识。此外，教师还要研究教学，在教学实践中应用以验证教研成果。新时代要求下的语文教师们必须提高思想意识，加强学习，提升自身语言能力，优化知识结构，才可能胜任教学工作。

苏联著名教育学家苏霍姆林斯基曾给教师提出一条建议："我建议你每月都要购买三种书籍：1. 关于你所教那门学科的书籍；2. 关于作为青年楷模的那些人的生平和斗争的书籍；3. 关于人特别是儿童或者是男女青少年的心灵的书籍。"教育学家的建议说明教师应在构建所教学科的知识体系之外，广泛涉猎其他相关知识，做到博才多学。语文教师不仅要具有包括语言学方面、文章学方面、文艺学方面的专业知识，还应当具有教育专业知识，包括教育学知识、教育心理学知识及语文教育学专业知识等。除此之外，还应广泛涉猎历史、哲学、文化等方面的知识。语文教师还应当具有良好的教学设计能力、教学实施能力、教学评价能力、教学研究能力等。语文教师的语文科研能力也很重要，要有效地开发和利用课程资源，开展科研活动，不断地扩展语文课程建设的深度和广度。

5. 提高全民阅读率

在《中国汉字听写大会》上，那些看似生僻的词汇，没难倒小选手，却导致成人听写组的正确率为0%。第二季《中国汉字听写大会》平均每场有18%的字词使场外成人书写体验团正确率为0%，比如"鞭挞"、"匡诤"、"迨及"等，其中不乏并不生僻的

“陌生”词和常听不常见的词汇。有些字不会写，是因为提笔忘字；但不得不承认，还有很多字、词、成语真是从来就不知道、不会写。“这是赛给成人看的。”《中国汉字听写大会》的总导演关正文认为：“当一个孩子写对一个很难的字时，不是应试教育的胜利，而是对文字传承的象征。”通过节目折射出来的关于成年人的“汉字危机”引发了大范围的话题讨论，不少观众颇有感慨。

中国新闻出版研究院组织实施的全国国民阅读调查从 1999 年开始到 2017 年已经进行了 15 届。调查的目的在于了解我国国民阅读与购买的习惯、爱好、方式、需要等方面的情况。从 1999 年到 2017 年，我国图书阅读率和成年国民数字化阅读方式（网络在线阅读、手机阅读、电子阅读器阅读、光盘阅读、Pad 阅读等）接触率分别列表如下：

2009—2017 年全国国民阅读调查报告数据

年份	1999	2001	2003	2005	2007	2009	2010	2011	2012	2013	2014	2015	2016	2017
图书阅读率(%)	60. 4	54. 2	51. 7	48. 7	48. 8	50. 1	52. 3	53. 9	54. 9	57. 8	58	58. 4	58. 8	59. 1
数字化阅读率(%)	3. 7	7. 5	18. 4	27. 8	44. 9	24. 6	32. 8	38. 6	40. 3	50. 1	58. 1	64	68. 2	73

（数据来源：中国新闻出版研究院历次国民阅读调查结果新闻发布会）

从上述数据可以看出我国国民图书阅读率从 1999 年的 60. 4%连续下降到了 2007 年的 48. 8%，国民图书阅读率的持续降低，引起了国家有关部门和各行各业对国民阅读情况的关注。此后经过中宣部、中央文明办、新闻出版总署、教育部、文化部等主管部门的不断努力，全民阅读活动开始在全国各地广泛开展，并逐步成为全社会参与的重要文化工程。据不完全统计，目前全国 30 多个省、自治区、直辖市都有了属于本地区的读书活动，一些省份已组建成立了省级全民阅读活动组织机构，有 400 多个城市开展了丰富多彩的读书活动，各种读书活动项目有 3000 多个，并形成了一批读书活动品牌如“深圳读书月”、“三湘读书月” 等。在国家相关部门的倡导下，各地对全民阅读活动的重视度不断提高，国民图书阅读率有了回升。从数据可以看出，从 2009 年的 50.1%到 2017 年的 59.1%，国民图书阅读率总体呈增长态势，说明国家与社会各界重视国民阅读，促进阅读成为社会各界的共同认识，积极开展的国民阅读促进活动已经初见成效。但是，从数据上可以看出，直到 2017 年我国全民图书阅读率仍然低于 1999 年。

针对不读书的原因，调查得出，制约图书阅读率的主要因素有：47.53%的人认为“工作太忙，没有时间读书”；34.48%的人认为“没有读书的习惯或不喜欢读书”。诚然，随着社会节奏的加快，工作压力的增加，生活环境的改变，急功近利的影响，使得很多人忙忙碌碌没有时间读书。近年来，阅读方式的数字化也影响了公民的读书量，但是归根到底是因为没有养成读书习惯造成的。一个人的阅读习惯是一个长期积累的过程，应从青少年时期开始养成。我国青少年在应试教育模式下把时间和精力全部放在升学考试上，一些与考试看似无关的课外读物的阅读时间受到挤压。所以，在本应养成阅读习惯的中小学时期却没有得到阅读的滋养。少年时期没有养成阅读习惯，进入高校、进入社会后依旧没有阅读习惯和阅读需求。中华民族作为传统文明古国、礼仪之邦，自古以来就是一个崇尚知识、热爱读书的民族，有田种，有书读，这种修身为本、耕读传家的习俗形成了中华民族世代相传的优良传统。国民是否普遍热爱阅读，是衡量一个社会发展是否健全的重要指标之一。随着物质生活的富足，人们开始追求精神生活，“腹有诗书气自华，最是书香能致远”，精神生活的富足是从读书开始的。随着时代的变迁，人们生活节奏的加快，阅读方式也变得多样化。但是无论怎么变化，人类获取知识的重要手段依旧是读书。

想要稳定或提升国民图书阅读率，首先要统一组织机构，制定相关制度。当前我国的阅读推广活动进行的丰富多彩，政府部门、学校、图书馆、书店、出版社等机构从自身的角度出发开展着不同内容的阅读推广活动。但是，全民阅读是我们全民族的事情，这种自发的阅读推广活动行动力量薄弱，缺少组织保障以及专项经费支持，缺乏长期的持续深入开展活动的动力，无法建立长效机制。有人建议，除了建设公共图书馆、开设个性化书店之外，还可以置办街头流动图书室或专门的二手书店，让人们利用每一个零碎时间来阅读；让每一本书籍都扩展它的阅读经手率；让每一个有书的场所都向公众开放。然而，这样的提案提了许多年许多次，却一直没有真正落实。这其中缺乏的，不是热心，而是制度。没有制度的保障和机构的执行，仅凭代表和委员的一片赤诚之心，仅凭热心人士的几次公益行动，对真正提高全民阅读率来说都是杯水车薪，无法收到成效。提高国民阅读率需要统一组织机构，制定相关制度，要有执行力。有些省市的做法值得推广，比如“深圳读书月”是一项大型综合性群众读书文化活动，时间为每年的 11 月 1 日至 30 日。“深圳读书月”自 2000 年创立起，年度参与人次逐年上升，由首届的 170 多万上升至 1000 多万，成为全国读书活动的明星品牌。“深圳读书月”之所以能够成功举办至今达 18 届之久，主要是因为有统一组织机构的精心组织。“深圳读书月”是由深圳市委市政府牵头创立并举办的，每届读书月都成立组委会，由市领导亲自统一协调市宣传部、文化局、新闻出版局、广播电影电视局、教育局等相关深圳文化单位，整合各部门的力量，为读书月活动的顺利进行提供了有力的保障。在各方合力下，读书月活动形成了比较稳定的操作模式，开展得有声有色、丰富多彩，实现了活动的持续长效多样性的良性发展。

提高全民阅读率还要培养青少年的阅读习惯。青少年承担着传承中华文化、创新发展民族的重任，他们是祖国的未来和希望。青少年阅读习惯的养成关系到民族文化品格的塑造。叶圣陶先生讲过：“青年人为了充实自己，也为了充实我国的国力，非在学生时代养成随时阅读的习惯不可。所有的青年人都注意到了这一点，那么在不久的将来，我国就可以成为一个普遍爱好读书的国家。随时阅读的习惯，不是读几本教科书和讲义能够养成的。教科书和讲义是教师指定要读的，而要养成的，却是不待别人的指定，能随时阅读自己所需要的书的习惯。”① 我国的教育一直受着应试教育的影响，中小学生在繁重的学习压力下很难抽出时间进行课外阅读，多数老师和家长也不支持学生把时间用在与学习无关的课外阅读上。因此，要改变这种现状，必须改革高考制度，比如在语文考试中加大学生阅读范围和能力的考核。教育部门可以在幼儿园和中小学校园创设阅读活动，开设阅读课。大中专院校也应采取有效的措施加强阅读，比如开设阅读课，采用学分制限定学生选修阅读课等，创立一个从小学到大学的完整阅读体系，推动青少年阅读习惯的养成。

国家应重视学校图书馆和公共图书馆的建设，并给予资金支持和政策支持。中小学图书馆也应充分发挥作用，根据青少年的成长特点和各年龄段的阅读需求，购置适合不同年龄段阅读的藏书，提高青少年的阅读层次，有针对性地开展符合青少年阅读口味的阅读活动，提升青少年对中国阅读文化教育的文化自觉。还要充分发展和利用公共图书馆。公共图书馆具有服务大众的公益属性，是我国公共文化服务体系的重要组成部分，体现了公益性、便利性的特点。公共图书馆空间设施场地及基本服务项目的免费开放，可使更多的人不受任何阅读条件限制，无障碍、零门槛地进入公共图书馆阅读，使国家提供的公共文化服务价值最大化。但是公共图书馆的建设经费不足、资源有限、地区间发展不平衡等因素影响了国民对公共图书馆的认知和利用。所以，政府部门要采取多种措施扩大公共图书馆数量，给民众提供更好的公共文化服务，保障国民的基本文化权益。

四、对我国对外汉语教学与推广的思考

近年来，随着我国经济的高速发展，我国的国际地位也在不断提升，越来越多的国家开始想要了解中国，了解中国的语言和文化。因此，越来越多的外国人愿意学习中国语言和文化，世界各国

① 叶圣陶．过去随想［M］．北京：大众文艺出版社，2006：66-67.

对汉语学习的需求急剧增长。为推动汉语走向世界，提升中国语言文化的影响力，我国在一些国家陆续设立了代表中国文化的“孔子学院”。国家汉办主办了一系列活动进行汉语国际推广，比如，“汉语桥”比赛。“汉语桥”是在全世界范围内举办的中文比赛，从2002年正式开始比赛，至今已经成功举办了十六届。节目共分为“汉语桥——世界大学生中文比赛”、“汉语桥——世界中学生中文比赛”、“汉语桥——在华留学生中文比赛”和“汉语桥——商务汉语大赛”，已经成为中国向世界推行文化交流的一个著名品牌。“汉语桥”中文比赛旨在激发各国青年学生学习汉语的积极性，增强世界对中国语言与中华文化的理解。“汉语桥”比赛为各国大学生学习汉语、交流学习经验、展示汉语水平等搭建了一个重要的平台，也给各国热爱中国文化的大学生们一个了解中国语言和文化的渠道。“汉语桥”的参赛对象为年龄18~30岁、非中国籍、在国外出生并成长、母语非汉语的外国高校在校生。选手们对汉语知识的掌握和驾驭以及对中华文化的理解在比赛中的展现，体现了我国对外汉语课堂的教学成果，比赛也可以看做一个汉语语言文化传播的课堂。通过“汉语桥”这个交流平台，我们可以来研究在汉语国际推广与跨文化交际中遇到的问题，发现影响留学生学习汉语的积极因素，将会为今后的跨文化传播实践和教育教学实践提供可借鉴的经验和启示，并将之应用到对外汉语课堂文化教学中。

（一）对外汉语教学的思考

1. 民族文化与对外汉语教学

（1）语言与民族文化的关系

语言与文化共同支撑和制约着人类社会的存在和发展，但同时又各具特性，两者有着密不可分的内在联系。邢福义先生在《文化语言学》一书中曾指出：“语言是文化的符号，文化是语言的管轨，好比镜子与影集，不同民族的语言反映和记录了不同民族的特定文化风貌；犹如管道和轨道，不同民族的特定文化对不同民族的语言发展，在某种程度、某个侧面、某个层次上起着制约的作用。”邢福义先生描述了语言与文化之间密不可分的关系。从这个角度讲，语言的本质属性应该是其文化属性。语言本身就是一种文化。文化是涉及人类生活方方面面的一个大系统，语言就是其中的一个子系统，但又具有相对的独立性。首先，语言的本体（语音、语义、语法）都是社会文化的范畴。语音不同于自然界的声音，语音具有社会属性，语音的社会属性决定了创造和使用该语言的民族的全体成员来共同约定语音所代表的意义。语义是各种文化现象和文化产品的抽象和概括，是人类思维的成果，更是人类文化的结晶。其次，语言是文化不可分割的一部分，是文化的载体，文化影响并渗透于语言发展的过程中。任何一个民族、一个国家的历史、文化之所以为我们现代人所认识和了解，最重要的还是依赖于前人的历史文字记载。如果人类没有语言，没有语言符号的参与和帮助，人类就没有互相交流，互相沟通，也就不能进入社会，更不能形成真正的文化。没有语言就没有文化，语言是人类社会独有的文化行为，它本身就是一种文化。① 语言不仅是一种文化现象，而且是历史文化的活化石，是一种特殊的、综合性的文化凝聚体，是文化的核心和基石。语言是文化的一部分，但是它渗透在整个人类文化的产生和发展之中，是文化的载体。语言是文化传播和继承的工具，在文化的建构、传承以及不同文化间的交流等方面，发挥着不可替代的作用，不同民族的语言系统既有相同点，又有不同点。语言是思维的工具，不同民族的思维方式会导致不同民族的语言特点。所以，民族语言是民族文化的基本要素，也最能体现民族特性。民族的文化思维、文化观念和文化价值都体现在民族的语言中。语言是民族文化历史的见证，属于某民族的政治、宗教、文学、科学技术、艺术等都可以通过文化交流而传播，为世界各民族所共有，但唯独语言却深深地烙上民族的印记，是民族历史的见证、民族生存的标志和民族精神的体现。因此，只有真正地了解和研究一个民族的文化，才能真正地学好这个民族的语言。

在世界范围内传播和弘扬中国文化的重要方式就是中国文化教

① 王岩．汉语熟语的文化认知［M］．郑州：大象出版社，2012.

学。中华民族的文化历史渊源流长，博大精深，许多汉语的学习者正是被魅力独特的中国文化所吸引才开始爱上汉字的。学习一种语言，必须同时学习该种语言所负载的文化。多年的外语教学实践已经表明，成功的语言教学往往伴随着成功的文化教学，文化教学不到位，语言教学的效果也将受到直接影响。20 世纪 80 年代后，学术界开始慢慢关注对外汉语文化教学的重要性，重点研究语言教学和文化教学两者的关系。语言教学在传统的对外汉语教学中一直处于中心地位，外语教学的基本内容是听说读写等技能教育，学校也忽视文化教学的重要性，只给学生开设一些补充辅助性的选修文化课程。随着社会的发展以及对外交流的日益增加，外语学习者第二语言的跨文化交际能力以及实际运用能力都需要加强。而这些能力的加强必须在对外汉语教育中提高文化教学的地位，只有文化教学与语言教学处于同等的位置，两者才能充分发挥最大效用，才能顺利完成对外汉语教学的最高目标和宗旨。

（2）文化差异对语言学习的影响

“社会发展模式的相似性和共性导致人类文化具有普遍性，每一种文化都由社会生活文化和思想观念文化组成，表明人类共同的物质和精神追求。然而这些文化范畴的具体表现却不尽相同，这就是文化差异。”① 文化差异简单来说，就是指不同国家、民族之间的不同。对于不同文化背景的交际者来说，文化差异是跨文化交际中必然要面临的问题。

在跨文化交际中，由于各自文化背景中的思维方式、风俗习惯、价值观念等不同产生了文化的差异，文化差异是制约不同文化背景的人们进行交流的重要因素。如因风俗习惯产生的差异，包括动物象征的差异、色彩喜好习俗的差异、数字使用的差异等；因交往习俗产生的文化差异，包括称呼的差异、文化因素的差异、感谢与致歉用语的差异、打招呼与告别的差异、时间观念的差异、餐饮习俗的差异、恭维的差异、馈赠习俗的差异等；因思维方式产生的

① 张红玲．跨文化外语教学［M］．上海：上海外语教育出版社，2007，2.

文化差异，如整体性和个体性思维的差异，西方文化更注重保护社会中个人的独立权利，东方思维重视整体性、综合的倾向；思维模式倾向上的不同，西方文化的思维模式倾向于从具体到一般，是线性的，而东方文化的思维方式倾向于从一般到具体，是螺旋形的。因价值观念产生的文化差异，表现在子女教育观的差异、家庭观念的差异、个人隐私的差异、学习目的的差异、集体主义与个人主义价值取向的差异等。① 跨文化交际是具有不同文化背景的人们在一起交际的过程，“汉语桥”比赛的选手来自不同国家和地区，他们相聚在一起就是跨文化交际，文化差异会在比赛中直观地表现出来。

在语言交际中最容易表现出文化差异的是词汇的偏误。汉语中的词汇在交际语言中是最基本的语言单位，不仅代表本身的含义，在实际的使用过程中，不同语境下相同的词汇也会有不同的文化内涵。汉语中有些词义相近的词语，使用的条件和规则却不同。因此，词汇的文化差异现象在“汉语桥”比赛中表现比较显著。例如，第十三届“汉语桥”比赛，在第二场决赛“买卖也疯狂”环节中，选手的任务是先要摊主的经营权，然后卖东西。一位选手在和买家交际过程中，问买家是否有现金时，错误地使用了“金钱”。“现金”和“金钱”，“现金”作为中性词，是在买卖交易中使用的货币形式，而“金钱”在汉语表达中不同的语境带有不同的情感。在汉语中有大量的意思相近的词语，但是其使用条件和文化内涵均有差别。参赛者就是从近义词方面表现出了理解偏差。在“汉语桥”美食听力的终极测试环节，题目要求选手用“纯真”、“酱香”来形容中国菜的味道。在选手用“纯真”来形容味道时，可能其想表达的内容是正宗的、纯正的意思，但是在语素的选择上就出现了负迁移影响；“酱香”可以作为中国菜的一种口味，但是更多地是表达白酒香型的类型，这种类型的酒香幽雅持久、入口醇厚、回味悠长。

---

①　刘彩霞. 跨文化交际禁忌习俗文化研究［D］. 重庆：四川师范大学，2010.

熟语主要包括成语、谚语、俗语、惯用语、格言、锦句、歇后语等，是语言中经过长期的使用、千锤百炼而形成的，思想内涵深刻，是中国文化的精髓。熟语的意义不是构成成分意义的简单相加，而是在此基础上进一步概括出来的整体意义，在意义上具有整体性。比如成语“兔死狗烹”，表面意义是“兔子死了，猎狗被人烹食”，实际意义是“给统治者效劳的人事成后被抛弃或杀掉”；又如“破釜沉舟”，表面意义是“打破煮食用的釜镬，凿沉舟只”，实际意义是“下定决心，义无反顾”。因此，汉语学习者若不理解熟语的内涵，就容易出现文化差异现象，就无法正确地使用成语。熟语是我国传统文化的瑰宝，它源远流长、意义丰富、言简意赅。熟语由于涉及中国的历史、文化、思想等方方面面，是典型的文化词语，汉语学习者需要深入地理解其文化内涵，才能正确地使用。汉语学习者如果不理解成语的文化内涵，仅依据母语文化来理解和接受汉语知识，就会产生语义偏误，造成驴唇不对马嘴的情况。第六届“汉语桥”涉及词汇的 97 道试题中选手答错 19 道，其中熟语部分错了 11 道，由此可以看出熟语部分（含成语、惯用语、歇后语、谚语）是选手们最容易出现偏误的地方。比如，填充完整的成语：万马（　）、（　）点睛、守（　）待兔、（　）天动地；将歇后语补充完整：茶壶里煮饺子（　）；将谚语填充完整：有缘千里来相会，无缘对面不（　）、一年之计在于春，一日之计在于（　）、三百六十行，行行出（　）等。第十三届“汉语桥”比赛中，评委向选手提问：“一毛不拔”是什么意思？选手回答道好像是一件特别难的事情。“一毛不拔”出自《孟子·尽心上》，“杨子取为我，拔一毛而利天下，不为也。”意思是连一根汗毛也不肯拔出来。原指杨朱的极端自我主义，后形容为人非常吝啬自私。选手的理解从“不拔”入手，认为“不拔”就是一件很难的事情。

2. 我国对外汉语教学取得的成绩

（1）对外汉语教学体系日趋完善

我国对外汉语教学建立了日趋完善的教学体系。20 世纪 70 年代之前对外汉语教学大多是面对来华留学生的培训性质的汉语教学，之后逐步增加了正规教育的比重。1978 年十一届三中全会以后，我国对外汉语教学事业进入了蓬勃发展的阶段。到 1982 年，中国正式确立了“对外汉语教学”这一学科的名称。之后，我国的对外汉语教学学科体系日趋完善，教学规模日益扩大。目前，我国对外汉语教学不仅有短期培训性质的非学历教育，还有从本科、硕士到博士的完整的学历教育。很多高校开设本科和硕士的对外汉语教学专业，已经有近百所高校招收对外汉语教学专业的研究生。对外汉语教学专业的建设为对外汉语教学事业提供了大量的教学和研究人才，促进了对外汉语教学这个学科的发展。对外汉语教学学科体系逐渐完整成熟。

（2）课堂教学方法多样化

教学方法是教师和学生在教学过程中为了实现教学目标、完成教学任务而运用的方式与手段。教学方法是课堂教学重要的组成部分，教学方法的运用是否得当直接影响到教学目标的实现和教学效果的好坏。

当前，学术界和一线的教师在教学实践中慢慢体会到对外汉语文化教学的重要性。学术界比较集中研究对外汉语文化教学，尤其是语言教学与文化教学的关系以及文化教学的定位、定性、原则和方法等方面。一线对外汉语教学教师在教学实践中能认识到教学对象的个体差异与文化背景差异，以先进的对外汉语教学理论做指导，采用多种多样的教学法顺利开展教学工作，也在实践中摸索出了一系列的教学方法，并且在具体的教学实践中取得了显著的成效。教师们深入分析和研究外国人学习汉语的特点和难点，从新角度探讨对外汉语教学，积极展开理论与实践相结合的具有现实意义的课题，以科研推动教学，教学和科研相互补充，共同发展，极大地促进了对外汉语教学的发展。对外汉语教学中最常用的方法有听说法、视听法、认知法、功能法、暗示教学法、全身反应法和任务型教学法等。对外汉语教学在几十年的发展过程中，博采众长，吸收了外语教学各个流派、方法的优点为我所用，形成了独具特色的教学法。

（3）汉语水平考试的不断发展

为适应世界各地汉语学习者对汉语考试的需求，孔子学院总部/国家汉办自 1990 年起，先后研发并实施了汉语水平考试（HSK）、汉语水平口语考试（HSKK）、中小学生汉语考试（YCT）、商务汉语考试（BCT）和孔子学院/课堂测试（HSKE）等多种汉语考试，为汉语学习者测试学习成绩、留学中国、申请来华留学奖学金、学校开展教学评估等提供了客观有效的测试标准。汉语水平考试简称 HSK，HSK 是一项国际汉语能力标准化考试，重点考查汉语非第一语言的考生（包括外国人、华侨和中国国内少数民族人员）在生活、学习和工作中运用汉语进行交际的能力。包括 HSK 一级、HSK 二级、HSK 三级、HSK 四级、HSK 五级和 HSK 六级。HSK 从 1984 年开始研制，1990 年在国内定期组织实施，1991 年正式推向海外。截至 2014 年，全球共有汉语考试考点 860 个，其中海外考点 530 个，分布于 112 个国家；国内考点 330 个，分布于 71 个城市。2013 年，全球共有 500 万人参加由孔子学院总部/国家汉办举办的各类汉语考试。①

目前我国的 HSK 考试在命题、测试、阅卷评分和分数解释等环节达到了较高的科学化水平，在考试报名、评分、成绩报告、预测统计分析、试题等值等方面实现了计算机化。HSK 等值研究于 1997 年完成，1998 年 9 月开始研究 HSK 题库计算机自动生成试卷系统，至今 HSK 题库和试卷计算机自动生成系统已初具规模。未来还将推出更具个性化和针对性的计算机化自适应性 HSK 考试，这种考试将有更高的可信度和有效度。

汉语水平考试（HSK）已得到全球的普遍认可，HSK 也已成为对外汉语教学的重要内容，得到对外汉语教学教师和海外留学生的高度重视，已成为外国留学生申请来华留学的通行证以及申请奖学金的必备条件。而越来越多国家的政府部门、跨国企业也把 HSK 成绩作为员工招聘、晋升的重要依据。

（4）教材更加丰富

---

① http://www.chinesetest.cn/gokdinfo.do

教材在教学中起着重要的纽带作用，具有实用性、趣味性的好的教材能增强学生学习汉语的热情和兴趣。教材是对外汉语教学理论研究和学科发展的前沿阵地和突破口，对外汉语教学学科发展的一个重要表现就是对外汉语教学教材的发展。对外汉语教学教材随着对外汉语教学的发展愈来愈丰富，目前对外汉语教学教材多达四五百种，初步形成了多层次、多类型、系列化，基本能满足对外汉语教学的需要。其中有些教材富有特色和创新性，成为国内外广为使用的优秀教材。我国的对外汉语教学教材在数量和质量上均有提高，对外汉语教学教材的发展取得了一定的成绩。

3. 对外汉语教学存在的问题

（1）忽视文化教学和学生的文化差异及个体性

在20世纪50年代对外汉语教学事业的初始阶段，就有学者提出了不同的教学方法。对外汉语教学学科体系涵盖理论基础、学科理论及教学实践三大部分。理论基础部分又涵盖了语言学、文化学、教育学、心理学、社会学、哲学等基础学科，虽然对外汉语教学学科的语言教学中没有直接应用这些理论，但是他们从不同方面对对外汉语教学产生影响，提供了理论的支撑。作为第二语言来教学的对外汉语语言学涵盖了汉字、语音、词汇、语法、语用、语义、文化等各方面的知识。我们的对外汉语教学课堂一直注重语言学汉字、语音、词汇、语法等知识的教学，重视学生读写能力的培养，而忽视了文化教学。在对外汉语教学学科初创时期，也有一些关于中国文化的教材，但是语言教学和文化教学一直是分裂开的。

文化不是一种个体特征，而是具有相同社会经验、受过相同教育的许多人所共有的心理程序。不同的群体以及不同的国家或地区的人们，这种共有的心理程序之所以会有差异，是因为他们向来受着不同的教育、有着不同的社会和工作，从而也就有不同的思维方式。到中国学习的留学生来自不同的国家，文化背景、认知能力也各有不同。操不同语言的人在交谈时，同一个词或同一种表达方式可以具有不同的意义，从而造成交际困难、误解甚至失败。因此，在对外汉语教学过程中，教师要重视教学对象的文化差异及个体性差异。目前，尽管很多对外汉语教学的教师也注意到了这个问题，但是却并没有采取有效的措施去改变它，总的来说还是重视不够，这就影响了对外汉语教学的发展。

教师想要在教学过程中体现以学生为中心的原则，需要注意以下几个方面的问题。首先，在备课时不仅要备知识还要备学生，要了解本班学生现有的汉语水平、班级整体学习风气、课堂表现等总体情况，准确把握每一个学生的情况，尽可能掌握每个学生的学习态度、学习动机、个性特点、文化背景、学习方法、交际策略、认知方式等背景情况。其次，在充分了解学生的能力水平、已有知识及学生的特点的基础上，针对学生的实际情况进行教学设计。在进行教学设计时应该着眼于全班大多数学生，统一要求，满足多数学生的课堂需求。最后，还要在强调统一要求的前提下，考虑两端学生的情况因材施教，有针对性地设计活动、布置任务、准备问题，使不同的学生在教学中身心愉快，有收获，有进步。

（2）对外汉语教学教材建设需要完善

近年来，虽然对外汉语教学教材日渐丰富，种类迅速增长，有些教材也富有特色和创新性，但是，近年来，新的教学理论和教学成果层出不穷，现有教材不能及时反映当前学科发展的最新成果。有些教材是对经典教材简单的重复，没有及时创新教学方法和教学手段；基础理论研究有待突破，缺乏对汉语作为第二语言的理论创新；有些教材缺乏知识性和趣味性，不能满足教学需要；国别化教材较少，等等。因此，我国对外汉语教学教材编写还有很大的提高的余地。

对外汉语教学概论课程在数量上总体不足，理论教学与实践教学环节分布不够均衡。对外汉语教学概论课程目前通行的教材主要有：刘珣的《对外汉语教学概论》1997 年版、刘珣的《对外汉语教育学引论》2000 年版、周小兵的《对外汉语教学入门》2004 年版、赵金铭的《对外汉语教学概论》2004 年版、陈昌来的《对外汉语教学概论》2008 年版等。这些教材各有其局限性。刘珣的两部教材较少关注具体的教学内容；周小兵的教材涉及语言教学的各个方面，信息量较为丰富，但是对任课教师在知识体系方面提出了较高的要求；赵金铭的教材理论具有一定深度，但是部分内容对本科生而言学习难度较大；陈昌来的版本基础理论全面具体，也能吸收和借鉴当时最新的教学研究成果。但是，近年来汉语国际教育发展迅速，新的理论和教学成果层出不穷，因而，上述教材都没能及时反映当前学科发展的最新成果，缺乏创新性。目前，各高校对外汉语教学中使用较多的教材有《新实用汉语课本》、《实用汉语课本》、《中级汉语阅读教程》、《桥梁——实用汉语教程》等。

（3）教师数量不足，专业水平有待提高

经过多年的教学实践与教学研究，我国对外汉语教学出现了一些业务精湛、成绩突出、教学科研能力较强的教师和专家，同时也带动了一些中青年专家的成长。但是，国内对外汉语教学学科还是在师资方面存在两个突出问题：一是对口师资在数量上缺口较大；二是教师专业素养不够。在教师队伍方面，国内高校普遍存在教师数量不足这一问题。目前，具有博士学历是国内大多数高校对入职教师的要求，而国内汉语国际教育专业的博士点非常少，每年能培养出来的毕业生人数有限，这就导致对外汉语教学严重缺乏科班出身的教师。据统计，截至 2015 年底，国内开设对外汉语教学博士点的高校共计 29 所，以每校每年招收 5 名对外汉语教学博士研究生来计算，平均每年毕业的博士数量为近 150 人。而当前的实际情况是国内开办汉语国际教育本科专业的高校有 300 余所，这就意味着平均每校每两年才能有一个科班出身的教师（这还未考虑博士毕业生就业的地域性差异这一因素，地方性院校及西部省份高校实际获得的有效师资更少）。① 目前全国拥有对外汉语教学教师资格证书的只有 5000 多人，由此可见，科班出身的教师数量严重不足，目前在高校里从事对外汉语教学的教师英语和文学专业的大有人在，甚至有的教师还没有取得教师资格证。教学质量的好坏与教师有密切的关系，合格的对外汉语教学教师的缺乏会严重影响教学质量，阻碍对外汉语教育事业的健康发展，所以我国对外汉语教学

① 李艳“汉语热”背景下《对外汉语教学概论》课程现状与课改方向研究［J］. 陕西教育（高教版），2017（1）：29-30.

亟待加强教师队伍建设。

4. 提高对外汉语教学质量的对策

（1）语言教学和文化教学相结合

要掌握一种外语，单是学习语言本身是不够的，还要学习这种语言所包含的文化。在特定的文化圈内，人们在会话交际中一般会遵守默认的交际准则，在跨文化交际中，由于存在的文化差异，对这些交际原则的理解和接受程度就受到了不同价值观念的影响。所以，在跨文化交际中难免会产生文化冲击和沟通障碍。对外汉语教学要想培养学生的跨文化交际能力，在进行对外汉语教学时，必须加强讲解和传授中国文化，注重语言的文化因素教学，在语言教学中要渗透文化教学。

* 在文化教学中渗透语言文化符号

符号是信息的外在形式或物质载体，是具有某种代表意义的标识。符号是信息传播表达的基本要素之一，在人类社会传播中起到指代和交流的作用。可以说，人类的各种活动都伴随着符号，人类社会和人类文化的形成也借助于符号。词语符号是所有符号系统里最重要最复杂的，符号与被反映物之间通过意义来实现联系，并把这种联系呈现在我们的意识之中。比如“龙”是华夏文化、汉族文明的象征；“紫禁城”是中国古代皇权的象征；“北京”是中华人民共和国的象征，使人联想到历史悠久的故宫、雄伟壮观的长城；“西安”使人联想到秦始皇陵兵马俑、丝绸之路起点；“湖南安化”使人联想到茶马古道、黑茶之乡，等等。

“汉语桥”比赛的决赛选择的外景场地都是一些历史文化名城，有湖南的安化、江西的景德镇、浙江杭州的宋城、陕西的袁家村等，这些地方都被赋予了诸多的文化符号。国外参赛选手在这些文化名城感受当地的历史文化特色、美食特色，对各地鲜明的文化符号有了深刻的认识，进而对中华文化也有了深刻的理解。节目的这种形式对我们的对外汉语教学有所启发，我们可以整理、归纳出具有中华文化特色、具有特殊文化寓意的语言文化符号系统，在日常教学内容中有意识地进行渗透。如竹子因其外形挺拔俊秀，所以有刚直不阿、正直不屈、气节的象征意义；竹子又具有良好的可塑性，所以竹子也是坚忍不拔品行的代表。古今有很多赞美竹子的诗词，郑板桥云："一节复一节，千枝攒万叶。我自不开花，免撩蜂与蝶。"与竹子一样，梅花、荷花、松柏等，也因为自身的特性而被赋予了某种精神。语言文化符号的标志性意义能够加深留学生对中华文化深层内涵的理解，激发他们学习中华文化的兴趣，从而能够更好地学习汉语。

＊在文化教学中探索异文化环境中的"互动式"教学

"汉语桥"比赛将趣味性与知识性、竞赛性相结合，通过寻找特色美食、历史文化名城而实地模拟推销、为瓷瓶集唇印、大唐求职演说等比赛形式考查了选手在异文化环境中的语言运用能力、人际互动能力。这在某种意义上是一种来自异文化环境的互动，有效的语言文化传播是离不开互动过程的。如果我们将这种异文化环境中的"互动式"教学模式引入文化教学，他们的文化适应能力和交际能力就可以通过语言实践来培养。在交际情景演练中，我们可以设置各种不同的场景来进行练习，将文化内容融入情景对话练习中。在练习过程中，教师需要及时指出一些词语的文化内涵及词语的中西方文化差异。比如，练习交际中的礼貌用语及问候语时，教师需要指出汉语中的一些特殊称谓如"同志"、"师傅"等在中西方交际中的文化差异。又如"方便"一词在不同的语境中含义截然不同。互动式的情景模拟对话练习不仅可以在课堂上老师和学生之间、学生与学生之间进行，还可以在课后进行。可以在课后给学生布置与不同社会身份的人交际对话的体验性质的练习任务，训练他们的交际能力。比如："去商店购物，记录你与售货员的对话"，"去饭店吃饭，记录你与服务员的对话"，"去某个不熟悉的地方，记录你与行人的问路对话"，等等。这种练习可以使学生融入异文化语境中，从而寻求文化适应，提高汉语交际能力。

＊可以在课外适当安排传统文化实践活动

语言是文化的载体，也是文化的重要组成部分，学习一种语言，就应该学习和接受该语言所承载的文化。第十三届"汉语桥"比赛选址湖南长沙的岳麓书院。岳麓书院有"千年学府"之称，开幕式上，岳麓书院大门开启，蕴含着湖湘文化精髓的五组铜人呈现在选手们面前，讲述的是代表湖湘文化精髓的朱张会讲、屈原行吟、蔡伦造纸、柳毅传书、刘海砍樵等故事。126 名外国大学生开启了中华文化之门，乐享了一场文化盛宴。在接下来的一个月里，晋级决赛的 30 位选手们在节目组的安排下在陕西西安、江西景德镇、湖南安化进行了一系列的文化体验活动。他们在陕西西安寻找并学习制作当地特色美食，体验西安美食文化；在瓷都景德镇体验垒砌太平窑，学习制作瓷器；在湖南安化重走茶马古道，学打擂茶，等等。经过这些体验，这些外国大学生们感受到了丰富多彩的中国文化，也能更加全面地理解和掌握汉语文化。

在第二语言教学中，给学生适当地安排文化实践活动，是在课堂之外的重要一课。可以在课后设计不同形式的文化实践活动，比如体验学习书法、篆刻、国画、剪纸、皮影戏等民间文化艺术；参与体验春节、中秋节、端午节等传统节日；走访和感知中国历史文化名城，感受当地文化和地方风俗，等等。通过这些课后体验性任务，亲身体验、主动参与的文化渗透形式，可以变文化体验过程为学习过程，真正地把留学生对中华文化的感知和对语言知识的理解运用融为一体。

（2）提高对外汉语教学教材的质量

随着对外汉语教学事业的发展以及学科理论体系的逐渐完善，不论从教学的角度还是从学习的角度，都对教材建设提出了新的要求。要提高对外汉语教学的教材质量，关键是要不断突破与创新，一方面要更新观念，不断吸收汉语理论研究、教学法理论研究和语言习得理论研究的新成果；另一方面，要遵循汉语第二语言教学的原则和规律，把握对外汉语教学教材发展的方向。

我们认为，可以从下面几项工作入手。首先，应加强对外汉语教学以及教材发展史的研究，调查研究评估现行的教材，做好国内外市场的调研，为教材的编写提供可靠的数据。统一制订编写、出版计划，组织结构合理的编写队伍。有计划、有步骤地实施编写出版工作。其次，创新教材内容。想要创新对外汉语教学教材，应先进行编写教材理论的创新。对外汉语教学教材的内容应结合学习者的学习目的和要求，要考虑学习者的年龄、背景、环境、心理、习俗等因素，课文内容的选择要仔细推敲，力求达到科学、规范、新颖和实用，切实编写出多层次、多元化的应用型教材。再次，要选择具有语言文字专业知识以及对外汉语教学经历的编辑。最后，教材的出版是一个团体合作的过程，教材的研究、编写和出版应紧密结合，专家、作者及编辑相结合，才能保障教材出版工作的顺利进行。

（3）加强师资建设

随着我国经济的发展，国际地位的提高，汉语也越来越受到重视，国际推广的日程加快，对外汉语教学的专业师资力量紧缺，能够胜任对外汉语教学的高素质教师数量严重不足。教学质量与教师队伍的素质密切相关，高质量的教学需要高素质教师的保证。一名合格的对外汉语教学教师应当具备特定的完善的知识结构和能力结构。要精通汉语理论知识和技能，熟悉一两门外语理论知识和技能，掌握对比语言学的理论和方法，具备语言学、心理学、教学法等方面的专业知识，熟悉中国和外国的有关文化知识，有较高的文化素养，具有一定的组织教学的能力。我们认为，可以从以下几个方面着手：

整合师资资源。在现有条件下，整合如语言学、语言教学、文学等相近学科的师资，优化师资的知识结构。吸收英语、俄语、日语等不同语种的教师，有针对性地培养面向不同国家、地区的汉语教师。

加强对对外汉语教学教师的培养和培训。一名青年教师的成长往往同领导与师长的及时扶持和正确引导分不开。应鼓励现有教师积极参加国际汉语教育相关的学术会议，交流教学理论与教学实践经验；邀请专家介绍学科前沿，解读相关语言政策；加强校际交流，发达省份向中西部高校提供对口支援，帮助他们培训高水平对外汉语教学师资。

对外汉语教学教师培训工作要向国际化发展。要加强面向汉语教学志愿者的培训、面向海外中小学汉语教师的培训、基于互联网的汉语教师培训。针对不同类型、不同水平、不同国别的汉语教师，制订有针对性、个性化同时又切实可行的培训方案。

努力提高对外汉语教学教师的学历层次，保证他们在教学实践的基础上还能从事高水平的学科理论研究。比如，有的院校通过举办“对外汉语教学在职研究生班”的方式，对本科学历的教师进行较系统的理论、业务培训，收到了较好的效果。

（二）对外汉语的推广

随着世界格局的变化，我国越来越重视汉语推广的重要性，逐渐把世界汉语推广上升到国家战略地位。国家汉语国际推广领导小组于1987年7月成立，是负责领导中华人民共和国全国对外汉语教学工作的机构。具体由国务院办公厅、教育部、财政部、国务院侨务办公室、外交部、国家发展和改革委员会、商务部、文化部、原国家广播电影电视总局、原国家新闻出版总署、国务院新闻办公室、国家语言文字工作委员会12个部门组成。推广领导小组的常设办事机构称作国家汉语国际推广领导小组办公室，简称国家汉办，主要职能是负责中国的对外汉语教学和汉语国际推广，其宗旨是“向世界推广汉语，增进世界各国对中国的了解”。工作目标是“汉语走出国门，走出亚洲，走向世界”。本国语言的国际化是国家之间软实力强大的一个重要标志，随着我国经济的快速增长，中国在世界上的影响力也越来越强，中国人在世界各地的交往活动也越来越密切，越来越多的世界各国人民开始对汉语感兴趣，汉语学习的热情也越来越高涨。我们应该把握住这个大好时机，在对外推行汉语方面也做出积极的努力，推动汉语走向世界。

国家汉办自1987年成立以来，致力于为世界各国提供汉语言文化的教学资源和服务，最大限度地满足了海外汉语学习者的需求。主要职能有：制定汉语国际推广的方针政策和发展规划，在各国各级各类教育机构开展汉语教学和中华文化传播；制定、完善和推广国际汉语教师标准、国际汉语能力标准、国际汉语教学通用课程大纲；选派和培训出国汉语教师和志愿者；开发和实施汉语水平考试；实施“孔子新汉学计划”，支持开展中国研究；组织管理孔子学院奖学金；开展“汉语桥”系列比赛等重要活动；建设国际汉语教学网络、电视、广播立体化平台并提供数字化资源。① 国家汉办为我国的汉语推广做了积极的努力。

孔子学院在这种情况下应运而生。孔子学院是由国家汉办指导，承担着汉语国际推广、传播中国文化使命的公益机构。孔子学院的宗旨是“增进世界人民对中国语言文化的了解，发展中国与各国的友好关系，为全世界汉语学习者提供方便、优良的学习条件”。自 2004 年第一所海外孔子学院挂牌以来，截至 2016 年 12 月 31 日，全球 140 个国家（地区）建立了 512 所孔子学院和 1073 个孔子课堂。② 在影响世界的国际组织、国际公司、国际媒体和世界知名大学中，有上百家拥有中文网站和网页。在电视媒体方面，全球中文频道大量涌现。

虽然汉语推广工作取得了很大的成绩，但这并非说明汉语已成为强势语言。我们清醒地认识到，在海外学习中文的绝大部分是中国移民的后代，全世界学英语的总人数多达 20 亿人，仅中国一个国家学英语的人数就超过了全世界学汉语的人数。汉语言的空间及其地位和作用在全球化条件下目前仍处于弱势，汉语在国际上还未取得真正的话语权。所以，制定符合适应国际形势变化的汉语国际化推广战略迫在眉睫。

要把汉语作为和平崛起软实力的重要输出品，努力促成其在国际组织和会议中成为工作语言，要求中国的政府官员在公开场合必须用中文，在中国召开的国际会议必须允许中文发言、允许中文文件，外国人发言应提供同声传译。要充分利用各种汉语汉文化推广活动如国际汉语周、中华文化展等活动营造经贸、旅游、留学、外交等领域汉语需求的氛围。中国出口产品必须要有包括中文在内的世界常用文字说明，在产品上使用汉字，让汉语伴随着优良的“中国制造”走出国门。要求世界主要城市的公共场所增加汉语中文路牌、标志、标签和说明，要求世界主要博物馆、展览馆增加中文说明。

---

① 孔子学院官网.

② 孔子学院官网.

要继续发展孔子学院，促进汉语尽快走向世界，使我国成为语言强国，拥有国际话语权，保证本土语言文化的安全状态。政府可考虑逐渐增加外国人学汉语的奖学金。在中国大城市设立外国人学汉语的咨询服务声讯台（可以有偿服务）。政府应当鼓励中国人到外国教授中文，并提供相应支持。学者们在科学研究和国际交流中要尽力争取母语的话语权。

汉语是我国一种具有无限潜力的无形的重要的资源。如何把这种无形资源变为有形的产业资源，是我们应当思考的问题。语言教育是国家经济发展的重要产业。我国语言教育产业运行得较成功的例子有新东方学校。新东方学校是以英语培训为主要的教学内容。我们相信，随着世界学习汉语需求的增加，我国汉语语言教育产业也会蓬勃发展起来，那么，汉语教师、汉语教材及网络教育等汉语资源也会有大量的需求空间，语言就会为国家创造更多的经济价值。但是，汉语的国际传播应当以潜移默化的更易于让外国朋友乐意接受的方式润物细无声地传播出去，如果过于急切，难免会有文化侵略之嫌。

结　　语

汉语是中华民族几千年传承和发展的文化精粹，是中国人民智慧的结晶，具有鲜明、生动、多变的艺术魅力。汉字作为世界上唯一使用至今的最古老的表意文字，不仅仅是记录汉语的文字符号，更是中华民族的精神符号、生命符号，是中华文化的根和活化石。诗词、谜语、熟语（成语、谚语、歇后语、惯用语）等是汉语言文化的重要组成部分，是中国文化的镜像，应该被每一个中国人所铭记。

然而，全球化的今天，在汉语走向世界的同时，大量外语也在不断涌入，外来词更是充斥着我们的生活，影响着我们的语言和思维，给国家通用语言文字的规范化、标准化带来冲击。人们对互联网的使用也越来越频繁，现实空间的语言状况越来越多地受到由网络建构的虚拟空间语言状况的影响，大量不规范的语言现象不断增加，汉语正面临着一场深刻的危机。朱竞在《汉语的危机》中感慨："当我们身处全球化、国际化的热浪中时，便会感到汉语已经越来越面临着危机，这已成严峻的现实，谁来拯救汉语？"基于这样的社会大环境，中国电视媒体积极承担起文化传承的使命与责任，将多元的中国文化借助电视媒介这个窗口展现出来，制作播出了众多优秀的语言文字类电视文化节目。本书所界定的语言文字类电视文化节目是指以语言文字（包括汉字、诗词、成语、谜语等）为核心创作要素，以竞赛、朗读、演讲、演说、讲坛等形式，依靠语言的使用及播讲技巧、语言的教育普及功能等，传递中华优秀汉语言文化的电视节目。比如，由中央电视台制作播出的《中国汉字听写大会》、《中国诗词大会》、《中国成语大会》、《中国谜语大会》、《朗读者》、《中国灯谜大会》、《百家讲坛》等；由河南卫视制作播出的《汉字英雄》、《成语英雄》；由河北卫视制作播出的《中华好诗词》，等等。这些节目一经播出就引起了人们强烈的反响和共鸣，激起了人们学习汉字和汉语言文化的热情。

文化类的电视节目一直以来在电视荧屏上都被边缘化，很难进入主流频道和黄金时段，陷入叫好不叫座的尴尬境地。很多文化类节目纷纷遭遇“收视率末位淘汰”的命运。然而语言文字类电视文化节目之所以能够异军突起，引发收视热潮，笔者认为应该有以下因素：（1）文化焦虑。当今时期，我国电视节目泛娱乐化，甚至有人提出当今社会进入了“娱乐至死”的年代。有些电视综艺节目传递出的文化弱化及对主流文化的偏离，引起了一部分有识之士的文化焦虑。这种焦虑的背后隐藏着有思想主体的人与节目所传播的文化之间的认同问题，观众需要在电视媒介平台寻找文化身份的认同。语言文字类电视文化节目之所以能够获得高收视率和好评，其中一个重要原因就在于节目定位于传播传统文化，人们通过观看节目能够获得文化身份的认同，化解文化焦虑。（2）节目根植于传统文化。中华文化是在五千多年的历史长河中慢慢积淀而成的，源远流长，博大精深。汉字、成语、谜语、诗词等都是传统中华文化的根基和精华，并且与人们的日常生活息息相关。从本质上看，语言文字类电视文化节目是对以语言文字为载体的中国传统文化的传播，紧紧抓住了国人的民族文化情结，唤起了国人对传统文化的怀念和热爱，极大提升了国人的文化自信和民族自豪感。（3）节目内容和形式标新立异。节目坚守文化内核，形式轻松有趣，通过娱乐化的包装，采用大众喜闻乐见的形式传递丰富的文化内涵。例如，《汉字英雄》和《中国汉字听写大会》节目中会出现一些冷门生僻的、高难度、低关注度的汉字或词语，节目在讲解的基础上还会以字幕的形式进行补充说明，这些细节的设计也满足了各层次观众的求知欲望。《中华好诗词》节目中舞台的布景转换与诗词内容相呼应，在电视屏幕的下方还有字幕的介绍，这种图文并茂的形式使观众在边看边听边感受中加强了对节目内容的掌握。《中国诗词大会》创新使用“技术手段+艺术表达”的表现形式，节目融入舞蹈、动画、音乐等艺术元素，演播室布置得美轮美奂，力求做到真实、唯美。(4) 跨媒体的互动与合作。语言文字类电视文化节目不同于以往单一的电视播出模式，它实行网台联动，与受众深度互动，激发了观众的参与积极性，取得了良好的传播效果。

如何保持节目的长盛不衰和持久的影响力是语言文字类电视文化节目面临的巨大压力和挑战。在全媒体时代的今天，语言文字类电视文化节目必须顺应时代的发展，摒弃旧的传统观念，转变发展理念与传播途径，实现节目的可持续发展。本书从以下几个方面思考了实现节目可持续发展的途径。首先，节目想要实现可持续发展，在激烈的收视竞争中增加知名度和美誉度，要具备品牌意识，努力实现节目的品牌化。其次，除了品牌化，还应力求保证节目的高品质。因为文化本身是不容置疑的，这也直接关系到节目在未来品牌价值的延伸。节目是否成功、是否能可持续发展的关键性因素是节目是否能够满足观众的文化诉求。再次，节目想要实现可持续发展，既需要优质的内容，又需要节目形式丰富化。大部分节目形式是采取初赛、复赛、决赛的比赛流程，每档节目在环节设置上应突出自己的主题，使话题性越发广泛，版块环节更加合理得当，也就让节目不再枯燥，变得生动和富有生命力。最后，在发展中寻求多元化经营。多元化经营是保证语言文字类电视文化节目永葆生机的有效途径，也是节目可持续发展的良策。

语言文字类电视文化节目的热播，引发了我们诸多的思考。随着新媒体的兴起，汉语的规范使用面临挑战，媒体语言差错百出、广告商随意玩弄文字游戏、网络语言粗俗怪诞，语言文字的使用陷入混乱。如何利用电视媒体对国家通用语言文字进行推广及对语言进行规范化管理和应用是我们应该深入思考的问题。我们可以充分利用电视媒体较强的公信力、较强的专业性和传播效果，给观众建立一个专业、全面的学习汉语的平台，全方位地推广汉语。还可以合理利用其他的传统媒体来拓展传播渠道，将节目的感召力、影响力延伸并拓展到更为广阔的社会空间，推动汉字的推广和规范使用，推动中华传统文化的传播。在网络时代键盘书写逐渐取代传统书写的现状下，语言文字类电视文化节目让我们体会到汉字书写的独特魅力和美感。节目引发了学术界对语言文字现状与未来走势的思考，也让我们带着更多的责任感和使命感再看中国的语文教育。当前我国语文教育存在着教育的程式化、教育观念错位、教学方法单一、语文教师专业素养有待提高等方面的问题。语言文字类电视文化节目为我们改革语文教育模式带来很多方面的启示：语文教育应注重汉字文化传承；应转变教学理念创新教学方法；要注重语言的应用性；应提高全民阅读率等。

近年来，随着我国经济的高速发展和国际地位的不断提升，有越来越多的国家开始想要了解中国，了解中国的语言和文化，我们该思考如何把握住这个大好时机，在汉语对外推广方面做出积极的努力，推动汉语走向世界。国家汉办主办了一系列活动进行汉语国际推广，比如“汉语桥”比赛。“汉语桥”比赛为各国大学生学习汉语、交流学习经验、展示汉语水平等搭建了一个重要的平台，也给各国热爱中国文化的大学生们一个了解中国语言和文化的渠道，已经成为中国向世界推行文化交流的一个著名品牌。在世界范围内传播和发扬中国文化的另外一个重要方式就是中国语言和文化教学。多年来，我国对外汉语教学既取得了一定的成绩，也还存在一定的不足，我们可以从语言教学和文化教学相结合、提高对外汉语教材的质量、加强对外汉语教学师资建设等方面来提高我国对外汉语教学的质量，增强汉语的国际传播。

根据对近年来国内外一些类似节目的分析，笔者认为语言文字类电视文化节目未来应有以下发展趋势：（1）节目样态会进一步突破和创新。相同的传播内容不同的传播渠道达到的效果也会截然不同，同样的节目内容经由不同的节目样态也会有不一样的收视效果。电视媒体人一直在致力于节目内容的推陈出新和节目样态的创新创造。（2）传统文化元素契合现代的呈现方式。五千年厚重中国文化沉淀出精彩纷呈的传统元素，有唐诗宋词元曲、古文书法篆刻、中医针灸音律、楚汉唐韵等；京剧脸谱、皮影、国画、印章、剪纸、刺绣等文化元素；故宫、长城、园林、庙宇等建筑元素；春节、清明、端午、中秋、七夕等节日元素，等等，都可以给节目提供创意灵感和内容源泉。（3）体验式传播的长足使用。体验式传播强调在节目制作过程中为参与者设计不同的体验内容、打造与之对应的体验氛围，从而使参与者希望体验某种特定情境的需求得到满足，电视观众也通过观看节目得到一定的体验感受。如何更有效地进行体验式传播也成为语言文字类电视文化类节目研究的方向。(4) 融媒体时代下的传播探索。融媒体就是指对广播、电视、网络、报纸、手机等传播形式进行资源的优势整合，从而形成资源通融、利益共融的新型媒体。这个时代的到来，必然给电视这样的传统媒体带来挑战和变化，必然迫使传播渠道和传播方式发生改变。作为第五个媒体的手机后续动力十足，所以整合手机屏幕和电脑屏幕进行互动传播成为融媒体背景下的新手段。

考虑到课题组成员学识与研究能力等因素，本研究还存在一些不足之处。比如，本研究在分析问题的深度和广度等方面可能存在着不足；在研究过程中，还有很多方面分析研究显得不够严谨和成熟，理论的深度和广度需进一步拓展，等等。

今后，本课题的研究还具有进一步扩展的空间：语言学视角下语言文字类电视文化节目研究目前来说是一项较为新鲜的研究，不仅缺乏成熟经验，而且受到很多因素的制约，未来还可以进一步形成更系统的研究，在研究中对语言学视角的把握还可以更准确；未来节目如何进行内容创新、形式创新和风格创新，可进行更加具体、细化的研究，对如何去构建更有效、更有针对性、更符合时代特色的语言文字类电视文化节目提出具体的、更具可行性的对策；如何进行合理的国家语言推广、对语言进行规范化管理、倡导正确的语言态度、加强学校及社会的语言教育等问题也值得思考。只有这样，才可使本研究提出的各项策略真正付诸实施。

参考文献

［1］姚锡远．理工科大学生语言能力研究［M］．郑州：大象出版社，2016.

［2］姚锡远．熟语学纲要［M］．郑州：大象出版社，2012.

［3］王岩．汉语熟语的文化认知［M］．郑州：大象出版社，2012.

［4］李宇明．通用语言文字规范和标准的建设——学习《中华人民共和国国家通用语言文字法》的体会［J］．语言文字应用，2001（2）：17-24.

［5］杨宁．从《汉字英雄》看教育类节目的创新［J］．当代电视，2014（11）：58-59.

［6］杨宁．原创文化类节目的现实图景与发展路径［J］．天中学刊，2016（6）：126-128.

［7］陈硕．《中国诗词大会》的主流文化传播模式与价值实现［J］．出版广角，2017（12）：69-71.

［8］吴汉平，王丽．传统文化传承方式创新——传播技巧［J］．新闻前哨，2014（9）：54-55.

［9］王苹．汉字的线条美和结构和谐均匀美［J］．喀什师范学院学报，2006（3）：58-60.

后　记

本书是在“语言学视角下语言文字类电视文化节目研究”这一课题研究成果的基础上整理而成的。本课题由南阳理工学院王岩教授主持，国家语委科研规划领导小组办公室批准立项，现已顺利完成研究任务。

汉语是中华民族几千年来传承和发展的文化精粹，是中国智慧的结晶。当今社会，人们对于汉语的关注越来越少，而全国各卫视在当今娱乐至上的电视节目环境中打造出了以传统文化为核心、以领略汉字之美为基础的《中国汉字听写大会》、《中国成语大会》、《汉字英雄》等语言文字类电视文化节目，这样的文化担当值得称道。节目一经播出就创下了收视奇迹，且引发了全国上下的关注、讨论和思考。本书从学术角度去考量这一文化现象，对如何在此基础上去构建更有效、更有针对性、更符合时代特色的语言文字类电视文化节目，如何进行内容创新、形式创新、风格创新以及发挥规范汉字传播汉民族优秀传统文化的功能等方面进行了思考和探索。

本书的编写分工如下：王岩教授是本书撰写的主持人，负责组织调研、学术研讨、撰写本书框架、拟定提纲、校阅全稿，修改初稿并定稿。具体执笔人员及分工：邹珉撰写第一章、第二章、第三章、第六章、第七章；李慧撰写第四章、第五章；王沛、陈硕、杨宁、饶洁、贾秋琳、杨梓茗在负责调研、研讨、资料收集和整理以及问卷的印刷、发放、收集与统计等工作中，付出了大量的心血和努力。

在本书的撰写过程中查阅、参考了有关方面的文献、论著、教材及网络媒体资料，吸收了一些专家学者的研究成果，不再一一注出，在此谨向本书中引用到相关资料的作者表示衷心的感谢！

本书的顺利出版，首先要感谢国家语委科研规划领导小组办公室的关心与支持，感谢著名语言学家李宇明教授的悉心指导，感谢著名语言学家姚锡远教授的不吝赐教。

由于我们水平有限，书中难免存在不足和疏漏，恳请专家和广大读者不吝赐教、批评指正，以便我们今后不断修改提高。

编　者

2018 年 9 月